Eric MURATON
RELIEUR

EXTRAIT DES ÉCRITS

DU

Docteur DUCHAUSSOY

Professeur agrégé à la Faculté de Paris
Officier de la Légion d'honneur

SUR

L'ASSOCIATION DES DAMES FRANÇAISES

DONT IL EST LE FONDATEUR

SOUVENIR

1897

ABBEVILLE
C. PAILLART, IMPRIMEUR-ÉDITEUR

1897

EXTRAIT DES ÉCRITS

Du Docteur DUCHAUSSOY

SUR L'ASSOCIATION DES DAMES FRANÇAISES

Dont il est le Fondateur

EXTRAIT DES ÉCRITS

DU

Docteur DUCHAUSSOY

Professeur agrégé à la Faculté de Paris
Officier de la Légion d'honneur

SUR

L'ASSOCIATION DES DAMES FRANÇAISES

DONT IL EST LE FONDATEUR

SOUVENIR

1897

ABBEVILLE

C. PAILLART, IMPRIMEUR-ÉDITEUR

1897

PRÉFACE

Jeter un coup d'œil sur le chemin laborieusement parcouru en vingt années; rappeler aux jeunes générations les raisons toujours aussi pressantes, mais aujourd'hui moins bien comprises, qui ont porté leurs devancières à faire entrer, dans l'organisation de la Croix Rouge française, une société de femmes gouvernée par des femmes; conserver la trace des idées et des sentiments qui ont présidé à cette fondation et qui en ont fait le succès; mais surtout laisser à nos successeurs un témoignage du patriotisme ardent, de la vive intelligence et de la constante fidélité des premières Dames françaises; dire encore une fois à ces vaillantes et nobles femmes combien est profonde la reconnaissance du fondateur qu'elles ont bien voulu suivre et encourager avec tant de cœur, et souvent tant de dévouement, tel est le but de ce recueil.

Le temps a fait disparaître la plupart des obstacles que les ouvriers de la première heure ont rencontrés; l'opinion publique a fait taire bien des préventions intéressées et l'heure de la justice semble luire pour cette belle association des Dames françaises. Pourquoi dès lors redirions-nous les luttes souvent si pénibles qu'elle a eues à soutenir? nous n'en conserverons que les souvenirs utiles à l'avenir de notre chère œuvre, ceux qui servent à la prémunir contre de nouveaux dangers, et nous dirons à nos jeunes comités qui pourraient s'étonner et s'affliger des quelques résistances qu'ils rencontreront encore : Courage! vous ne vous trouverez jamais en face de difficultés comparables à celles du début ; comme la foi religieuse, la foi patriotique surmonte tous les obstacles et finit par gagner les cœurs ; courage! jeunes mères de nos soldats de France, complétez pour eux ce que nous avons commencé pour leurs aînés!

En relisant les feuilles déjà jaunies par le temps, sur lesquelles sont consignées nos premières vues, je me sens envahi par une émotion attendrie ; je revois par la pensée mes braves camarades des ambulances volantes et des hôpitaux de Paris, pendant la triste guerre de 1870 ; beaucoup, hélas! dorment aujourd'hui de l'éternel sommeil!

Je revois les dévoués confrères qui, pénétrés comme moi de l'insuffisance des premiers secours, cause de la mort de milliers de malades et de blessés, m'ont secondé dans l'organisation de l'enseignement des ambulancières, et s'y sont ensuite dévoués avec une complète abnégation.

Et puis encore, les noms vénérés des présidentes, des vice-présidentes, ceux de leurs collaboratrices dans les diverses branches de nos travaux, se présentent en foule à mon esprit. Admiration pour leurs vertus, reconnaissance pour le soutien qu'elles m'ont donné, dévouement jusqu'à mon dernier souffle à l'œuvre de patriotisme prévoyant qui est sortie de leur grand cœur, voilà ce qu'elles pourront lire à chaque page de ce souvenir.

À MES CHERS CONFRÈRES,
AUX DAMES DE L'ASSOCIATION,
JE LE DÉDIE

Puisse-t-il les aider à allumer dans les jeunes âmes la flamme sacrée, qui le lendemain de nos désastres illumina nos cœurs ! Puisse-t-il aviver encore ces sentiments qui furent notre force dans les moments les plus critiques : l'amour de la France et le dévouement à ses défenseurs.

Dr DUCHAUSSOY.

1897

PREMIÈRE PARTIE

1870

Guerre Franco-Allemande

Aussitôt que l'investissement de Paris fut imminent, le Docteur Duchaussoy, professeur agrégé à la Faculté de médecine, organisa dans le VIe arrondissement des *ambulances volantes,* dont il fut élu le chef. Ces ambulances comprirent dix-huit médecins ou chirurgiens et quelques infirmiers volontaires et elles fonctionnèrent avec leurs seules ressources.

Voici quel était leur but : Porter un premier secours sur les champs de bataille, en arrêtant les hémorrhagies, immobilisant les membres blessés, pansant les plaies, remédiant à la syncope, à la commotion cérébrale, etc., le plus souvent sans même attendre que le combat fut terminé. Les chirurgiens portaient dans leurs sacs les pansements et appareils nécessaires ; les infirmiers portaient les brancards et les bidons pleins d'eau.

Ces ambulances du VIe arrondissement rendirent de grands services aux combats de Châtillon, Villejuif, l'Hay-Chevilly, Bagneux-Châtillon, le Bourget, Drancy, Champigny et Creteil ; pendant le bombardement des forts de Rosny, Vanves, Montrouge, et du plateau d'Avron, etc. Tous les médecins qui les composaient firent preuve d'un dévouement et d'un courage dignes des plus grands éloges, et suivirent leur chef dans les endroits les plus périlleux. En outre, des *rondes,* pour la recherche des malades et des blessés, étaient faites chaque jour en dehors des remparts, autour des forts de Bicêtre, Vanves, Montrouge, Issy, dans les tranchées les plus avancées et aux barricades occupées par nos troupes ; beaucoup de jeunes soldats, manquant des soins nécessaires, ont été recueillis et conduits dans les hôpitaux les plus voisins, par nos médecins ambulants.

Enfin, dès que les premiers obus prussiens tombèrent dans le VIe arrondissement, M. Duchaussoy organisa à la mairie un poste de jour et de nuit, d'où les médecins partaient pour porter secours aussitôt qu'on signalait un blessé.

Pendant ce siège de quatre mois, il y eut de tristes jours où la sédition et l'indiscipline de quelques bataillons de la garde nationale vinrent ajouter des angoisses démoralisatrices à la douleur de nos luttes sans succès ; les ambulances volantes du VIe arrondissement ont néanmoins rempli jusqu'à la fin la tâche très difficile qu'elles s'étaient volontairement imposée. Leur rapide organisation, au milieu de tant de désordre, avait constitué un secours fort précieux pour nos soldats improvisés ; l'excellent exemple qu'elles donnèrent fut aussi une force morale pour la population civile qui avait tant à souffrir et à craindre.

Ce furent l'insuffisance et le désordre des secours médicaux, après les grandes batailles livrées dans l'Est et dans le Nord de la France ; ce furent les improvisations si défectueuses des hôpitaux et du personnel de secours même à Paris ; ce furent surtout les résultats déplorables des opérations pratiquées pendant les sièges de Metz et de Paris qui firent naître dans le cœur du Docteur Duchaussoy cette profonde pitié et cet entier dévouement à l'armée française, qui ont rempli toute la seconde partie de sa vie et d'où sont sorties les fondations dont nous allons maintenant parler.

DEUXIÈME PARTIE

I

1876

Fondation de l'Ecole de Gardes-Malades et d'Ambulancières

Au mois de juillet 1876, le Dr Duchaussoy, professeur agrégé à la Faculté et Président de la *Société de médecine pratique de Paris*, expose à cette société un projet de création d'une *Ecole de gardes-malades et d'ambulancières*. Il n'en existait aucune de ce genre en France; les écoles municipales d'infirmières de la ville de Paris ne furent fondées que dix-huit mois après.

M. le Dr Dubois, nommé rapporteur de cette proposition, s'exprime ainsi :

MESSIEURS.

Dans la première séance de juillet dernier, notre zélé président, M. le Dr Duchaussoy, qui ne néglige rien de tout ce qui touche à l'exercice de notre art, vous a soumis un projet dont l'opportunité ne peut échapper à personne. Il s'agirait de créer une école de gardes-malades sous les auspices de la Société de médecine pratique, avec l'appui du corps médical et le patronage de dames fondatrices.

Ce genre d'instruction, qui manque absolument en France, est, au contraire, en pleine prospérité dans d'autres pays, au grand avantage des malades qui reçoivent des soins éclairés et des médecins, qui ont la certitude que leurs prescriptions sont bien comprises et bien exécutées. Ainsi, en Angleterre et en Amérique des écoles ont été fondées au moyen de souscriptions privées ; les cours sont faits par des professeurs éminents qui ont la satisfaction de fournir au corps médical des aides intelligentes et dévouées. Il arrive même souvent que des dames fondatrices tiennent à honneur d'obtenir pour elles-mêmes et pour leurs filles le diplôme de garde-malade.

Si Paris ne possède pas encore d'institution analogue à celle de Lausanne, c'est que les communautés religieuses se sont pour ainsi dire attribué le triste et noble privilège des soins à donner aux malades, soit à domicile, soit dans les hôpitaux. On ne peut s'empêcher de reconnaître qu'elles se sont toujours acquittées de leur mission avec un dévouement et une abnégation sans bornes. Mais la bonne volonté ne saurait suppléer au nombre et quand les sœurs de charité manquent, il faut bien s'adresser ailleurs. Or, tous les praticiens savent combien il est difficile de rencontrer une garde-malade réunissant la moralité, la capacité et la patience que l'on doit attendre d'elle. Les femmes qui consentent à donner leurs soins n'ont acquis, la plupart du temps, leur expérience qu'aux dépens des malades eux-mêmes ; elles sont privées presque toutes, des premières notions nécessaires à l'exercice de leur profession ; et la plupart d'entr'elles sont de plus imbues d'idées fausses qui les conduisent à une pratique nuisible. Aussi, dans les circonstances délicates, auprès des dames en couches, par exemple, le médecin n'hésite-t-il pas à avoir recours à une sage-femme, mais les conditions qu'imposent ces dernières ne peuvent convenir à toutes les familles. Enfin, pour des raisons qu'il est inutile d'énumérer ici, il y a des cas où l'on préfère positivement une garde laïque à une religieuse. C'est en réfléchissant depuis bien longtemps à cet état de choses que notre président a cherché à combler une lacune aussi regrettable.

La femme est essentiellement douée pour élever les enfants et soulager ceux qui souffrent. Nous en avons eu des preuves éclatantes pendant la dernière guerre où, dans les ambulances, les femmes de toutes les classes prodiguaient aux blessés des soins admirables. Il suffira de faire appel à cette aptitude ; les dames patronesses trouveront l'occasion d'aider à secourir les malades et les ouvrières verront s'ouvrir devant elles une nouvelle carrière à la fois honorable et lucrative.

M. Duchaussoy a pensé, avec raison, qu'une école de gardes-malades ne doit pas dépendre de l'enseignement officiel. Il est indispensable néanmoins que cette école offre toutes les garanties possibles d'instruction et qu'elle soit présentée au public et aux élèves avec une autorité suffisante pour éloigner tout soupçon d'une spéculation quelconque. Cette autorité, Messieurs, ne saurait manquer à une réunion d'hommes honorables et expérimentés qui se mettraient à la tête de l'œuvre. Il nous semble qu'en acceptant ce rôle, qui lui appartient naturellement, la Société de médecine pratique gagnerait en importance et en considération pour le très grand service qu'elle rendrait aux malades.

D'un autre côté, la liberté d'enseignement tendant à se développer de plus en plus, l'autorisation de faire des cours sera facilement accordée par le ministre, duquel on obtiendra certainement à titre gratuit le local nécessaire à l'installation de l'école.

Il me reste maintenant, Messieurs, à vous faire connaître les moyens d'exécution soumis à la Société par M. Duchaussoy et à vous donner un aperçu des matières de l'enseignement.

M. Dubois reproduit alors l'organisation des cours telle qu'elle avait été proposée et qu'elle existe encore maintenant ; nous ferons seulement remarquer que la première leçon du programme avait pour titre : *Quelques leçons de morale à l'usage spécial des gardes. Législation qui les concerne. Caractériser leur rôle à côté du médecin.*

1877

Au mois d'avril, l'ouverture de l'*Ecole de gardes-malades et d'ambulancières* autorisée par le Ministre de l'Instruction publique, comme *Etablissement d'enseignement supérieur* a eu lieu à la Mairie du VIe arrondissement devant une réunion de médecins et de dames. M. Duchaussoy a prononcé l'allocution suivante :

MESDAMES ET MESSIEURS,

En vous voyant réunis en si grand nombre dans cette salle, pour y entendre exposer notre projet de fondation d'une *Ecole de gardes-malades*, je sens le besoin d'être bref et de ne pas abuser du temps que vous voulez bien nous consacrer. Permettez-moi donc de vous indiquer, sans préambule et sans développements oratoires, les raisons qui nous ont portés à fonder cette Ecole, les moyens d'enseignement dont nous disposons, et le concours que nous attendons de vous pour assurer l'efficacité de cet enseignement.

Médecins et malades, nous avons tous eu de fréquentes occasions de regretter le manque de bonnes gardes. Très souvent, les connaissances nécessaires font défaut aux femmes qui en remplissent les fonctions, et leur bonne volonté, leur zèle même, ne nous sont, à cause de cette ignorance, que d'un médiocre secours. D'autres fois, nous trouvons bien quelque habitude des services les plus indispensables qu'on est en droit d'attendre d'elles ; mais à côté de cela, l'absence de ces mille attentions de détails qui donnent une efficacité réelle aux soins des gardes-malades ; ou bien, ce qui est pire encore, la malpropreté, le manque d'ordre, et de méthode, l'abus des boissons stimulantes et d'autres graves défauts qui inspirent toujours de la répugnance au malade, quand ils ne deviennent pas une source de dangers pour lui. En rappelant à grands traits les regrets, que nous avons entendu tant de fois exprimer sur la difficulté de trouver des gardes-malades, possédant les connaissances utiles et les qualités morales qui sont si précieuses dans cette profession, je n'entends pas méconnaître les ressources que diverses corporations religieuses peuvent fournir dans les grandes villes. Maintes fois nous avons tous apprécié les qualités sérieuses que beaucoup de leurs membres déploient auprès des malades et je m'empresse de joindre le faible tribut de mes éloges à tous ceux qu'ils ont si bien mérités. Mais, si grand que soit le nombre de ces religieuses, il est encore insuffisant ; non seulement pendant les guerres ou les épidémies, mais même pour répondre aux besoins ordinaires de Paris ; à plus forte raison à ceux des départements. D'ailleurs, nous n'étonnerons personne en constatant que, même dans les couvents, l'instruction spéciale nécessaire aux gardes-malades n'est pas toujours aussi complète qu'il serait souhaitable qu'elle le fût ; qu'en vertu même de leurs règlements, les religieuses ne peuvent convenir pour toutes les maladies ; et qu'enfin beaucoup de malades préfèrent les soins d'une femme laïque, pour des raisons de divers ordres, sur lesquelles il est inutile d'insister.

Il y a donc une lacune à combler, un enseignement, une institution à fonder. Comment y parvenir ?

Nous savons très bien que si la société contemporaine ne tarit pas en plaintes sur les difficultés de la vie matérielle dans les villes, et en particulier sur la rareté des bons serviteurs, elle ne fait rien en réalité pour changer cet état de choses ; différant totalement en cela de la société antique, qui prenait soin d'instruire de leurs devoirs tous ceux dont elle attendait des services. Nous ne faisons pas difficulté de reconnaître la vraie cause de cette incurie apparente ; elle réside dans notre isolement individuel, qui nous laisse sans force dans cette lutte pour la satisfaction des besoins sociaux. Et pourtant, à côté de la société laïque, de puissantes corporations lui montrent chaque jour de grandes œuvres édifiées comme par enchantement. D'un côté, nous voyons l'individu généreux, intelligent, mais isolé ; de l'autre, l'association disciplinée et persévérante, à laquelle aucun obstacle ne résiste. Entre ces deux formes extrêmes de la vie sociale, existe-t-il un terme moyen ? Pouvons-nous arriver à exercer une action commune et puissante sur certaines réformes nécessaires, tout en conservant les bienfaits de la vie indépendante ?

Sans hésiter, je répondrai oui ; tout en avouant que jusqu'ici ce n'est pas dans notre France que nous pourrions trouver les preuves les plus nombreuses à l'appui de cette conviction, mais plutôt dans les pays où l'action individuelle se développe plus librement, et où l'on n'est pas habitué à attendre de l'initiative du gouvernement la satisfaction d'un besoin social. Là, des écoles de toute espèce, les enseignements professionnels les plus variés se fondent, tantôt sous l'impulsion d'une spéculation privée ; tantôt avec le concours désintéressé d'hommes de bien, qui s'honorent de consacrer leur temps, leur savoir et leur influence, à la propagation d'œuvres moralisatrices et d'une utilité générale.

Tel est l'exemple que nous voulons suivre, Mesdames et Messieurs, en vous proposant de fonder aujourd'hui avec nous un enseignement modeste, mais des plus utiles ; un enseignement qui, dans les conditions où nous nous plaçons, est une innovation pour la France.

Après avoir étudié les différents systèmes qui fonctionnent en Angleterre, en Suisse et en Amérique, nous avons adopté un plan d'études qui nous a paru s'adapter aux conditions particulières que cet enseignement doit présenter à Paris, et à l'aptitude spéciale des femmes françaises. Nous avons éloigné l'idée d'un internat, sous quelque forme que ce soit, et nous apportons un enseignement comprenant des cours et des exercices pratiques, dont les matières vous sont indiquées sur notre programme. Nous espérons pouvoir fournir aux élèves déjà instruites les occasions de faire l'application de leurs études théoriques. Nos cours sont répartis entre un nombre suffisant de Docteurs en médecine, qui nous donnent généreusement le concours de leur savoir, de leur expérience, et de positions très honorablement conquises dans la pratique ou même dans l'enseignement de notre art. Quant à l'importante question du local nécessaire à nos réunions et à la conservation de notre matériel, la bienveillance de M. le Maire du VIe arrondissement nous a évité cette préoccupation, en mettant à notre disposition une des salles de la mairie ; une des plus grandes difficultés qui se présentaient à nous a été ainsi levée et nous sommes heureux d'offrir publiquement à M. Rigaud nos profonds remercîments.

Si simple, toutefois, que soit l'organisation de notre Ecole, si grand que soit le zèle des professeurs et leur désir d'être utiles, nous nous empressons de vous déclarer, Mesdames et Messieurs, que seuls nous ne pourrions atteindre notre but, et que le concours de la société parisienne nous est indispensable, pour assurer les débuts et surtout l'avenir de cette école. Voici la coopération que nous sollicitons de vous.

Aux écrivains dont la plume alerte s'impose la tâche quotidienne de combattre les préjugés, la routine, l'ignorance ; à ceux qui se donnent la noble mission d'encourager les efforts pour l'instruction et la moralisation populaires ;

à ceux encore que préoccupent si justement les questions d'hygiène générale, d'éducation physique de l'enfance, de la lutte de l'homme fait contre les assauts de la maladie, ou les infirmités de la vieillesse, nous disons : faites-vous la voix qui répandra, dans toutes les classes de la société, la connaissance de notre œuvre ; soyez d'actifs intermédiaires entre nous et ce nombreux public que notre enseignement intéresse ; songez que, sous la mansarde comme dans les demeures somptueuses, la maladie a les mêmes rigueurs, et le patient les mêmes besoins de soins éclairés.

Et puis, l'enseignement signalé, suivez-en les progrès avec sympathie ; indiquez les lacunes que vous y verrez ; les hommes dévoués qui ont accepté la tâche de le fonder saisiront avec empressement toutes les occasions de l'étendre. En un mot, soyez le lien constant entre le public et l'Ecole, pour que l'œuvre, même brillamment inaugurée, ne vienne pas plus tard à s'éteindre par un excès de confiance dans sa vitalité propre.

Entrer dans quelques développements pour faire partager nos convictions aux médecins, sur l'utilité d'un enseignement à donner aux gardes-malades, serait bien superflu ; il y a longtemps que leurs plaintes et leurs désirs sont connus. Nous leur dirons seulement que nous voulons leur préparer des auxiliaires intelligents et dévoués, et que notre idéal est d'inculquer à ces auxiliaires une partie des nobles sentiments qui sont si profondément gravés dans l'âme du vrai médecin. A nos confrères, nous demanderons aussi de faire connaître notre enseignement ; d'y intéresser les familles qui peuvent en comprendre l'utilité et le rôle social ; d'encourager les élèves méritantes que nous aurons formées, de les suivre d'un œil bienveillant, et de compléter au besoin notre tâche, en perfectionnant leurs talents par de bons conseils. A nos confrères surtout nous dirons : nous apportons à cette Ecole les éléments indispensables, fondamentaux ; jugez de l'œuvre par ses résultats ; dites-nous ce qu'il faut élaguer, ce qu'il faut ajouter ; signalez-nous les détails pratiques, les perfectionnements qui ont pu nous échapper ; nous voulons vous donner des aides, dites-nous tout ce que vous attendez d'eux et nous mesurerons votre intérêt pour nous au nombre de vos communications.

Quant à vous, Mesdames et Messieurs, qui n'avez ni les graves soucis de la profession médicale, ni la mission d'éclairer le public par la presse, vous possédez une puissance qui peut à elle seule assurer le succès de notre entreprise ; vous représentez cette partie considérable de la société parisienne, qui sait généreusement mettre au service des institutions bienfaisantes ou utiles, son cœur, son activité et une partie de son superflu. Votre présence dans cette enceinte, l'attention bienveillante que vous prêtez à l'exposé de notre œuvre, nous sont déjà un précieux témoignage de l'intérêt que vous y prenez ; nous vous en remercions vivement ; il nous encourage à vous dire ce que nous attendons de vous.

Dans certains pays où l'aristocratie de la fortune et de l'intelligence tient à honneur de bien établir sa compétence, sa supériorité même, dans l'étude de toutes les questions sociales, il n'est pas rare de voir les personnages les plus élevés se faire recevoir membres d'une corporation d'arts et métiers. C'est affirmer la solidarité qui unit toutes les classes de la société ; c'est en outre montrer en quelle estime on tient les professions les plus humbles, puisqu'on les honore en s'y associant et en se rendant apte à les exercer au besoin. En Angleterre, ces exemples ne sont pas rares. Rien d'étonnant donc si Miss Nightingale a pu trouver de nombreuses femmes qui ont, comme elle, tout quitté pour aller soigner les soldats de l'armée anglaise, en Crimée ; rien d'étonnant si ces héroïnes laïques du dévoûment aux malades et aux blessés, réunissant le savoir à la charité chrétienne et à l'abnégation, ont pu, en peu de temps, faire cesser le déplorable état de cette armée, qui était arrivée à perdre par an 60 % de son effectif, sans compter les accidents de guerre. Pendant les cinq derniers mois, cette même armée, restant dans le même climat, ne perdait plus que les deux tiers de ce que perdent les troupes cantonnées en Angleterre. Qui avait opéré cette prodigieuse transformation des conditions hygiéniques ?..... des femmes, instruites et guidées par Miss Nightingale.

Ce grand exemple a porté ses fruits ; l'œuvre que cette admirable femme avait conçue et développée avec tant de succès, a fait naître partout une noble émulation ; de nombreuses écoles se sont ouvertes en Angleterre, en Amérique, en Suisse, et l'on voit, dans ces pays d'initiative personnelle, de grandes dames fréquenter ces écoles pour y apprendre à soigner les malades et les blessés. Bien plus, elles conduisent leurs jeunes filles aux cours où l'on enseigne l'art de bien élever les enfants, d'entretenir une bonne hygiène dans sa maison, où l'on apprend à reconnaître les signes des maladies graves, qui réclament un prompt secours. D'autres fois, ce ne sont pas seulement leurs filles qu'elles font ainsi instruire, mais les femmes qui sont à leur service et dont elles veulent faire de bonnes gardes-malades dans leurs familles.

Eh bien ! ne pensez-vous pas comme nous, Mesdames et Messieurs, que ce zèle est digne d'éloge ? que l'enseignement de l'hygiène élémentaire doit en effet faire partie de l'éducation sérieuse d'une jeune fille, ou d'une jeune mère ? qu'il serait bien, qu'aux jours du danger, la femme française pût aussi apporter aux ambulances un peu de science et de pratique ? qu'elle trouverait son rôle légitime dans ce touchant exercice de la charité patriotique ? qu'elle prendrait ainsi une part efficace aux grandes luttes pour le salut du pays, puisque, sans bruit et sans prétentions, elle fournirait un indispensable complément de notre organisation militaire ?

Et ne croyez pas, Mesdames, qu'on s'improvise bonne

garde-malade ; assurément le cœur et les attentions délicates sont de précieux auxiliaires, d'ingénieux inspirateurs ; mais, hélas ! en présence de ces terribles blessures, ils ne suffisent pas à remplacer les connaissances techniques. Si vous les possédiez, ces connaissances, combien vous vous sentiriez heureuses, Mesdames, de pouvoir vous rendre le secret témoignage que votre savoir a épargné une souffrance vive, favorisé une guérison, ou empêché une imprudence peut-être mortelle. Laquelle d'entre vous ne se sentirait émue à la pensée que d'autres femmes, mères comme vous, sont prêtes à soigner avec tendresse et habileté ce fils qui peut être blessé loin de vous ? Laquelle d'entre vous ne se dit : moi aussi, je veux être en état de faire pour les braves enfants des autres mères ce qu'elles feront pour les miens ? Et si, prenant au berceau ce sentiment de la tendresse maternelle, je m'adresse aux jeunes mères, en est-il une seule à qui il faille décrire la joie intime qu'elle éprouverait, si elle pouvait étendre sa sollicitude éclairée jusqu'aux moindres soins dont son nouveau-né a besoin, pour qu'il soit encore plus à elle, pour qu'il lui doive bien l'existence, la santé, ses premiers instincts moraux, tout enfin ?

Je n'insiste pas, Mesdames, car j'évoque des sentiments que vous connaissez bien mieux que je ne saurais les dépeindre ; il me suffit de vous avoir signalé ce qui s'est fait dans la Grande-Bretagne, ce qui s'organise en ce moment à Berlin, pour que votre patriotisme et vos cœurs maternels vous disent que les femmes françaises ne peuvent rester en arrière.

Nous avons encore quelque chose à vous demander pour le succès de notre œuvre. Nous désirons obtenir votre collaboration ; nous voudrions que des *Dames patronnesses* nous vinssent en aide de plusieurs manières : d'abord, en s'inscrivant pour une somme de 50 fr. au moins, destinée à l'achat du matériel nécessaire à l'enseignement ; ensuite et surtout, en envoyant des élèves suivre les cours ; en s'intéressant au placement de celles que leur savoir et leurs qualités morales rendront recommandables; en les encourageant et les dirigeant dans les moments pénibles ou délicats de leur carrière. Beaucoup d'entre vous, Mesdames, font volontiers de généreuses offrandes et accordent leur protection à de bonnes œuvres, dans lesquelles elles sont personnellement très désintéressées. Celle que nous vous proposons est aussi une œuvre excellente, utile à la société en général, utile aux femmes auxquelles vous aurez donné un état lucratif, utile aussi peut-être à vos propres familles; car, qui de nous peut se flatter de n'avoir jamais à recourir aux bons soins de la garde-malade qu'il aura contribué à former? qui de nous, Messieurs, ne serait heureux de penser que la femme honnête et capable, qui veillera à son chevet aux jours de la souffrance, ne sera pas pour lui une mercenaire étrangère, mais qu'un sentiment de respectueuse reconnaissance rendra ses soins plus attentifs et plus dévoués?

Nous espérons donc, Mesdames, que notre œuvre vous comptera au nombre de ses fondateurs et de ses collaborateurs incessants; nous désirons vivement cette collaboration, et nous vous l'avouons sans détours: sans elle, sans votre propagande renouvelée chaque année, le bien que nous voulons faire s'exercerait dans un cercle trop restreint; l'œuvre elle-même s'éteindrait en peu d'années.

Après vous avoir exposé, Mesdames et Messieurs, la portée morale de notre enseignement, nos moyens d'action dans cette première période de sa fondation, je ne veux pas vous laisser ignorer notre ferme intention d'étendre les applications pratiques, à mesure que le développement de nos ressources le permettra et que les services rendus par les élèves seront plus appréciés. Mais il serait prématuré d'entrer dans les détails d'organisation de cette deuxième période, et je n'en parle que pour vous assurer que nous entrevoyons beaucoup d'améliorations réalisables avec le temps, et que, loin de considérer le fonctionnement actuel comme répondant à notre idéal, nous nous proposons de le perfectionner sans cesse.

Et maintenant, vous connaissez toute notre pensée; elle peut se résumer en trois mots: nous voulons former des gardes-malades instruites, pénétrées du sentiment de leurs devoirs près de vous; nous désirons aussi vous rendre capables de rendre d'inappréciables services quand se lèveront ces jours de gloire et de deuil où vos enfants défendront le sol de la patrie. Si nos aspirations sont les vôtres, si notre œuvre vous paraît digne d'un sympathique concours, dites-le nous, devenez nos collaborateurs et soyez sûrs que l'exemple que vous donnerez à Paris se répandra bientôt dans toute la France.

III

Extraits de la Séance d'ouverture de la deuxième année scolaire.

Mesdames et Messieurs,

Lorsque vous avez bien voulu nous faire l'honneur d'assister à la séance de fondation de cette Ecole, au mois d'avril dernier, je vous ai exposé le but que nous voulions atteindre, les moyens dont nous disposions, et j'ai invoqué votre concours ; vous nous l'avez généreusement donné. Quelques jours après, l'œuvre nouvelle a été résolument entreprise par nos zélés collaborateurs ; elle vient d'être heureusement menée à bonne fin. Dès maintenant donc, nous pouvons en apprécier les résultats et c'est pour vous les faire connaître que nous faisons un nouvel appel à votre bienveillante attention, sûrs à l'avance que l'œuvre bienfaisante et éminemment utile que vous nous avez aidé à fonder, trouvera encore aujourd'hui près de vous de sympathiques encouragements.

Le programme a été ponctuellement suivi ; trois leçons ont été faites chaque semaine ; aucun des professeurs n'a manqué à sa tâche, aucun n'a été arrêté par l'aridité que présentait souvent un enseignement de cette nature ; tous ont apporté le plus grand zèle, le plus grand désir d'être utile, et une extrême bienveillance ; mais il n'y avait d'ailleurs aucune inquiétude à concevoir à cet égard ; dès qu'il s'agit d'une œuvre d'utilité sociale, la Société de médecine pratique ne mesure pas son dévouement.

Après chaque leçon, les élèves se sont livrées aux exercices pratiques, ou ont subi des interrogations ; c'est là un point très important dans notre enseignement ; ces interrogations nous font voir si la leçon a été bien comprise, si les notions pratiques ont clairement pénétré dans les esprits, et si la raison des conseils que nous donnons est devenue bien évidente. Nous tenons beaucoup à relier entre elles, plutôt par l'association des idées, que par le simple effort de la mémoire, les diverses branches de l'enseignement ; nous redoutons les gardes-malades automates, et nous voulons qu'elles arrivent à soigner un malade avec intelligence et discernement, résultat qui ne peut être obtenu que si elles ont bien compris l'utilité et les effets de leurs soins.

Dans notre première réunion, en sollicitant votre précieux concours pour notre œuvre, Mesdames et Messieurs, je vous disais qu'elle était essentiellement moralisatrice, et je n'entendais pas seulement parler de cette élévation de nos caractères, de cet élargissement de nos bons instincts, que le contact avec la science produit presque toujours ; mais je voulais dire, qu'à côté de la pratique professionnelle, nous enseignerions avec insistance leurs devoirs aux gardes-malades, et que nous nous efforcerions de leur faire acquérir ces bonnes qualités qui doivent leur mériter une juste considération. Cette pensée se retrouve dans toutes les branches de l'enseignement ; elle est même inscrite sur les diplômes et les élèves qui les ont mérités ne pourront y jeter les yeux, avec le sentiment d'un légitime amour-propre, sans que le devoir ne leur apparaisse à côté du savoir.

Si je ne craignais d'abuser des moments que vous nous consacrez si gracieusement, je répèterais ici les conseils que nous donnons aux élèves sous diverses formes et je les commenterais pour en faire ressortir l'importance. Permettez-moi seulement de les esquisser à grands traits ; j'aime à me persuader que vous n'écouterez pas avec indifférence les règles de conduite que nous traçons aux personnes qui peuvent se trouver près de vous, dans les moments les plus critiques de votre vie.

« Habituez votre esprit à la discipline, leur disons-nous ; exécutez ponctuellement les prescriptions du médecin, lors même que vous n'en comprendriez pas les raisons, lors même qu'elles vous paraîtraient de peu d'importance. Sachez que bien des fois, une infraction aux recommandations a causé la mort. Ici c'était un malade gravement atteint de fièvre typhoïde ; malgré la défense expresse du médecin, la garde l'a laissé se lever, et soudainement une syncope l'a fait tomber inanimé dans ses bras. Une autre fois, il s'agissait d'une fièvre intermittente encore mal réglée ; dans la crainte de troubler le sommeil du malade, on a laissé passer l'heure fixée pour donner le sulfate de quinine, un accès pernicieux s'est brusquement déclaré au réveil, et toute sa vie la garde portera le poids d'un lourd remords.

« Tenez un compte exact, disons-nous encore, des symptômes que le malade présente, en l'absence du médecin ; dans les cas graves, écrivez même vos observations, clairement, simplement, sans rien amplifier, et surtout gardez-vous de ne pas avouer que vous ne savez pas, lorsque le médecin vous demande un renseignement sur un point qui vous a échappé ; l'erreur que vous feriez commettre au médecin peut avoir des conséquences fatales. C'est précisément pour vous mettre en état de bien observer les symptômes et d'en rendre un compte fidèle que nous vous donnons des notions générales sur les maladies.

« Mettez-vous toujours à la place du patient et vous le soignerez avec beaucoup plus d'attention, d'adresse et de douceur. Gardez-vous des paroles vives et des mouvements brusques, même lorsque la fatigue vous fait désirer un repos que les exigences du malade vous empêchent de prendre, même lorsque vos soins ne sont pas appréciés comme vous croyez qu'ils devraient l'être, habituez-vous de bonne heure à trouver votre meilleure récompense dans le témoignage de votre conscience. Avez-vous un caractère désagréable ? ne soyez pas garde-malade, car il faut au contraire en accomplir les devoirs avec un certain enjouement qui rende tout le monde heureux autour de vous et invite le malade à l'espérance.

« Réglez méthodiquement l'emploi de votre temps ; faites chaque chose à son heure ; mettez chaque chose à sa place.

« Sachez qu'un malade ne peut guérir promptement si vous le laissez dans la malpropreté, et sachez aussi allier le soin de votre personne à la simplicité et à la gravité qui conviennent à vos fonctions.

« Ne vous immiscez jamais dans les affaires d'intérêt des familles, ni dans les questions qui relèvent de la conscience de chacun. Vous êtes garde-malade, la santé et quelquefois la vie de vos semblables sont confiées à vos soins, c'est un rôle assez beau et souvent assez difficile, pour vous y consacrer tout entière, sans vous laisser égarer hors de ce qui vous concerne. Soyez discrètes, et si, pendant que vous remplissez vos devoirs, il vous arrive de voir ou d'entendre quelque chose qui touche à l'honneur ou à la considération d'une famille, rappelez-vous que vous commettriez un véritable abus de confiance en le divulguant.

« Pénétrez-vous bien de cette maxime antique : Il ne suffit pas pour obtenir la guérison d'un malade que le médecin le traite suivant les règles de l'art ; il faut aussi qu'il trouve un concours dévoué et intelligent chez les personnes qui l'assistent. Dites-vous donc que le succès de vos soins dépend en grande partie de l'esprit dans lequel vous remplissez vos fonctions, et que tous vos actes doivent se rapporter au malade que vous gardez ; que le rétablissement de sa santé doit passer avant toute autre considération ; n'épargnez pour cela ni fatigues, ni peines ; oubliez-vous vous-mêmes, s'il le faut, et si vous êtes animées de cet esprit, le succès couronnera vos efforts, vous deviendrez d'excellentes gardes-malades, aussi appréciées par les familles que par les médecins. »

Voilà, Mesdames, quelques-uns des préceptes que nous inculquons; mais, hâtons-nous de le dire, il est beaucoup de points de morale générale que nous n'avons même pas à indiquer, parce que les élèves qui suivent assidûment nos cours, qui prêtent une attention soutenue aux choses sérieuses que nous leur enseignons, prouvent déjà, par cela seul, qu'elles ont de l'élévation dans l'esprit, qu'elles sont animées d'un désir de bien faire, qui les rend déjà dignes de toute notre estime.

Puisque je parle des caractères moraux de notre Ecole, permettez-moi, Mesdames et Messieurs, de vous dire quelques mots de la manière dont le corps médical en a accueilli la fondation. Presque partout nous n'avons recueilli que des paroles de sympathie et de chaleureuses adhésions. Quelques médecins, cependant, ont témoigné des craintes qui, formulées de diverses manières, peuvent se résumer en cette objection : « Vous allez faire de ces demi-savants qui sont si dangereux : vos élèves se croiront presque des médecins; malgré vous, elles sortiront de leur rôle, donneront des conseils aux malades et ajouteront une longue liste à la série de ces malheurs que l'ignorance et le charlatanisme causent tous les jours. »

A ces craintes, je pourrais répondre que les institutions les plus utiles, et même les plus moralisatrices ont aussi leurs défauts, que les écarts et les abus sont inhérents à l'humaine nature; qu'il est impossible de citer un enseignement qui n'entraîne pas quelques inconvénients et que, si l'existence des abus suffisait pour faire condamner une œuvre, il faudrait à ce compte saper complètement tout ce qui fait l'honneur des sociétés humaines. Mais sans m'arrêter à cette thèse gnérale, j'entre de suite dans le vif de l'objection et je dis à mes honorables confrères : les abus dont vous vous plaignez existent depuis longtemps;

ce n'est donc pas notre Ecole qui les fera naître; ils se pratiquent sur une large échelle; les lois qui devaient les réprimer et mettre un terme au mal qu'ils produisent dans la Société, sont insuffisantes; bien plus, elles ne sont presque jamais appliquées. A quoi cela tient-il? A ce que, comme l'a dit Montesquieu, il y a quelque chose de plus fort que les lois écrites, ce sont les mœurs publiques; là, est la source d'un mal que je déplore comme vous, mais contre lequel toutes nos remontrances demeurent impuissantes. Quoi d'étonnant d'ailleurs à cela? Ne vous souvenez-vous pas que la verve satirique de Voltaire et l'immense retentissement de ses écrits ont pu seuls faire disparaître le Charnier des Innocents, et que les milliers de victimes qu'avait faites ce foyer d'infection n'avaient pas suffi à vaincre la routine et à dessiller les yeux? Qu'est-ce, à côté de cela, que l'abus dont nous nous plaignons? Mais vous convenez avec moi que le mal existe et qu'il existera probablement toujours à des degrés variables. Allons-nous l'augmenter? Là est la question. Nos élèves seront-elles au nombre de ces demi-savants, dangereux par leur présomption et que vous redoutez, pour les malades, avec tant de raison?

Eh bien! je ne le crois pas; je suis même convaincu que nous diminuerons le mal. Pourquoi cela? Parce que jamais on n'a fait entendre aux personnes qui soignent les malades, le langage que nous leur tenons. Qui donc, en effet, s'est mis en communication avec elles, pour leur faire voir l'extrême difficulté qu'il y a souvent, même pour les médecins les plus instruits, à préciser les caractères d'une maladie? Qui leur a appris combien le choix d'une médication demande de science, de tact, comment il doit varier avec les formes de la maladie, le climat, la constitution, l'âge du sujet et vingt autres circonstances? Où leur a-t-on signalé les dangers qui résultent des médications intempestives, ou appliquées tardivement, ou dans des proportions insuffisantes ou au contraire exagérées ? Qui leur a fait toucher du doigt la ligne de démarcation qui est tracée naturellement entre la tâche du médecin et le rôle de son aide ? Voilà ce que nous ne cessons de leur enseigner dans chacun de nos cours. Croyez-nous, si quelques élèves sont venues nous écouter avec cette suffisance que donnent l'ignorance et la légèreté du caractère, soyez sûrs qu'elles seront sorties de nos cours avec cette sage défiance d'elles-mêmes dont parle notre vieux Montaigne : « Il est advenu aux gents veritablement scavants ce qui advient aux espics de bled ; ils vont s'élevant et se haulsant la teste droicte et fière, tant qu'ils sont vuides ; mais quand ils sont pleins et grossis de grains en leur maturité, ils commencent à s'humilier et baisser les cornes. »

Mais je crois deviner vos pensées, Mesdames ; ce n'est pas l'enseignement qui pique le plus votre curiosité, ce sont les élèves. Vous vous demandez sans doute avec quelque appréhension si elles étaient nombreuses, attentives ? Si elles ont fait preuve d'intelligence et de zèle ? Quelles sont les classes de la société qui ont fréquenté les cours ; combien d'élèves se sont présentées aux examens ? Hé bien ! j'ai hâte de répondre à ces questions et de vous dire : oui, les élèves étaient nombreuses, plusieurs centaines parfois ; oui, nous avons eu la vive satisfaction de voir sur les mêmes bancs, rivalisant d'attention, de bon vouloir, d'exactitude, des dames du meilleur monde, des gardes-malades de profession, des élèves sages-femmes, des mères de famille appartenant à la classe laborieuse, et des jeunes filles dont les parents pensent avec raison que des notions sur l'hygiène, sur les soins aux malades et aux blessés, et sur la constitution du corps humain, forment le complément indispensable d'une éducation véritablement pratique.

Nous ne saurions vous exprimer, Mesdames et Messieurs, combien nous avons admiré le silence absolu, l'attention toujours éveillée, l'avidité avec lesquelles nos paroles étaient recueillies et confiées au papier ! Il y avait véritablement une très-vive satisfaction pour nous à voir ces courageuses dames venir des points les plus éloignés de Paris, de Passy, d'Auteuil, d'Arcueil même et répondre à nos efforts par un zèle que l'inclémence du ciel ne décourageait pas ! Nous étions touchés de voir celles à qui l'âge et l'expérience ont déjà donné bon nombre de connaissances utiles, suivre assidûment ces leçons, où elles apprenaient la raison des choses qu'elles avaient l'habitude de faire et donnaient le bon exemple aux plus jeunes en se soumettant aux interrogations et aux répétitions d'exercices ! Et lorsque, à la sortie de chaque leçon, nous étions heureux de constater avec nos collègues toute cette bonne volonté, tout ce désir de s'instruire, cette ouverture des esprits, non seulement aux détails des soins que demandent les malades, mais encore aux sentiments de bonté et de dévouement qui doivent guider dans l'exécution de ces détails, nous ne pouvions nous empêcher d'élever plus haut notre pensée et de nous dire : oui, il y a d'admirables qualités chez les femmes françaises ! Voyez donc, au lieu de ces caractères futiles, indisciplinés, légers et inconstants dont on parle sans cesse, que voyons-nous ici ? Des élèves aussi sérieuses, aussi studieuses que celles des cours les plus attrayants de nos Facultés ; et pourtant notre enseignement est grave, nos préceptes austères ; assurément ce n'est pas une vaine distraction qu'on vient chercher ici. Quel bon exemple ces femmes donnent aux hommes ! Ah ! si partout en France, dans les salons dorés comme sous les toits de chaume, on pouvait voir renaître le goût des choses sérieuses, le sentiment si juste de l'insuffisance des dons naturels et de la nécessité de les perfectionner par le travail, l'instruction, la discipline, comme notre beau pays reprendrait vite son rang à l'avant-garde des nations puissantes et respectées !

Quels fruits nos premiers cours ont-ils portés ? Quels avantages la société parisienne pourra-t-elle en retirer ?

Je pourrais répondre à ces questions par de simples chiffres, Mesdames et Messieurs, en vous disant que vingt et un candidats ont obtenu le diplôme de gardes-malades et d'ambulancières, que quelques autres ont été seulement ajournés et que, loin d'être découragés par ce léger échec, ils peuvent être certains de devenir aussi heureux que leurs émules, aux prochains examens, en perfectionnant leur instruction dans les leçons de cet hiver. Mais cette brève statistique ne vous donnerait pas une idée juste des résultats que nous avons obtenus.

En effet, beaucoup de dames sont venues chercher à nos cours, non un diplôme, mais les connaissances nécessaires pour surveiller, et pour diriger au besoin, les soins qu'elles font donner à leurs familles par des gardes-malades. D'autres, en grand nombre, ont jugé qu'il fallait suivre les cours deux années de suite, pour bien s'assimiler la science qu'on peut y acquérir, et qu'alors seulement elles seraient en état de soutenir l'examen avec honneur ; nous les approuvons complètement, et tout en louant les candidats qui ont eu le courage d'affronter l'épreuve, après une première audition des matières si diverses et si nombreuses de l'enseignement, tout en rendant pleine justice au savoir dont la plupart de ces dames ont fait preuve, nous estimons, que pour celles-là même, il est indispensable de revoir encore une fois toutes ces notions sur l'hygiène, sur les soins généraux à donner aux malades, sur les secours aux blessés, les applications de bandages, d'appareils, et sur les devoirs des ambulancières. Mieux pénétrées alors des mille détails de pratique, bien préparées par le premier cours, elles ne trouveront plus rien d'obscur à une seconde audition, et, sans effort, les préceptes se classeront définitivement dans leur mémoire.

Nous tenions, Mesdames et Messieurs, à vous faire connaître ce résultat de nos premiers cours, pour vous montrer que les élèves ont pleinement répondu à notre attente, et que leurs succès ont même dépassé nos espérances. Vous ne vous êtes donc pas trompés en pensant que la fondation de notre Ecole répondait à un besoin réel. Tout nous porte à croire que l'an prochain cette Ecole étant plus connue, le nombre des candidats sera plus que doublé et que les notes obtenues aux examens seront supérieures à celles de cette année; tout nous porte à espérer que dans peu d'années il y aura à Paris un corps d'excellentes gardes-malades laïques, et un corps plus nombreux encore de dames ambulancières, prêtes à tout évènement, sachant bien à l'avance dans quelle mesure et par quels moyens elles pourront porter à nos chers blessés des secours efficaces.

C'est là une perspective qu'il ne faut pas perdre de vue ; il en sera désormais de la guerre comme de la misère ; sans aucun doute l'administration fera d'immenses efforts pour subvenir à tous les besoins des victimes, dans ces épouvantables tueries dont les Russes et les Turcs nous donnent en ce moment le lamentable exemple ; mais si bien coordonnées et si vastes que soient ses prévoyances, il y aura des jours où elles resteront au-dessous des nécessités du moment ; elles laisseront alors une large place au dévouement et au savoir de tous ces cœurs généreux que la vue de la souffrance émeut profondément, et nos ambulancières rendront de grands services. Soyez persuadées, Mesdames, que de même que les institutions de bienfaisance ne peuvent suffire à tous les besoins, surtout dans certaines années, et qu'elles laissent forcément à la charité privée de grands devoirs à remplir, de même, après les effroyables collisions auxquelles il est sage de songer longtemps à l'avance, il arrivera que les bras manqueront et que la direction fera défaut, momentanément au moins, pour transporter, soigner, et réconforter les blessés et les malades ; et remarquez que je suppose une organisation et une instruction suffisantes, des milliers d'hommes dont les services de l'armée pourront disposer à cet effet ; or, il faut bien dire ce qui est vrai, et ne pas se payer, comme naguère, d'illusions fanfaronnes, cette organisation et cette instruction des auxiliaires ambulanciers n'existent pas encore. Mais d'ailleurs, en fût-il autrement, qu'il n'en resterait pas moins certaines portions de l'administration et de la surveillance des ambulances et de leur matériel pour lesquelles les qualités innées de la femme la rendront toujours nécessaire ici, comme dans nos hôpitaux.

N'allez pas croire, Mesdames et Messieurs, que nous voulions attendre la venue des jours néfastes pour montrer quels services d'humanité les élèves de notre Ecole peuvent rendre à la société.

Même en temps de paix, et sans qu'il y ait de maladies épidémiques, il n'est que trop certain que la misère et la souffrance dépassent les ressources que l'administration peut leur opposer. Les médecins des bureaux de bienfaisance mesurent depuis longtemps l'étendue de cette lacune; leurs efforts tendent à la combler; tous insistent pour l'extension de l'assistance à domicile; tous se liguent pour montrer les dangers des milieux infectieux, de l'éloignement de la famille, et pour mettre en relief les succès obtenus près du foyer, si pauvre qu'il soit, quand on peut y donner aux malades les soins nécessaires. Beaucoup pensent que, même pour certaines opérations chirurgicales, le domicile vaut mieux que l'hôpital.

Il y a une très forte proportion de vérité, Mesdames et Messieurs, dans les critiques adressées à notre système d'assistance publique, et il faut rendre un témoignage reconnaissant à la Société des Médecins des bureaux de bienfaisance pour les incessants efforts d'amélioration auxquels elle se livre. Mais vous pressentez ce qui fait surtout défaut, ce qui empêche de donner à ses utiles innovations toute l'extension qu'elles méritent. L'obstacle n'est, ni dans la distribution des aliments, ni dans celle des objets nécessaires aux soins des malades; l'administration peut y pourvoir; mais ce qu'elle n'a pas à sa disposition c'est un personnel qui fasse bon emploi de ces objets, qui applique les soins prescrits par le médecin, qui prépare les aliments du pauvre malade et qui donne à sa personne et à sa chambre les soins de propreté indispensables. Voilà le grand obstacle à la réalisation des philanthropiques idées de nos chers confrères des bureaux de bienfaisance! Est-il insurmontable? dans une certaine mesure, non.

N'est-il pas déjà arrivé à vos oreilles certains bruits relatifs à une association de récente formation? Des femmes charitables, et parmi elles, dit-on, des dames du grand monde, vont à la dérobée dans ces pauvres demeures où gisent les malades indigents, et là revêtues du tablier bleu, qu'ennoblissent leurs personnes et leur dévouement, elles passent plusieurs heures à panser le malade, à lui administrer ses médicaments, à nettoyer sa chambre et à préparer ses aliments; puis, ces humbles services rendus presque mystérieusement, elles disparaissent, reprennent les vêtements de leur rang et retournent à leur propre foyer, ou même à leurs occupations mondaines, pour recommencer quelques jours après cette œuvre d'une charité si discrète, que l'obligé ignore même souvent le nom de celle qui lui a apporté à la fois le secours et la consolation.

Que vous semble, Mesdames, de cette façon de comprendre la loi évangélique, aimez-vous les uns les autres? n'êtes-vous pas émues jusqu'au fond de l'âme? ne vous dites vous pas qu'un grand bien serait réalisé si ces actes de dévouement pouvaient se multiplier, si chaque médecin pouvait être assuré de voir ainsi ses malades indigents bien soignés, bien tenus! Pour nous, nous admirons sans réserve cette bienfaisante inspiration; l'Ecole s'est empressée de lui porter son tribut; nos confrères des bureaux de bienfaisance ont accepté les services que pourront rendre à leurs malades, nos élèves inoccupées; et à peine ai-je fait à celles-ci la proposition de consacrer quelques journées aux indigents, qu'elles ont accueilli sans hésiter cette espèce de noviciat. Voilà donc, je l'espère, un concours efficace à la propagation des soins à domicile ; voilà en outre pour les élèves de notre Ecole un moyen d'appliquer les connaissances qu'elles auront puisées aux cours, tout en s'habituant à exercer la charité, la bonté, le dévouement, à faire beaucoup avec peu de choses, et en s'associant ainsi aux vertus dont le corps médical français donne si souvent le noble exemple.

Telles sont, Mesdames et Messieurs, les différentes faces de notre enseignement. L'organisation de notre Ecole diffère beaucoup, vous le voyez, de celle des nombreux internats établis dans les hôpitaux de Londres ; elle est mieux appropriée, croyons-nous, aux aptitudes des femmes françaises et à leurs besoins ; elle leur permet de recevoir une instruction très sérieuse, sans interrompre leurs occupations ordinaires. La simplicité de cette organisation a frappé plusieurs administrations à l'étranger ; des renseignements détaillés nous ont été demandés par elles, de diverses parties de l'Europe et nous avons lieu de croire que, comme beaucoup d'autres choses nées en France, l'œuvre que nous avons établie ensemble, Mesdames, ne restera pas limitée à notre patrie.

Ce n'est pas à dire que nous la considérions comme parfaite. Les temps sont loin où Minerve naissait toute armée et resplendissante de beauté ! chacun des professeurs a bien vite reconnu que sa tâche était beaucoup plus difficile qu'elle ne paraissait l'être ; dire clairement et simplement ce qu'il faut et rien de plus est un art qui ne s'acquiert que par l'étude ; l'expérience est nécessaire à tout enseignement nouveau, quand on veut y maintenir la mesure et le discernement qui conviennent à un auditoire tout spécial ; chaque année apportera des améliorations sur ce point. D'un autre côté, nous savons bien que nos élèves n'acquerraient qu'une science stérile, si elles négligeaient les occasions d'en voir les applications. Voilà pourquoi nous leur recommandons vivement de rechercher les malades, de les soigner même par pure charité ; elles y trouveront le double avantage d'exercer la vertu et d'acquérir l'habileté pratique ; ainsi se forment les médecins dans les hôpitaux ; ainsi se formeront celles des élèves qui n'ont pas encore vu de très près les souffrances humaines. Nous leur recommandons donc de soigner les malades des bureaux de bienfaisance, et dans quelques années, si la prospérité croissante et les ressources de l'Ecole le permettent, nous pourrons ouvrir un autre champ à leur instruction et à leur activité (1). L'œuvre qui nous est commune, Mesdames et Messieurs, sera alors assise sur des bases solides et larges, qui lui promettront une longue vie et vos arrière-neveux béniront les sentiments généreux de cette assemblée, qui a encouragé nos premiers efforts, et qui aujourd'hui encore en assure le succès par le gracieux intérêt avec lequel elle a bien voulu en accueillir les premiers résultats.

(1) Le fondateur avait déjà en vue la création de l'hôpital des Dames ambulancières, hôpital qui n'a pu être édifié qu'en 1896.

IV

Extraits de la Séance d'ouverture de la troisième année scolaire.

Mesdames et Messieurs,

En ouvrant aujourd'hui la troisième année de nos cours, nous venons réclamer quelques instants votre bienveillante attention, pendant que nous vous exposerons brièvement la situation de notre Ecole, et que nous essaierons d'apprécier quel est, à l'époque actuelle, le rôle qui peut être rempli, en temps de guerre, par les Dames auxquelles nous délivrons le diplôme d'ambulancière. Je ne me dissimule pas, Mesdames, le caractère sérieux de cette étude, et si j'ose faire passer quelques soucis sur vos fronts, c'est que déjà vous nous avez montré que vos esprits réfléchis ne rejetaient pas les problèmes toujours un peu graves de la vie réelle ; c'est que d'ailleurs votre empressement à répondre à notre invitation nous est un encouragement ; nous le sentons vivement et nous vous prions d'en agréer toute notre gratitude.

L'œuvre que nous avons entreprise dans le but de former des gardes-malades instruites, et d'initier les mères de famille à des connaissances élémentaires que toutes les femmes devraient posséder, poursuit son développement et se perfectionne chaque année. C'est ainsi que deux Dames diplômées l'an dernier ont bien voulu se faire répétitrices, et plusieurs élèves leur doivent en partie le succès de leurs examens. C'est ainsi encore, que les élèves reçues ont commencé à s'organiser en sociétés ; nous ne pouvons qu'applaudir à cette tentative qui établira entre elles une utile solidarité, les habituera à obéir à de sages règlements, leur inspirera le désir de ne jamais mériter le blâme de leurs collègues, et ajoutera à l'instruction, l'esprit de discipline indispensable aux bonnes gardes-malades. Les Dames éminemment bonnes et intelligemment dévouées qui ont entrepris de réunir ainsi nos gardes-malades sous une règle commune, méritent vos encouragements, Mesdames, et votre sympathique concours, car leur tâche présente des difficultés ; leur amour du bien les en fera certainement triompher.

Vous vous rappelez que l'an dernier nous exhortions les élèves à faire œuvre de charité, en soignant gratuitement, quand elles seraient libres, les malades indigents et ceux des bureaux de bienfaisance. Cet appel a été entendu ; beaucoup de pauvres familles ont été ainsi efficacement aidées ; beaucoup le seront encore dans le cours de cette année ; nous voyons avec satisfaction que cet esprit de charité a inspiré les associations de gardes-malades diplômées, dont les membres s'engagent à consacrer une partie de leur temps aux soins des pauvres.

Les cours de l'hiver dernier ont été bien suivis, malgré les obstacles qu'apporte toujours la saison rigoureuse. Beaucoup d'élèves de l'année précédente sont venues y compléter leurs premières études et nous croyons qu'une deuxième année est en effet d'une grande utilité. Treize élèves ont obtenu le diplôme ; plusieurs d'entre elles sont des femmes d'une intelligence très distinguée ; le dévouement éclairé qu'elles apporteront aux soins des malades et des blessés est une acquisition précieuse pour notre société parisienne.

En vous faisant connaître, Mesdames et Messieurs, la situation de notre Ecole, ne pensez pas que nous n'ayons plus aucun vœu à former pour sa prospérité ; nos désirs sont plus larges, comme d'ailleurs le sont les besoins auxquels notre enseignement répond ; nous voudrions voir les élèves beaucoup plus nombreuses encore ; nous espérons que de nouvelles Dames patronnesses et de nouveaux donateurs nous viendront en aide pour l'augmentation du matériel de l'enseignement et l'amélioration de notre installation.

Parmi les perfectionnements que notre enseignement a présentés cette année, il en est un sur lequel je désire appeler particulièrement votre attention. Deux leçons ont été faites, avec autant de compétence que de clarté, sur les services que les femmes peuvent rendre dans les ambulances. L'idée de la fondation de notre Ecole nous a été en partie inspirée, Mesdames, par la patriotique conduite de beaucoup d'entre vous, pendant toute la durée du mémorable siège de Paris ; dévouement ardent, courage intrépide, générosité sans borne ; mais à côté d'admirables élans du cœur, il faut le reconnaître, on constatait souvent avec regret l'insuffisance d'une instruction spéciale, le manque d'une préparation nécessaire pour que de si vaillants efforts pussent porter tous leurs fruits. Nous avons donc voulu vous aider, Mesdames, vous façonner aux exercices pratiques de votre noble tâche ; voilà pourquoi nous formons des ambulancières.

Même dans notre modeste sphère, nous avons recueilli les avantages de la brillante Exposition, qui marque le premier pas dans le relèvement de la France. La société de secours aux blessés et le ministère de la guerre ont placé sous les yeux du public tous les appareils dont ils disposent pour secourir les sympathiques victimes de la guerre ; vous les avez contemplés, Mesdames, et bien certainement vous vous êtes senties émues à la vue d'efforts si ingénieux et si persévérants, tant pour transporter les blessés, que pour leur procurer un soulagement immédiat, et les installer confortablement dans un hôpital temporaire. Cette belle collection qui témoigne d'une si touchante sollicitude, nous offrait un précieux moyen de faire connaître à nos élèves une foule d'objets, dont l'emploi se rattache plus ou moins aux fonctions des ambulancières ; nous n'aurions eu garde de ne pas en profiter.

Je touche, Mesdames et Messieurs, à un sujet qui m'attire, comme il doit éveiller sans cesse l'inquiète sollicitude de tous les bons patriotes. Bien imprudents, serions-nous en effet, de nous endormir sous les pacifiques lauriers de notre Exposition ! voyez ce qui se passe à l'étranger ; de tous côtés on s'agite pour la réorganisation des sociétés de secours aux blessés ; des femmes illustres par leur rang social reconstituent les cadres de leurs vaillantes armées d'ambulancières ; les sanglants évènements qui se sont déroulés cette année en Turquie, principalement au siège de Plewna, ont montré, une fois de plus, combien les prévisions administratives et les ressources ordinaires d'une armée en campagne peuvent se trouver insuffisantes ; il y a eu là un enseignement dont les nations voisines ont vite tiré les conséquences pratiques. Aussi est-il étrange que, pendant qu'elles se mettent de nouveau à l'œuvre, il semble qu'en France on veuille méconnaître les services que les sociétés civiles de secours aux blessés peuvent rendre ; qu'on aille presque jusqu'à dire qu'elles sont devenues inutiles ; qu'en dehors des auxiliaires réguliers de l'armée il n'y a plus de place pour personne ; qu'ils suffiront à tout et que tout y est parfaitement préparé. En vérité, Messieurs, ne faisons-nous pas un rêve pénible, quand, moins de dix ans après nos désastres, nous voyons de telles illusions se produire au grand jour ? un frisson douloureux me saisit, car il me semble entendre encore le mot fatal, vous vous le rappelez, *pas un bouton de guêtre !.....*

Arrêtons-nous donc sur cette question. Aussi bien, puisque j'ai consacré la plus grande partie de notre dernière réunion à vous entretenir des devoirs des gardes-malades civiles, c'est-à-dire placées dans les conditions les plus ordinaires, permettez-moi d'insister aujourd'hui sur la mission que des circonstances exceptionnelles, mais toujours à craindre, peuvent les appeler à remplir.

Et d'abord rappelons, Mesdames et Messieurs, quelques-unes de ces vérités, banales en apparence, mais que les évènements obligent souvent à répéter, parce que la trop grande confiance que les hommes ont en eux-mêmes les fait agir comme s'ils les avaient oubliées. Qui ne sait que dans les calamités publiques, violents incendies, inondations subites étendues à de vastes contrées, épidémies meurtrières s'abattant sur toute une ville comme l'a fait le choléra en 1832, comme le fait encore aujourd'hui même la fièvre jaune à Memphis et à la Nouvelle-Orléans ; qui ne sait que dans les périls de cette sorte, les secours préparés par l'administration la plus prévoyante restent toujours au-dessous des besoins urgents ? qui ne sait dans quel désarroi tous les esprits sont alors jetés ? combien l'effroi public et l'ignorance des moyens de secours ajoutent encore aux effets du fléau lui-même ? Hé bien ! ne serait-ce pas une calamité publique, une calamité immense, qu'une guerre, dans l'état de perfectionnement actuel des moyens de destruction, et avec des armées qui ne se comptent plus que par centaines de mille hommes ? qui peut se figurer l'étendue des ravages que le fer, le feu, les fatigues, les privations, les maladies accidentelles et plus encore les maladies contagieuses, typhus, petite vérole, pourriture d'hôpital, dyssenterie, choléra, peuvent exercer dans de pareilles agglomérations d'hommes !

On admet généralement que dans les armées il meurt deux fois autant de soldats par les maladies que par les blessures ; voyez donc à quels chiffres cette proportion nous mène. Y a-t-il 10,000 blessés dans une armée de 100,000 hommes ! comptez au moins 20,000 malades ; en tout 30,000 hommes à soigner dans cette seule armée. Ce n'est pas là une fiction invoquée pour les besoins d'une thèse ; c'est la proportion habituelle ; c'est celle que donne le dernier bulletin officiel de l'armée russe, publié au mois d'août dernier, c'est-à-dire longtemps après la cessation des hostilités ; à cette date, il restait encore le chiffre effrayant de plus de 60,000 malades sur un effectif de 200,000 hommes. Or, si la France attaquée, et comprenant enfin qu'il s'agit pour elle de vaincre ou de devenir esclave, met en ligne un million d'hommes, il peut arriver que plus de 300,000 hommes encombrent au même moment les hôpitaux et les ambulances. Où est donc le personnel de médecins et d'infirmiers qui peut répondre à de pareils besoins et suffire en même temps au service des 700,000 hommes restés sous les drapeaux ! Bien téméraires, pour ne pas dire plus, seraient les administrateurs que n'effraierait pas une telle perspective ! Tout est prévu, semble-t-on nous dire, oui, tout, sauf l'imprévu, pouvons-nous répondre, et l'imprévu est de règle à la guerre.

Répétons-le donc, sans cesse, Mesdames et Messieurs, la clairvoyance, la prudence des gouvernements auront toujours des limites plus étroites que celle des fléaux que la guerre entraîne ; les prévisions officielles et les mesures qu'elles inspirent, si bien coordonnées qu'elles soient, laisseront toujours des souffrances de tous genres sans secours immédiat, et toujours le dévouement des cœurs généreux, l'aide des personnes bien préparées par une étude spéciale seront une nécessité en temps de guerre, constitueront même une de ces forces nationales qu'il faut développer en temps de paix.

Où donc cette force réside-t-elle principalement ? Tous les hommes habitués à rechercher les forces morales de la société, m'accorderont sans peine que, quand il s'agit d'une œuvre qui réclame de longs et patients dévouements, des soins délicats, l'esprit d'ordre dans les choses minutieuses, c'est à la femme qu'il faut avoir recours. C'est à elle, que l'auteur de la nature a donné des aptitudes particulières, qui la rendent infiniment supérieure sous ce rapport. Mais pour obtenir de ces heureuses dispositions naturelles tous les bons résultats qu'elles peuvent produire, il faut, bien longtemps avant la guerre, préparer un personnel nombreux en distribuant largement toutes les connaissances dont les ambulancières doivent être pourvues, en soumettant à un examen vraiment probant les Dames qui ambitionnent cette noble tâche, en les encourageant à s'exercer aux soins des malades et à rechercher les occasions d'être utiles dans les calamités publiques. Il faut en outre, pour que ces dévouements volontaires soient efficaces, que vous sachiez bien à l'avance, Mesdames, ce que vous pouvez faire, dans quels endroits peuvent s'exercer vos talents et vos vertus patriotiques ; dans quels autres endroits il faut au contraire éviter de vous laisser entraîner pour ne pas devenir gênantes, pour ne pas voir vos bons désirs paralysés, votre personne même inutilement exposée. C'est là ce dont nous voulons vous bien pénétrer ; c'est là ce qu'ont parfaitement compris tous les Etats de l'Allemagne.

Jetons un rapide coup d'œil sur ce qu'ils ont fait. Dès l'année 1859, la grande duchesse Louise fondait l'*Association des Dames du grand duché de Bade,* qui, au milieu d'autres bonnes œuvres, formait d'excellentes gardes-malades, auxquelles on faisait subir un examen et on délivrait un brevet d'aptitude quand il était mérité. En 1866, la guerre éclate : c'est alors qu'on recueille le fruit d'une sage prévoyance ; la grande duchesse offre au ministère de la guerre les services de son association ; ils sont acceptés avec reconnaissance. Le personnel était prêt, on le partage en quatre commissions. La première est chargée de recevoir les dons en argent et en nature ; la seconde préparera le linge et tout le matériel des ambulances ; la troisième reçoit et distribuera les aliments et les rafraîchissements destinés aux soldats en campagne, aux blessés, aux malades des hôpitaux militaires, aux habitants des pays dévastés par la guerre ; la quatrième commission donne les dernières instructions aux gardes-malades dressées depuis longtemps et les envoie partout où on les réclame.

Vous dire tout le bien que fit cette organisation, la promptitude des secours de toute nature, la noble émulation de toutes les classes de la société, depuis les princesses jusqu'aux plus humbles ouvrières, me serait impossible ; je veux seulement faire passer sous vos yeux quelques réflexions faites par Madame Monod, au sujet des gardes-malades envoyées par le Comité. « Accueillies d'abord avec méfiance, elles eurent bientôt gagné tous les cœurs par l'intelligence et le dévouement qu'elles apportaient dans l'exercice de leurs fonctions ; quatre de ces dames, qui appartenaient aux classes les plus élevées de la société, furent mises à la tête des hôpitaux ; et tout en s'occupant avec succès de la direction, elles rendirent encore tous les services matériels possibles. Leur douceur, leur affabilité, leur sérénité, le tact avec lequel elles savaient maintenir l'ordre, fut un exemple pour tous ; tout le personnel en ressentit l'influence ; les aides chirurgiens eux-mêmes gagnèrent auprès d'elles en délicatesse. On vit par là combien il est utile que des femmes distinguées par la fortune, la naissance et l'éducation, se consacrent aux soins des malades. »

C'est à dessein, Mesdames, que je choisis cet exemple en Allemagne ; j'en pourrais réunir beaucoup d'autres empruntés à ce même pays, et vous raconter les immenses services que rendit, après la bataille de Sadowa, une autre Allemande, Madame Simon, femme éminente, versée dans toutes les connaissances que réclame le soin des blessés ; je pourrais vous parler des sociétés de femmes organisées à Berlin, à Dresde, à Leipzig, à Hambourg, à Vienne, rendre justice à l'activité, à la science, à la discipline qu'elles ont déployées avec tant de succès. Puis, vous transportant par la pensée dans ces immenses états du nouveau monde, où les entreprises prennent si facilement des proportions colossales, où l'association centrale des femmes pour les secours à l'armée a pu recueillir plus de 400 millions de francs, je pourrais vous retracer les prodigieux efforts et les magnifiques résultats obtenus par les Dames américaines pendant la guerre de sécession ; mais je ne veux pas fatiguer votre attention, et je n'ajoute qu'un mot. En ce moment toutes les sociétés allemandes de secours aux blessés se réorganisent, pour être en mesure de combiner plus étroitement leur action avec celle des autorités militaires.

Et nous, Mesdames et Messsieurs, que faisons-nous ? Bercés par les dangereux enivrements que fait naître en nous ce splendide étalage de nos richesses industrielles et artistiques, nous remettons à demain les pensées graves, les salutaires retours sur nous-mêmes ; nous sommes encore prêts à nous reposer comme autrefois sur l'initiative du gouvernement, et à peine nous souvenons-nous qu'en 1870, il a manqué souvent aux dévouements des Dames françaises, l'organisation préalable, la prévision mûrie des besoins, la préparation de longue date des approvisionnements, l'association disciplinée des efforts ; en un mot, tout ce qui fait la force de nos voisins.

Loin de nous, Mesdames, la pensée de méconnaître ou de rabaisser ce que vos devancières ont fait ; les glorieux exemples que des femmes françaises nous ont donnés sont toujours là bien vivants dans nos cœurs ; nul ne les porte plus haut que nous et quand il s'agit de dévouement individuel, nul n'est plus convaincu de la puissance d'action que peut développer, dans les grands périls publics, une femme animée d'une ardente charité et secondée à la fois par une grande fermeté de caractère et par un certain degré de culture intellectuelle et morale. La France a ses héroïnes en ce genre ; il en est même que leurs vertus ont rendu l'objet de la vénération universelle et dont le nom est prononcé avec encore plus de respect à l'étranger que dans notre patrie.

Peut-être quelques-unes d'entre vous, Mesdames, se souviennent-elles d'une grande fête publique célébrée à Paris le 4 mai 1850. J'y assistai, et j'en ai conservé une profonde impression, que je voudrais vous faire partager, en faisant revivre à vos yeux un des types les plus parfaits du dévouement aux malheureux. Pour cette fête, on avait élevé de chaque côté de l'avenue des Champs-Elysées, un grand nombre de statues rappelant les traits des bienfaiteurs de l'humanité ; plusieurs femmes illustres y figuraient ; l'une d'elles attirait surtout les regards de la foule : c'était une femme du peuple, au front large, à la bouche énergique et fine, à la physionomie pleine de bonhomie, respirant le bonheur et inspirant de suite la sympathie. Un tablier à bavette, un fichu, un bonnet à gros tuyaux lui donnaient un aspect tout particulier ; était-ce une paysanne aisée ? était-ce une religieuse ? on ne savait trop ; de nombreuses décorations couvraient sa poitrine et sur le socle de la statue on lisait ces mots : *Tous les malheureux sont mes amis.* Qu'avait donc fait pour mériter de tels honneurs cette femme de si simple apparence et qui se nommait *Anne Biget* ou *sœur Marthe*? C'est la question que je me posais avec un vif sentiment de curiosité. Désirez-vous connaître la réponse ? permettez-moi de vous la donner avec quelques développements, il s'agit d'une des femmes qui ont le plus honoré votre sexe.

Anne Biget est née en 1749 à Torraise près de Besançon. Décidée dès son enfance à se consacrer entièrement au soulagement des pauvres et des infirmes, elle entra à vingt ans au couvent de la Visitation en qualité de tourière. Dans cet emploi subalterne, son zèle et son active charité trouvèrent le moyen de se déployer d'une manière remarquable, surtout en faveur des prisonniers et des criminels. En 1792, les couvents ayant été supprimés, la sœur Marthe se retira à Besançon où elle n'eut pour vivre qu'une pension de 333 francs et le revenu très minime d'une petite maison ; elle partagea ces faibles ressources avec les pauvres nécessiteux, les prisonniers, et à l'époque la plus orageuse de nos troubles politiques, toutes les victimes, à quelque parti qu'elles appartinssent, la virent accourir à leur secours ; mais ce fut surtout lorsque la guerre encombra les hôpitaux de blessés et de prisonniers de toutes les nations que son dévouement ne connut plus de bornes.

Il nous est bien difficile, à nous, Mesdames, qui n'avons guère connu que des années d'abondance, de nous faire une idée de l'horrible misère qui régnait en France à cette époque. Les institutions de bienfaisance, répandues aujourd'hui dans les villes, n'existaient pas encore ; les guerres terribles qui se succédaient chaque année, laissaient peu de place aux sentiments d'humanité, chacun vivait pour soi ; l'armée absorbait toutes les ressources du gouvernement, les blessés étaient presque considérés comme des bouches inutiles. Avec la guerre la disette. En 1794 et en 1795, l'hiver fut extrêmement rigoureux, il se prolongea jusqu'à l'été ; les rivières et les canaux restèrent gelés, les routes couvertes de glace ; la circulation des grains devint presque impossible ; c'est la lugubre époque où la convention nationale était envahie par la populace affamée, criant : *du pain! du pain!* En 1811, une sécheresse extraordinaire avait détruit les céréales dans presque toute l'Europe ; en France, les blés étaient montés à 70 francs l'hectolitre, ils valent aujourd'hui 18 francs ; le peuple ne pouvait avoir de pain et dans beaucoup de localités il troublait le commerce, arrêtait les voitures, envahissait les marchés, criait aux accapareurs, et avec son ordinaire aveuglement, dit M. Thiers, allait ainsi contre ses propres intérêts, car les cultivateurs pris de peur ne venaient plus dans les marchés et le prix du blé augmentait encore beaucoup plus.

C'est dans ces temps de grandes et longues souffrances, jointes à toutes celles qu'entraîne la guerre, que la sœur Marthe se dévoua aux malheureux, fit des efforts inouïs pour leur procurer des ressources, s'habitua à ne plus dormir que trois ou quatre heures par nuit pour trouver le temps de soulager d'innombrables misères et fit preuve d'une énergie que rien ne put abattre. Jugez-en, Mesdames, par quelques traits de cette vaillante existence; je les choisis au hasard, tant le nombre en est grand.

Au commencement de 1810, six cents prisonniers espagnols arrivèrent à Besançon dans le plus complet dénûment; sœur Marthe se fit leur protectrice; le gouvernement leur accordait trois sous par jour; que peut-on faire avec trois sous? sœur Marthe va dans les pensions, les auberges, les maisons riches, recueille des morceaux de pain et les rapporte à ses prisonniers affamés; puis, comme toujours, elle chauffe cette légendaire et inépuisable marmite qui a déjà rendu de si grands services à des milliers d'infortunés; elle quête à toutes les portes des restes de viande et de graisse; à l'occasion d'une fête publique, par un froid épouvantable et un vent glacial, elle se met sur le passage de la foule une bourse à la main, demandant l'aumône pour ses malheureux Espagnols et peut ainsi donner à chacun une chemise de soldat et tous les jours une bonne soupe chaude. En décembre 1810, des bandes de prisonniers en haillons sont envoyées travailler au canal, malgré les rigueurs de la température; la plupart étaient estropiés et néanmoins il fallait travailler; pour eux la sœur Marthe fit de ses mains jusqu'à trente-deux seaux de soupe par jour. A la fin d'avril 1811 arrivèrent en un jour 150 prisonniers; immédiatement la soupe de la sœur Marthe se trouva suffisante pour ces affamés qui se jetèrent dessus en s'étouffant et en écrasant leurs distributeurs. Puis, ce fut le tour d'une multitude de malheureux de toutes les nations, russes, anglais, allemands, espagnols et de conscrits de tous pays; la sœur Marthe en eut jusqu'à 800 à nourrir à la fois; on n'avait même pas de paille pour les coucher. Plus tard encore, on en vit arriver 1200 qui marchaient depuis un mois et dévoraient les pelures de pommes de terre qu'ils trouvaient dans les rues; pas de chemises, pas de souliers à leur donner; on fit pour eux en un seul jour 226 seaux de soupe et on eut beaucoup de peine à empêcher ces malheureux de tomber dans le liquide bouillant; enfin, l'encombrement devint tel qu'on mit 1100 prisonniers dans un bâtiment qui n'en devait contenir que 400; 700 autres passèrent la nuit dans une cour, sans pouvoir se coucher, ni s'asseoir.

En 1812, de nouvelles nuées de prisonniers s'abattirent sur Besançon; un matin, *la mère des affligés,* comme on l'appelait, avait fait la soupe pour 300 d'entre eux, le soir 500 nouveaux venus étaient mouillés jusqu'aux os et mourant de faim; le capitaine de gendarmerie qui les conduisait eut la bonne idée de charger la sœur Marthe de ce convoi de prisonniers, moyennant cinq sous par jour et par homme. Cette excellente femme trouva le moyen de leur donner tous les jours une demi-livre de pain blanc, du tabac, de la soupe le matin et à midi et du lait le soir. Malheureusement ces pauvres gens entassés dans les greniers de la prison, sans vêtements, sans chaussures, par un froid rigoureux, quoiqu'on fût au printemps, tombèrent malades au nombre de 400 et périrent faute de soins. La mortalité était si grande dans les prisons que la contagion se répandit dans la ville; personne ne voulait plus toucher aux malheureux prisonniers et la sœur Marthe ne trouva plus qu'un unique conscrit pour l'aider dans ses distributions. Elle veillait à tout et semblait être partout à la fois, ne quittant sa marmite que pour aller à une lieue de la ville porter des sabots et des bas aux malheureux qui travaillaient nu-pieds au canal; tous les jours elle visitait les hôpitaux, les prisons, apportait partout quelque soulagement, et bien qu'à l'hôpital militaire on eût entassé 500 malades dans 250 lits, et qu'on ne pût même pas renouveler la paille infecte des salles, où la sœur Marthe restait jusque trois heures du matin, elle ne fut jamais atteinte par la contagion.

Un jour, ce sont des réfractaires et des déserteurs condamnés à mort, et dont elle obtient la grâce ; un autre jour, des officiers supérieurs prisonniers auxquels elle parvient à acheter des vêtements, dont elle blanchit le linge et qui repartent avec un petit trousseau ; une autre fois, arrivent des femmes d'officiers qui accompagnent leurs maris ; plusieurs traînent des enfants avec elles, et sont réduites à la dernière misère ; pour ces frêles créatures, sœur Marthe se dépouille de tout. Une autre fois encore, elle réussit à exercer sa charité dans une forteresse dont toutes les portes étaient fermées ; des prisonniers croates étaient relégués au fond des fossés ; ne pouvant en approcher, elle leur fit jeter par dessus les parapets du pain, des vêtements et du tabac.

Mais je m'arrête, Mesdames, car si je voulais continuer à vous raconter tous les actes d'une si héroïque charité, le soleil levant nous trouverait encore dans cette salle. Que de réflexions fait naître dans nos esprits cette vie sublime ! qui de nous, en ce moment, pourrait s'enorgueillir du peu de bien qu'il a fait, en pensant à la longue série des dévouements de cette humble femme ! Quel grand caractère ! Régulus et Scévola, ces Romains que l'antiquité propose si justement à notre admiration, honorent-ils plus l'humanité qu'Anne Biget ? prononcez Mesdames. Pour moi, je reste confondu de la magnanimité, de la générosité des sentiments de cette femme, qui ne lui font voir que des amis dans tous nos ennemis vaincus, et en vous narrant les secours et les consolations qu'elle leur prodigue, je pense avec amertume au sort de ces malheureux Français de nos grandes guerres du premier empire, qui, sans entendre une parole amie, périssaient sous l'inexorable climat de la Sibérie, ou réglementairement entassés sur les pontons anglais.

Il est une phase de la vie d'Anne Biget qui nous la montre sous un jour un peu différent, mais non moins intéressant ; panser et secourir les malades dans les hôpitaux, dans les prisons, c'est un dévouement que l'on rencontre souvent chez les femmes d'une nature d'élite, mais il est un autre genre de courage qui semble moins fait pour elles ; c'est l'intrépidité dans les combats ; notre héroïne l'eut aussi ; vous en serez bons juges, vous Mesdames du siège de Paris, que je reconnais dans cet auditoire et qui, par plusieurs côtés, avez ressemblé à la sœur Marthe.

Besançon fut aussi assiégé et à deux reprises. La 1re fois en janvier 1814 ; tous les rois coalisés et un million d'hommes avaient envahi la France ; les Autrichiens venaient de passer le Rhin à Schaffouse ; femmes, enfants, vieillards des campagnes s'étaient réfugiés dans la ville avec leurs bestiaux, tout cela pêle-mêle, et dans la confusion qu'entraîne la terreur. Sœur Marthe se rendit utile à tous ; elle commença par leur procurer un asile, des secours, des vivres ; puis la garnison faisant des sorties, chaque fois la sœur Marthe l'accompagna au feu, releva les blessés sur le champ de bataille, les pansa et les conduisit' à l'ambulance ; rentrée dans les murs de la ville, c'est encore elle qui approvisionne les chirurgiens de linge et de charpie qu'elle a recueillis chez les habitants. Plus tard, le petit village de Brégille est incendié par l'ennemi ; les habitants réclament du secours ; la sœur Marthe obtient du commandant qu'on lui ouvre une porte, et pendant la nuit, accompagnée d'hommes de bonne volonté, elle gagne ce village en silence, rassemble les habitants et les ramène tous sans accident dans la place. Pendant deux mois, elle redouble de zèle pour nourrir un nombre immense d'affamés ; à ses chaudières, elle ajoute des fourneaux ambulants qu'elle établit sur les places publiques, et frappe à toutes les portes, quêtant des aliments et des vêtements qu'on s'empresse de lui donner.

En 1815, second siège. Les habitants eurent beaucoup à souffrir ; n'ayant que le strict nécessaire pour eux, ils ne donnaient plus rien à la sœur Marthe. Elle prit alors une résolution énergique ; sortie de la ville au point du jour, elle pénètre dans le camp autrichien et demande en grâce de faire quelques provisions dans les villages voisins, pour ses blessés et ses prisonniers ; alors plusieurs soldats la reconnaissent, on l'entoure, on l'acclame et les Autrichiens la laissent librement s'approvisionner, pour qu'elle puisse rendre à d'autres infortunés les services que beaucoup d'entre eux ont autrefois reçus d'elle.

Telle fut, Mesdames et Messieurs, cette étonnante vie de la sœur Marthe ; une série non interrompue d'actes de vertu, de grand courage, accomplie dans l'humilité, sans aucune préoccupation des récompenses humaines, et cela, non pas seulement dans les patriotiques entraînements de la guerre ; mais plus tard encore au milieu des prisonniers civils, des malades pauvres, des affligés de toute sorte, jusqu'à l'âge de soixante-quinze ans qui marqua le terme de cette vénérable existence.

Les contemporains eussent été bien ingrats, Mesdames, s'ils avaient laissé s'éteindre, dans l'obscurité qu'elle recherchait, cette héroïque bienfaitrice de tant de milliers d'hommes. Malgré l'égoïsme inspiré par les malheurs du temps, Anne Biget fut l'objet des témoignages les plus honorables ; presque au début de sa carrière de bienfaisance, elle fut appréciée comme elle méritait de l'être et chaleureusement défendue par les médecins et les chirurgiens, contre des insinuations malveillantes et la sourde hostilité des autres religieuses.

Quelques années après, les honneurs qu'elle avait fui vinrent la trouver. Au retour de la campagne de Prusse, le maréchal Oudinot, passant par Besançon, demanda le jour même à la voir. « C'est sur le champ de bataille, lui dit-il, que j'ai appris à vous connaître ; j'ai désiré vous voir et vous dire que vous n'avez pas soigné des ingrats. » En 1815, le maréchal Ney vint aussi lui faire visite ; il lui parla de ses travaux, de ses fatigues, la félicita de son dévouement aux malheureux, la remercia de ses soins pour les soldats blessés, lui rappela sa belle conduite pendant le siège, visita son laboratoire, ses marmites, et lui fit don de 600 francs pour ses bonnes œuvres, souvenir de sa reconnaissance d'ancien soldat et témoignage de sa satisfaction comme maréchal de France.

En 1814, une croix particulière, frappée en son honneur lui fut envoyée par le ministre de la guerre ; puis les souverains étrangers, reconnaissants des soints touchants prodigués à leurs sujets, vinrent visiter la sœur Marthe dans sa modeste demeure. Elle reçut la grande médaille d'or de Russie, celle du mérite civil d'Autriche, une troisième du roi de Prusse, accompagnée de cent louis neufs. La France, vous le pensez bien, Mesdames, n'avait pas attendu ces démonstrations de l'Etranger, pour rendre un éclatant hommage à cette femme vraiment extraordinaire que l'antiquité payenne eût certainement placée parmi ses demi-dieux. Sans les désastres de 1812 à 1814, l'Empereur lui eût fait expédier le brevet de la décoration de la Légion d'honneur, qu'il lui avait accordé à la demande du général commandant à Besançon pendant le siège. En 1852 seulement, bien des années après la mort d'Anne Biget, un décret reconnut et sanctionna cette décoration.

Depuis longtemps déjà ses compatriotes avaient proclamé leur admiration pour sa sublime charité ; la société d'agriculture et du commerce du département du Doubs lui avait décerné une médaille avec cette inscription : *Hommage à la vertu,* et cette médaille était accompagnée d'une lettre que je transcris textuellement :

A LA CITOYENNE ANNE-MARTHE BIGET.

Citoyenne,

« Votre zèle pour le soulagement des malheureux était connu depuis longtemps ; mais il s'est développé avec une activité nouvelle, lors de l'arrivée des blessés qui ont été transportés des champs de bataille jusqu'en cette commune ; ils étaient entassés dans nos hospices, où les bras ordinaires et les secours quoique multipliés, se trouvèrent insuffisants. Vous êtes accourue près d'eux et vous avez tout fait, tout entrepris pour les secourir ; soins assidus, veilles prolongées, pansements, consolations affectueuses, démarches multipliées dans la ville pour obtenir des secours de la bienveillance publique, et vous-même vous avez fourni des secours de vos propres fonds.

« Tant de dévouement, de courage, de générosité devaient recueillir le prix qui leur est dû. La société, heureuse d'avoir à distribuer une couronne à la bienfaisance, a voté à l'unanimité de vous la décerner, non comme une récompense, il n'en est point à notre disposition pour tant de vertus, mais comme un faible témoignage des sentiments d'estime que vous lui avez inspirés. »

En vous racontant, Mesdames, cette vie si extraordinaire, ai-je la pensée de vous la proposer pour modèle ? Nullement, j'ai voulu seulement vous montrer jusqu'où peut aller, chez certaines femmes, la puissance de la volonté dans le bien, et vous rappeler que vous trouverez, chez des Françaises, des exemples de courage et d'un dévouement qu'aucune nation n'a dépassés. Mais, de nos jours, l'état social est tout autre qu'au temps de la sœur Marthe ; l'association, la collectivité des efforts pour toutes les œuvres d'humanité, sont devenues une puissance bien autrement grande que celles des énergies isolées ; des merveilles peuvent être ainsi réalisées par les associations de femmes, sous la bannière de la croix rouge ; et, sans avoir la robuste santé, la volonté indomptable d'Anne Biget, sans aller comme elle relever les blessés au milieu de la mitraille, des êtres délicats, mais bons et sensibles, peuvent contribuer à d'immenses soulagements.

Pour cela, que vous faut-il ? des notions sur l'organisation des ambulances et des services accessoires, la connaissance exacte de la part qui peut vous être dévolue, des notions d'hygiène générale, encore plus indispensables au milieu des blessés, l'art d'aider aux pansements, la parfaite compréhension de tous les soins qu'une bonne garde peut avoir à donner aux malades ; voilà, Mesdames, ce que nous vous enseignerons ; voilà cette préparation qui vous rendra si utiles dans les villes assiégées, dans les villes voisines des champs de bataille, dans les hôpitaux temporaires, dans les hôpitaux de convalescents. Venez donc, et livrez-vous avec ardeur à ces études si intéressantes en elles-mêmes et si bien faites pour vos âmes compatissantes.

Et si parfois la multiplicité des détails vous effraie, s'il en est qui révoltent vos sens délicats, élevez vos cœurs, pensez à la sœur Marthe, aux prodiges de dévouement qu'elle accomplissait au milieu de la misère la plus capable d'inspirer des dégoûts ; vous sourirez alors de votre délicatesse et vous reprendrez courage. Pensez aussi aux enfants de notre vaillante France, aux souffrances qu'ils auront à endurer, et puis, quand l'heure solennelle aura sonné, recueillez-vous, et venez modestement, mais résolument offrir des services qu'une sérieuse préparation aura rendus précieux ; et, alors respectées par les blessés et les malades que vous aurez soignés, bénies par les malheureux que vous aurez aidés et consolés, appréciées par les administrateurs que vous aurez secondés, vous entendrez s'élever du fond de vos consciences une voix secrète, murmurant doucement ces paroles flatteuses : Nous aussi nous avons servi notre France bien-aimée ! et nous sommes dignes de porter ce beau nom :

« *Les Sœurs de la Patrie !* »

Dr DUCHAUSSOY,
Professeur agrégé de la Faculté de médecine de Paris.

TROISIÈME PARTIE

I

1879

Fondation de l'Association des Dames Françaises

Après une séance préparatoire tenue le 15 mai 1879, à la Mairie du VIe arrondissement, une réunion a eu lieu le 31 octobre 1879 à l'*Hôtel Continental*. Le bureau était occupé par M. le comte Sérurier, président, M. le sénateur Bozerian et M. le docteur Duchaussoy, agrégé libre à la Faculté de médecine de Paris, qui a prononcé l'allocution suivante :

MESDAMES ET MESSIEURS,

Nous estimons très haut la valeur des instants que vous voulez bien nous consacrer ; aussi pour n'en rien perdre, je vous demanderai la permission de n'user d'aucun artifice oratoire et d'entrer, sans préambule, dans le vif de la question qui va nous occuper.

Insuffisance de l'organisation d'ambulances pendant la dernière guerre ; nombreux efforts faits à l'étranger pour y remédier ; inertie de la France à cet égard ; nécessité d'en sortir; et enfin plan d'une organisation; tels sont, Mesdames et Messieurs, les points que je me propose de traiter brièvement. Les sentiments patriotiques dont je vous sais animés, me font espérer que l'intérêt que vous prendrez au sujet de cet entretien voilera à vos yeux mon insuffisance, et me vaudra une attention indulgente dont je sens profondément le besoin.

Beaucoup d'entre vous, Mesdames, ont offert pendant l'année terrible, de nobles exemples aux jeunes générations; au premier cri d'alarme du pays envahi, beaucoup se sont spontanément levées comme les vaillants se lèvent au premier son du clairon. Ces tristes mois du siège de Paris sont encore là bien présents à votre esprit, bien gravés dans vos cœurs, et chaque année, quand l'automne nous ramène les jours sombres et froids, vous pensez, n'est-ce pas, à ce cercle de fer qui nous enserrait si étroitement, et il vous semble encore entendre les appels du tambour ou les imposants échos du canon. Toutes, alors vous apportiez au soulagement de nos chers blessés un dévouement ardent, un courage intrépide, une grande générosité, et pourtant, vous vous en souvenez, les résultats étaient souvent loin de répondre à vos efforts. Ici vous aviez à lutter contre la lenteur et les difficultés de l'organisation; là le matériel était défectueux ou insuffisant; ailleurs le personnel hospitalier faisait défaut, ou bien était impropre à rendre les services qu'on lui demandait; dans d'autres endroits, on remarquait au bout de peu de temps, que le local, choisi un peu à la hâte, ne présentait pas les conditions d'hygiène nécessaires; il devenait malsain et les maladies y prenaient un caractère de gravité insolite. Partout il y a eu beaucoup d'efforts perdus ou mal dirigés et finalement, malgré votre nombre, malgré vos soins, malgré l'or que vous avez prodigué, la mortalité a été grande. Ce résultat a dû d'autant plus vous surprendre que les médecins les plus savants, les chirurgiens les plus habiles, consacraient tous leurs talents aux ambulances. Comment expliquer ces insuccès ? Sans hésitation, on peut affirmer qu'il en eût été tout autrement si les soins de l'art avaient eu l'aide précieuse d'une exacte application des règles de l'hygiène dans le choix et la disposition des bâtiments, de l'instruction spéciale si nécessaire à tous ceux qui se dévouaient pour les seconder, et enfin de la bonne et méthodique distribution des personnes et des choses.

Si de Paris, nous reportons les yeux sur le fonctionnement des ambulances en province, surtout dans les pays voisins des champs de bataille, nous voyons bien plus accusés encore les déplorables effets de l'insuffisance et de la lenteur des secours sur certains points; pendant que sur d'autres points, souvent voisins des premiers, tout était précipitation et désordre ; là comme dans toutes les calamités publiques, l'effroi des populations et leur ignorance des moyens de secours ajoutaient encore aux malheurs de la défaite. Et ne croyez pas, Mesdames, que nous fussions seuls à souffrir de ce manque d'organisation préalable ; l'envahisseur, lui-même, quelque bien préparé qu'il fût, a subi les inévitables conséquences d'évènements dont la promptitude et la gravité dépassent toujours les prévisions.

Aussi, depuis s'est-il hâté de mettre sagement à profit les leçons de l'expérience, et toutes les nations qui suivaient d'un regard attentif les nouvelles applications de l'art de la guerre ont imité les Allemands. En Autriche, en Russie, en Angleterre même, ce pays que sa position géographique semble rendre indifférent à toute autre chose que sa prospérité commerciale, on s'est activement occupé des secours à donner aux blessés militaires ; diverses solutions pratiques ont été proposées, puis mises à exécution ; je vais vous en faire connaître quelques-unes.

En Angleterre il existe encore de nos jours, un ordre à la fois religieux et militaire, ordre qui était répandu dans toute l'Europe au moyen-âge, et qu'on appelle l'ordre des Chevaliers de Saint-Jean de Jérusalem ; il y a deux ans le Comité central de cet ordre a donné une nouvelle impulsion à son recrutement. D'un autre côté, de nombreuses écoles de gardes-malades se sont établies à Londres et elles y ont pris un développement considérable; vous savez toutes, Mesdames, à la suite de quels évènements l'utilité de ces écoles est devenue tout à fait évidente et vous vous rappelez les admirables succès obtenus dans l'armée anglaise, pendant la guerre de Crimée, par une de ces femmes qui seront l'éternel honneur de l'humanité, Miss Nightingale. Hé bien! l'ordre des Chevaliers de Saint-Jean et les écoles de gardes-malades fondées sur le modèle de celle de Miss Nightingale, voilà les deux centres auxquels se rattache, en Angleterre, tout le personnel des secours aux blessés.

En Russie, la dernière guerre a excité un grand mouvement patriotique parmi les dames de la plus haute société. Les souscriptions, pour le seul gouvernement de Moscou, ont atteint 25 millions ; des convois de vivres, de vêtements, d'appareils de pansements, ont été dirigés sur la Turquie. Puis, les bruits inquiétants s'étant répandus sur le bon emploi de ces secours, les dames russes se sont transformées en amazones et elles ont franchi les Balkans pour juger par elles-mêmes des souffrances de l'armée et présider à la distribution des secours.

Que de fois, Mesdames, en lisant les récits des journaux, nous nous sommes dit que cette guerre Russo-Turque mettait bien en évidence la nécessité de tout préparer, longtemps à l'avance! Vous avez encore présentes à l'esprit ces épouvantables tueries sur les champs de bataille et sous les murs de Plewna ; c'est en face de ces immenses calamités que l'on comprend aisément l'insuffisance inévitable des prévisions administratives les mieux coordonnées. Les Russes avaient certainement réuni beaucoup de matériel en vue de leurs blessés et de leurs malades ; leur personnel paraissait nombreux, eh bien! ils n'ont pu satisfaire à la moitié des besoins urgents, malgré l'aide qu'ils recevaient des nations voisines, et il est certain que des milliers de leurs soldats ont péri, faute de soins donnés à temps.

Pendant cette guerre, un autre fait s'est produit qui demande à être médité ; une grande partie des généreuses offrandes de la nation Russe, tant en argent qu'en vivres, n'est jamais arrivée à destination. L'enseignement qui ressort de ces déceptions éprouvées par les dames russes, c'est que la bienfaisance elle-même ne peut s'improviser, quand on veut lui faire porter tous ses fruits ; c'est qu'il est nécessaire d'avoir au service de la générosité nationale un personnel de choix, instruit, éprouvé, dont la moralité garantisse le succès de nos efforts, la bonne distribution de nos dons.

Voyons maintenant ce qu'ont fait nos vainqueurs.

Oh! ici, Mesdames, je ne puis pour aujourd'hui entrer dans le détail de leur œuvre, car elle est immense, et je le dis bien haut, admirable ! On est loin de la petite, mais bien utile association des Dames du grand duché de Bade, fondée en 1859, par la grande duchesse Louise. Pour la Prusse, l'expérience de la guerre de France a été décisive ; les yeux se sont ouverts sur les importants services que les femmes pouvaient rendre, et aujourd'hui un vaste réseau de comités patriotiques s'étend sur toute l'Allemagne. Quelques extraits de la *Correspondance de Berlin* nous permettront d'apprécier cette puissante institution.

L'*Union patriotique des Dames allemandes* a reçu de l'impératrice Augusta des statuts qui lui imposent l'obligation de former des infirmières, et de tenir prêts, suivant les règles prescrites, le matériel pour les pansements, ainsi que tous les objets de lazaret. Ces mêmes statuts ont constitué toutes les sociétés de dames, pendant la paix, en *Comités d'assistance* pour les malheurs et les misères extraordinaires. Sa Majesté a déterminé ensuite la situation de ces sociétés dans les communes, pour les différentes sortes d'assistance publique. Cette création de l'impératrice exerce aujourd'hui une grande influence ; son activité dépasse de beaucoup celle des sociétés analogues d'hommes pendant la paix. Mais aussi, dit le journal officiel allemand auquel j'emprunte ces détails, on ne saurait trop admirer l'énergie et la persévérance de la haute protectrice qui ne recule devant aucune peine et qui emploie la plus grande partie de sa cassette aux œuvres d'humanité de la Croix rouge.

En 1877, de 383 le nombre des Sociétés de Dames a monté subitement à 1,000, et il y a un nombre égal de Socités d'hommes ; le capital disponible du Comité central s'élève à un million ; partout où existe une de ces mille sociétés il y a une caisse de fonds et un dépôt de matériel, auquel sont attachées des femmes exercées aux fonctions qu'elles auront à remplir ; partout la hiérarchie est bien établie et le devoir, en cas de guerre, clairement tracé. Même en temps de paix, cette association ne reste pas inactive ; d'ailleurs il y a toujours une guerre quelque part à la surface de notre globe, et, vous le savez, l'Allemagne aime à faire sonner bien haut ses sentiments humanitaires; aussi n'a-t-elle eu garde d'oublier les Hollandais dans la guerre d'Atchin ; plus tard les Monténégrins et les Serbes ; plus tard encore les Russes, les Roumains et les Turcs ont reçu d'elle d'importants secours ; des médecins, des infirmiers, des médicaments, des vêtements et de l'argent leur ont été envoyés à diverses reprises. Comme tout était prêt à l'avance, tout arrivait en temps opportun, et c'est ainsi que les femmes allemandes ont contribué à répandre à l'étranger l'influence de leur nation et à s'attacher les peuples voisins par les liens de la reconnaissance.

Remarquez bien, Mesdames, que depuis 1870 l'organisation dont je vous parle a toujours été grandissante ; l'Allemagne ne la trouve pas encore suffisante pour lui permettre d'attendre les évènements avec confiance; ses progrès sont incessants et il doit en être ainsi, car ce n'est pas une éphémère explosion de sentiments qui a fait naître l'union patriotique des Dames allemandes; c'est le besoin raisonné de la sécurité, c'est la vigilance calme mais constante. Aussi l'association s'étend chaque année, se perfectionne chaque année; ses ressources s'accumulent et l'activité de son personnel ne s'endort jamais. L'impératrice Augusta est au faîte, les plus humbles ouvrières sont à la base, et entre ces deux extrêmes sont venues se ranger les princesses et toutes les autres classes de la société.

Admirons sans restriction, Mesdames, ce faisceau si compact! cette association qui a tout sous la main, le personnel, le matériel, les fonds, les règlements, les chefs, et qui en quelques jours se trouve prête à fonctionner comme une armée disciplinée! Quelle puissance morale pour une nation et quels secours inappréciables pour les soldats!

Admirons et faisons un retour sur nous-mêmes. Depuis dix ans quel progrès avons-nous fait dans cet ordre d'idées? Bercés par les dangereux enivrements que fait naître en nous le splendide étalage de nos richesses industrielles et artistiques, nous remettons au lendemain les pensées graves. Comme autrefois, nous sommes encore disposés à nous reposer de tout sur l'initiative du gouvernement, et à peine nous souvenons-nous qu'en 1870, il a souvent manqué au dévouement des dames françaises l'organisation préalable, la prévision mûrie des besoins, la préparation de longue date des approvisionnements, l'association disciplinée des efforts; en un mot tout ce qui fait la force de nos voisins.

Assez d'illusions, Mesdames, chassons-les et secouons notre torpeur, car bientôt nous sentirions la rougeur nous monter au front en présence de l'infériorité humiliante due à notre inertie.

Et ne dites pas, pour chercher à excuser cette inertie,

qu'aucun danger immédiat ne nous menace, que la France possède d'immenses ressources en tous genres et que vous sauriez bien vite les mettre en œuvre. Souvenez-vous qu'il est des fléaux qui peuvent s'abattre subitement sur nous : incendies, comme en Russie ; inondations étendues à de vastes contrées et engloutissant des villes populeuses, comme Szégédin hier, et Murcie aujourd'hui ; épidémies meurtrières comme le choléra de 1832 ; comme naguère la fièvre jaune à Memphis et à la Nouvelle-Orléans. Dans les fléaux de cette sorte, les secours préparés par l'administration la plus prévoyante restent toujours au-dessous des besoins urgents.

Et puis, Mesdames et Messieurs, pourquoi le cacher, qui de nous croit aux rêves dorés de la paix universelle ? qui de nous, jetant un coup d'œil en arrière sur ces vingt dernières années, ne se dit intérieurement que, dans l'état actuel de l'Europe, la guerre, ce fléau qui en entraîne tant d'autres, est toujours suspendue sur nos têtes ? Avez-vous songé à ce que serait une pareille calamité avec le perfectionnement incessant des moyens de destruction, avec des armées qui ne se comptent plus que par centaines de mille hommes ? Qui peut se figurer l'étendue des ravages que le fer, le feu, les fatigues, les privations, les maladies accidentelles et plus encore les maladies contagieuses, typhus, petite vérole, pourriture d'hôpital, dyssenterie, choléra, peuvent exercer dans de pareilles agglomérations d'hommes ?

Voulez-vous que nous cherchions ensemble à entrevoir l'avenir en réfléchissant sur le présent ? On admet généralement que dans les armées il meurt au moins deux fois autant de soldats par les maladies que par les blessures ; voyez donc à quel chiffre cette proportion nous mène. Y a t-il 10,000 blessés dans une armée de 100,000 hommes, comptez au moins 20,000 malades ; en tout, 30,000 hommes à soigner dans cette seule armée. Ce n'est pas là une fiction invoquée pour les besoins d'une thèse ; cette propor tion est habituellement dépassée ; elle l'a été de beaucoup dans la dernière guerre entre les Russes et les Turcs. Je ne dirai rien de ces derniers; leurs pertes et leurs misères ont été effroyables et hors de toute appréciation ; mais je parlerai seulement des vainqueurs, dont le sort a été relativement plus heureux ; on connaît maintenant leur statistique ; sur une armée de 610,000 hommes entrée par la Roumanie, 311,000, c'est-à-dire plus de la moitié, ont été tués, ou blessés, ou malades!

Reportons maintenant notre pensée sur nous-mêmes, si la France attaquée et comprenant enfin que cette fois il s'agit pour elle de vaincre ou de devenir esclave, met en ligne un million d'hommes, il peut arriver que plus de 300,000 malades ou blessés encombrent en même temps les hôpitaux et les ambulances. Où est donc le personnel de médecins, d'infirmiers, de religieuses, qui peut répondre à de pareils besoins et suffire en même temps au service des 700,000 hommes restés sous les drapeaux?

Bien téméraires seraient les administrateurs qu'une telle perspective n'effraierait pas et qui ne comprendraient pas que notre personnel est absolument insuffisant, qu'il faut en créer un nouveau, et que les dévouements volontaires peuvent seuls y parvenir.

Répétons-le donc sans cesse, Mesdames, la clairvoyance, la prudence des gouvernements auront toujours des limites plus étroites que celles des fléaux que la guerre entraîne ; toujours le dévouement des cœurs généreux, l'aide des personnes bien préparées par une étude spéciale, seront une nécessité en temps de guerre, constitueront même une de ces forces nationales qu'il faut développer en temps de paix.

Où donc cette force réside-t-elle principalement?

Tous les hommes habitués à rechercher les forces morales de la société, m'accorderont sans peine que quand il s'agit d'une œuvre qui réclame de longs et patients dévouements, c'est à la femme qu'il faut avoir recours.

C'est à elle que l'auteur de la nature a donné ces aptitudes particulières qui la rendent infiniment supérieure sous ce rapport. Mais pour obtenir de ces heureuses dispositions naturelles tous les bons résultats qu'elles peuvent produire, il faut, bien longtemps avant la guerre, préparer un personnel nombreux en distribuant largement toutes les connaissances dont les ambulancières doivent être pourvues, en soumettant à un examen vraiment probant les Dames qui ambitionnent cette noble tâche, en les encourageant à s'exercer aux soins des malades, et à porter de prompts secours dans les calamités publiques. Il faut en outre, pour que votre dévouement soit efficace, que vous sachiez bien à l'avance, Mesdames, ce que vous pouvez faire, dans quels endroits peuvent s'exercer vos vertus patriotiques, dans quels autres endroits il faut au contraire éviter de vous laisser entraîner pour ne pas voir vos bons désirs paralysés, vos personnes même inutilement exposées; en un mot, il faut que votre dévouement soit réglé et, jusqu'à un certain point, discipliné.

Comment arriver à répandre l'instruction nécessaire aux ambulancières? Comment obtenir ensuite l'unité d'action et la discipline ? C'est ce que je vais vous exposer en quelques mots.

Former des ambulancières est précisément, Mesdames, un des trois buts que nous nous sommes proposés en fondant, il y a quatre ans, une Ecole de gardes-malades. Cette Ecole était indispensable avant de songer à établir l'Association patriotique des Dames ; l'instituer et lui assurer un fonctionnement régulier était chose difficile; vous savez combien tout ce qui est nouveau rencontre d'obstacles dans les préjugés et la routine ; néanmoins, grâce au zèle et à l'abnégation de nos très honorés collègues de la Société de médecine pratique, grâce à la bienveillance de la municipalité du VIe arrondissement et grâce enfin à la générosité de nos Dames patronnesses, notre Ecole a fait aujourd'hui ses preuves ; les résultats qu'elle donne sont très-bons ; les examens du mois d'août dernier ont mis en relief, d'une façon éclatante, l'aptitude extraordinaire des Dames françaises à s'assimiler une foule de connaissances théoriques et pratiques, pourvu que la durée de l'enseignement ne dépasse pas la mesure de leurs forces ; vive intelligence, sentiment élevé du devoir, nobles désirs de dévouement, nous savons maintenant, Mesdames, que tous ces trésors sont renfermés dans vos cœurs et qu'il suffit d'évoquer devant vous la sainte image de la Patrie pour que vous veniez les déposer sur ses autels.

Comment obtenir l'unité d'action ?

Le moyen dont j'ai à vous entretenir, Mesdames, doit être votre œuvre et je suis sûr d'avance que votre patriotisme et votre amour du bien vous rendront cette création facile. Il s'agit de former un *Comité central*, composé de toutes les dames de Paris qui feront partie de l'association ; ici je vais entrer dans quelques explications. Et d'abord pourquoi demander aux dames de Paris la constitution du Comité central ? Il semble que Paris en ait moins besoin que les villes de nos frontières ; il est moins exposé et possède plus de ressources ; ce sont précisément ces deux conditions qui sont déterminantes ; d'ailleurs, pour cela, comme pour tout le reste, malgré les critiques de quelques esprits chagrins, Paris doit être la capitale incontestée ; c'est de Paris que l'incitation et les moyens de propagande doivent partir et rayonner dans les départements, et c'est à Paris que doit exister le lien qui réunira dans une action commune tous les comités de chefs-lieux.

Ce *Comité central* comprendra :

1º Les membres de l'Association qui ne paient pas de cotisation, mais qui offrent leurs services actifs en cas de guerre ou de calamité publique, et qui résident à Paris ou aux environs ;

2º Les membres de l'Association payant une cotisation de 10 ou de 20 francs.

Provisoirement, et jusqu'à ce que les Comités départementaux soient formés, les dames de province qui donneront leur adhésion feront partie du Comité central de Paris.

Bien que je ne veuille pas entrer aujourd'hui dans les détails de l'organisation, je puis vous dire, Mesdames, que le nombre des personnes qui nous ont offert leurs services actifs est déjà considérable ; l'Ecole de gardes-malades et d'ambulancières en a instruit beaucoup depuis trois ans, et nous pouvons compter sur leur zèle et sur leur capacité.

Outre les deux grandes divisions que je viens d'indiquer, le Comité central présentera des subdivisions ; la plus importante de toutes sera le *Comité d'action,* composé de Messieurs et de Dames en petit nombre ; il sera chargé des études préliminaires, de la direction générale à imprimer aux travaux de l'Association, et prendra toutes les mesures d'administration qui seront nécessaires.

Ce *Comité d'action* aura pour collaborateurs les membres des diverses *commissions,* celle des finances, de la propagande, du personnel, de l'enseignement, du matériel de secours, etc. Toutes les délibérations de ces commissions devront obtenir l'approbation du *Comité d'action* pour devenir exécutoires.

De cette façon, Mesdames et Messieurs, nous réaliserons l'unité d'action, l'unité de contrôle, sans lesquelles toute association contient le germe de la dissolution et nous pourrons, d'autre part, suffire aux nombreux services que le Comité central est appelé à rendre. Voulez-vous que je fasse passer sous vos yeux un aperçu de ses travaux ?

1º Rechercher et réunir des femmes de diverses conditions capables d'exercer des fonctions actives, les unes comme supérieures, les autres comme surveillantes, d'autres encore comme infirmières, et faire donner à toutes ces personnes l'instruction spéciale nécessaire à leurs fonctions. Voilà la principale tâche de la commission du personnel.

2º Propager dans les départements notre idée et nos moyens d'action ; favoriser par tous les moyens possibles, la formation de tous comités poursuivant le même but, et arriver ainsi à mettre en jeu toutes les bonnes volontés, tous les dévouements qui abondent en France et qui resteraient à l'état latent, sans les excitations du *Comité central* et sans la force que donne l'association. Vous voyez que la tâche de la commission de propagande ne s'étendra pas seulement à Paris.

3º Réunir un matériel de secours toujours prêt, même en temps de paix, et pouvant être rapidement décuplé ou centuplé en cas de guerre.

4º Choisir un matériel d'enseignement, tant pour Paris que pour les Comités départementaux qui n'en pourraient faire les frais, matériel qu'on distribuerait dans les petites villes, où il servirait à parer aux besoins imprévus, comme cela a lieu en Angleterre ; il jouerait le rôle de ces canots de sauvetage qu'une société a eu l'excellente idée d'établir sur nos plus pauvres côtes maritimes. D'un autre côté, donner largement dans Paris l'enseignement théorique et pratique aux Dames ambulancières ; telle sera la tâche d'une de nos commissions les plus actives et les plus utiles.

Ajouterai-je que plus tard nous aurons à distribuer des récompenses ou des secours aux ambulancières qui se seront distinguées par un zèle exceptionnel, ou qui seront devenues malades dans l'exercice de leurs fonctions, qu'il nous faudra former entre tous les Comités français une *fédération* basée sur la réciprocité des secours, de manière à établir partout une égale distribution des bienfaits de l'association ?

Tous ces travaux et beaucoup d'autres, qui se présentent naturellement à l'esprit, vous disent assez, Mesdames, qu'il faut vous hâter de jeter les bases de notre œuvre. Nous le savons, hélas ! par une cruelle expérience, la guerre se fait aujourd'hui rapidement ; en moins de deux mois elle pourrait être terminée ; or, il nous faut des années pour arriver à donner à nos Comités patriotiques tout le développement dont ils sont susceptibles. L'Allemagne qui a mis, dit-on, cinquante années à préparer sa guerre de France, vient d'en employer dix à former et à coordonner ses comités d'hommes et de femmes. Instruits par les études qui viennent d'être faites chez les nations voisines, nous n'aurons certainement pas besoin d'un temps aussi long, mais vous êtes persuadées comme nous, Mesdames, qu'on ne peut improviser ni de bonnes ambulancières, ni une organisation de cette importance.

Voilà pourquoi, Mesdames, nous sommes venus vous dire :

Souvenez-vous, et hâtez-vous de vous mettre à l'œuvre. *Les temps sont aujourd'hui propices, qui sait ce qu'ils seront demain ?* Donnez-nous votre offrande, donnez-nous quelque chose de plus, votre concours moral, et vos services actifs même, si vous le pouvez ; nous vous les demandons pour la France, nous vous les demandons peut-être pour ce que vous avez de plus cher au monde, vos enfants ; tous désormais auront l'insigne et périlleux honneur de défendre la patrie ; qui vous dit qu'en préparant aujourd'hui tous les moyens de secours que l'expérience jointe à l'amour maternel peut réunir, qu'en formant à l'avance des ambulancières habiles, braves et dévouées, qui vous dit que vous ne faites pas acte de sage prévoyance pour vos propres fils ou pour ceux de vos meilleurs amis ?

Et à ce propos, permettez-moi, Mesdames, de courtes réflexions sur votre rôle en temps de guerre. Il ne consiste pas, comme quelques esprits chevaleresques l'ont cru, à aller sur les champs de bataille relever les blessés, au milieu de la mitraille ; votre place n'est même pas près des combattants ; des circonstances tout à fait exceptionnelles peuvent seules autoriser cet héroïsme. Sans doute, la sœur Marthe et ses nobles émules provoqueront toujours notre enthousiasme et notre admiration ; mais ce ne sont pas là des modèles à suivre. L'état social a subi de profonds changements depuis les grandes guerres de notre Révolution ; l'association, la collectivité des efforts pour toutes les œuvres d'humanité, sont devenues une puissance bien autrement grande que celle des énergies isolées. Le véritable rôle des femmes, l'expérience l'a clairement démontré, consiste à se réunir, à s'associer, et à dépenser les trésors de leur bonté et de leur intelligence au chevet des malades, au sein de ces paisibles asiles, où, loin des bruits du canon et des émotions violentes du combat, le blessé trouvera le calme moral et les soins affectueux qui le rendront plus vite à la défense du pays. Là est la place de la femme.

Et voyez, Mesdames, combien votre concours donné de cette sorte est désormais nécessaire ! Vous le savez, l'armée active, sa réserve et l'armée territoriale ont très heureusement réuni dans leurs rangs la plus grande partie des citoyens en état de porter les armes. Si l'on y ajoute le nombre d'hommes, toujours considérable, que nécessitent, même en temps de paix, les services pulics, les administrations de l'Etat, il ne restera sans emploi qu'un bien petit nombre de citoyens valides. C'est à ceux-là, Mesdames, qu'il incombe de déployer leur activité au voisinage des champs de bataille, c'est là leur place, et en vous chargeant des soins intérieurs des ambulances, vous leur laisserez la possibilité de remplir le rôle qui leur a été dévolu par la nature.

Venez à nous et représentez-vous l'effet moral que votre association produira sur notre armée ! Quelle sécurité ! quelle confiance ! quelle émulation même pour les âmes généreuses ! quand elles sauront que la famille française est là tout entière; que des mères, des sœurs, des épouses même, veillent anxieuses, que leurs dévouements et leurs tendresses sont tout prêts à atténuer les inévitables malheurs de la guerre!

Venez à nous, et dites-vous que si, contrairement aux sombres prévisions qui s'imposent à tant d'esprits sérieux, il pouvait arriver que la France recouvrât sa sécurité et sa grandeur, sans que la guerre vînt encore faire briller ses sinistres éclairs, vous seriez pour quelque chose dans cet évènement trois fois béni! car si le relèvement de la France peut jamais sortir de négociations pacifiques, c'est à la condition que ces négociations s'appuieront sur une force militaire puissamment organisée. Les diplomates les plus avisés n'ont pas d'argument qui pèse autant que celui-là. Or, vous l'avez déjà pressenti, en apportant modestement votre rouage à cette organisation, vous aurez créé une nouvelle force nationale, vous aurez réalisé une des manifestations de l'unité française; vous aurez cimenté, par vos exemples et par vos bienfaits, cette union des cœurs et des bras qui fait pénétrer partout la confiance et double les courages.

Et qu'on ne vienne pas vous opposer une de ces banalités dont les satisfaits et les inertes sont prodigues : « Les femmes sont toujours un embarras dans la guerre, » vous répondrez : « La Prusse a trouvé que les femmes allemandes sont un précieux auxiliaire; nous les vaudrons bien! »

Ne vous laissez pas non plus objecter que l'esprit de parti, qui pour notre malheur nous divise si profondément, sera un obstacle à la réalisation de notre projet. Répondez, que nous ne représentons aucun parti politique que nos rangs sont largement ouverts à tous ceux qui aiment la France; que toutes les conditions sociales, toutes les intelligences viendront s'y confondre; que nous ne connaissons qu'un drapeau, celui de la France; que nous n'avons qu'un but, secourir ses vaillants et glorieux défenseurs.

Venez à nous, et bientôt, Mesdames, quand votre bienfaisante et patriotique association se sera étendue jusqu'à nos frontières, soyez certaines que l'étranger se prendra à réfléchir, il sentira que la nation entière est debout derrière l'armée française, et se dira qu'il faudrait être bien sûr de la victoire pour braver plus de 30 millions d'habitants unis par le courage, unis par la haine. Et vos fils eux-mêmes, placés à la fois sous l'égide de la patrie et sous vos ailes maternelles, comprendront, mieux encore qu'aujourd'hui, tout ce qu'ils doivent à la sécurité de leurs foyers, à l'honneur de leurs sœurs, à l'honneur de leurs mères.

Après M. Duchaussoy, M. Bozerian a pris la parole et s'est exprimé en ces termes :

Mesdames et Messieurs,

Après l'allocution si complète, si intéressante que vous venez d'applaudir, il me reste peu de choses à vous dire ; néanmoins, si vous le voulez bien, j'ajouterai quelques mots.

Et d'abord, permettez-moi de vous remercier d'avoir répondu à l'appel qui vous a été adressé ; c'est pour nous un grand plaisir dans le présent ; c'est un grand encouragement dans l'avenir.

Permettez-moi de remercier ensuite l'apôtre de cette œuvre, l'honorable docteur Duchaussoy, qui, en m'associant à la présidence de cette réunion, m'a associé à un honneur dont je lui suis profondément reconnaissant.

Grâce à lui, grâce à ses zélés collaborateurs, l'œuvre est née : grâce à vous, Mesdames et Messieurs, il faut que cette œuvre vive, il faut qu'elle grandisse et qu'elle prospère.

Ainsi que vous le disait mon honorable collègue, cette

œuvre n'est point une œuvre politique : la composition de ce bureau éphémère vous en donne la preuve. Elle est en dehors, elle est au-dessus de la politique. Etrangère à nos désaccords et à nos divisions, elle est, et restera pour tous ses adhérents une œuvre de concorde et d'union.

C'est une œuvre nécessairement laïque : non qu'elle ait la prétention de supplanter les œuvres religieuses ; elle n'a qu'une ambition, celle de leur venir en aide et de compléter leur tâche ; elle se pose, non en rivale, mais en émule.

C'est une œuvre nationale, puisqu'elle veut étendre son action bienfaisante sur tous les membres de notre famille militaire.

C'est une œuvre patriotique, puisque tous les membres de cette famille sont les enfants de notre chère patrie.

C'est enfin, j'ai droit de le dire, c'est une œuvre sainte, puisque, partant du dévouement, elle doit, s'il le faut, s'élever jusqu'au sacrifice.

Mesdames et Messieurs, pour stimuler notre zèle, l'honorable docteur Duchaussoy nous citait l'exemple des nations étrangères, qui ont précédé la nôtre dans la voie qui s'ouvre devant les pas de cette association : il nous citait notamment l'exemple de l'Allemagne.

Ce que des Allemands ont pu et su faire, peut et doit être fait par des Français.

S'ils nous ont devancés, tâchons de les surpasser.

A l'œuvre donc, Messieurs, et vous surtout, Mesdames. Creusez ce sillon, creusez-le longtemps, creusez-le toujours.

Allez aux quatre coins de la France, et répandez dans ce sillon une bonne et féconde semence.

Puisse cette semence devenir plante ; puisse cette plante devenir arbre, et puisse cet arbre ombrager un jour sous sa vaste cime les œuvres rayonnantes de votre charité, de votre dévouement, de votre patriotisme.

De chaleureux applaudissements ont accueilli les paroles de M. Bozérian.

Puis, M. le comte Sérurier a fait ressortir combien la Société de la Croix rouge et l'Association des Dames françaises avaient besoin l'une de l'autre et comment elles se complétaient l'une par l'autre. Il a rappelé que le gouvernement venait de perfectionner l'organisation de la Société de la Croix rouge et que le décret qui marquait sa place et assurait son fonctionnement en temps de guerre, donnait les mêmes garanties à l'Association des Dames, dans l'exercice de leur dévouement; enfin il a mis en relief ce point de notre œuvre : l'action réglée, mais toujours prête, de notre Association dans les calamités publiques, tant en France qu'à l'étranger, même en temps de paix ; action qui embrasse un grand nombre des œuvres de charité auxquelles les Dames peuvent prendre part.

II

Extraits du compte rendu de la Réunion tenue à l'Hôtel Continental, le 30 Avril 1880.

. . . .

Et nous nous sommes séparés, l'esprit plein de graves pensées, emportant chacun la résolution de ne pas laisser se dessécher les généreux sentiments dont nous nous sentions animés, de les répandre autour de nous, et de faire naître ainsi un courant d'opinions, d'où devrait sortir bientôt une puissante œuvre de prévoyance et de charité patriotique ; car enfin, vous disiez-vous avec raison, ce que les femmes allemandes ont pu faire, qui donc nous empêcherait de le faire aussi bien et mieux qu'elles ?

Et qui donc en effet, Mesdames ! Les femmes françaises n'ont-elles pas le cœur tendre et dévoué des mères, l'âme patriotique, la sensibilité exquise, l'intelligence vive, la fortune et la générosité ? Que leur manque-t-il donc pour réussir dans une pareille entreprise ? Quelques études et un peu de discipline..... hé bien ! les études, vous les ferez, elles vous prendront à peine quelques mois ; la discipline vous l'acquerrez, car vous savez que sans elle, nous ne serions que des irréguliers, capables d'actes courageux, mais dénués de cette puissance victorieuse que donne la coordination des efforts.

. . . .

Pendant mon séjour à Cannes, j'entretenais mes amis de nos projets, de leur utilité, de leur grandeur ; quelques-uns pénétrés des mêmes sentiments que moi, ont pris les devants ; je désirais vivement savoir si les sentiments de prévoyance patriotique et de charité internationale trouveraient en province le même écho qu'à Paris, et je me proposais d'en faire l'épreuve au mois de novembre prochain ; mes amis ont désiré que je la fisse de suite. Je me suis laissé persuader par eux ; mais ce n'était pas sans inquiétude sur le résultat, je l'avoue, que j'ai pris la parole pour rappeler nos désastres, pour faire comprendre la nécessité de nous préparer longtemps à l'avance par l'instruction et l'association, pour parler de dévouement, de sacrifices même. L'austère langage du patriotisme actif allait-il être écouté dans cette belle Provence, où la nature a prodigué ses séductions, où la vie s'écoule si souvent dans l'indolence du luxe ? Serait-il accueilli sur ces rivages inondés de lumière, que le pied de l'ennemi n'a jamais foulés ? Dans ces villas opulentes et fleuries qui n'ont jamais connu les flammes de l'incendie, les dévastations et le pillage, ni même l'occupation pendant de longs mois ? Hé bien ! Mesdames, mes appréhensions se sont vite évanouies ; mes amis avaient raison ; ils avaient bien préparé le terrain ; je n'ai eu qu'à y répandre la semence, elle a levé sans efforts, et le jour même de cette réunion, j'ai recueilli une abondante moisson. Près de cent adhésions me font espérer un succès complet pour le mois de novembre ; le corps médical de Cannes a accepté de suite la tâche de donner l'enseignement, et l'hiver prochain j'aurai la satisfaction de le voir inaugurer.

. . . .

Je n'ai plus, Mesdames, que quelques mots à ajouter pour préciser notre situation par rapport à la *Société d'hommes secours aux blessés*. Cette situation ressortira clairement de la simple indication des travaux que nous allons entreprendre. Pas n'est besoin de vous dire que nous n'avons nullement l'intention de nous poser en rivaux de cette Société, qui a rendu de grands services pendant la dernière guerre ; mais comme la nouvelle organisation de notre armée laisse peu de bras disponibles, nous voulons lui en fournir ; non pas les bras inhabiles d'ambulancières improvisées, comme nous en avons vu tant en 1870 ; nous voulons former des ambulancières instruites, disciplinées, pénétrées de la grandeur de leur rôle, même quand elles remplissent les fonctions les plus humbles ; nous voulons mettre au service de nos soldats blessés des mains expertes guidées par des cœurs vaillants. Peut-être, Mesdames, entendrez-vous dire que les services auxiliaires de l'armée sont bien suffisants pour les ambulances ; à cela nous répondrons que c'est là une illusion aussi grande, aussi funeste que celles dont on nous a bercés au moment de la déclaration de la guerre et nous en donnons une preuve irréfragable. Les Allemands ont des services auxiliaires aussi nombreux que les nôtres, et cependant l'expérience leur a appris que le secours des femmes est absolument indispensable. S'il l'est pour eux, soyez sûres qu'il l'est aussi pour nous.

III

Extraits du compte-rendu de l'Assemblée générale tenue le 13 Novembre 1880, à l'Hôtel Continental.

. . . .

Je viens de parler d'instruction, Mesdames, de cette instruction spéciale, de cette préparation sérieuse qui ont fait si grand défaut pendant les jours néfastes de 1870 ; c'est un sujet digne de toute votre attention, et sur lequel je vous prie d'insister, quand vous voulez amener des adeptes à notre œuvre. Il est de toute évidence que tous nous avons besoin d'instruction théorique et pratique, si nous voulons être en mesure de rendre des services pendant la guerre, soit en organisant les secours, soit en les surveillant, soit en y prenant nous-mêmes une part active ; vous n'aurez aucune peine à le démontrer ; mais il sera bon de faire remarquer qu'on acquiert aussi dans nos cours des connaissances que toutes les mères de famille devraient posséder à fond ; je veux parler des notions élémentaires sur la structure de l'homme, de l'hygiène, des soins généraux à donner aux malades, des premiers secours à donner dans les maladies et les blessures ; voilà un ensemble de connaissances qui importe bien plus au bonheur et à la sécurité de l'existence que les mille futilités auxquelles on consacre les plus beaux jours du printemps de notre vie. Elles sont d'ailleurs faciles à acquérir ; nous avons tout disposé pour que l'étude en soit promptement faite et de la façon qui gênera le moins vos habitudes.

. . . .
. . . .

Oui, sainte cause ! qui devrait enflammer tous les cœurs Français comme elle enflamme les cœurs Allemands ! Ah ! que je voudrais, Mesdames, pouvoir verser dans vos âmes les pensées qui m'agitent chaque fois que, préoccupé de l'avenir pour cette chère Association, je jette un regard sur ce qui s'accomplit à nos portes ! que ne puis-je vous montrer le zèle infatigable, l'activité réglée mais incessante de nos voisins, activité qui sait mettre à profit toutes les circonstances, heureuses ou malheureuses, pour étendre ce réseau large et fort dont je vous ai parlé, pour développer cette force nationale nouvelle : l'union de toutes les femmes d'un grand pays, dans le but d'accroître la sécurité de ses défenseurs ; véritable société d'assurances contre les calamités publiques autant que contre les fléaux de la guerre.

Ouvrons ensemble quelques pages du compte rendu annuel d'une seule de ces Sociétés, celle dont la nôtre se rapproche le plus par sa composition, *l'Union patriotique des Dames Allemandes*. Voyez ce qu'elle a fait pendant l'année de paix 1879 et jugez par là de l'activité qu'elle déploierait, de la puissance prodigieuse qu'elle acquérerait dans l'exercice de la bienfaisance nationale, s'il s'agissait d'une guerre Allemande.

« Parmi les sociétés Allemandes se trouvent aussi celles de Copenhague et de Londres, comme aussi celles des Dames Allemandes de Montréal au Canada, qui se sont jointes à nous, et dont les Statuts se trouvent en parfaite harmonie avec les nôtres. » Vous l'entendez, Mesdames, à Londres, à Copenhague, à Montréal, l'Union des Dames Allemandes a des succursales ; son influence s'étend sur ces trois villes ; n'avais-je donc pas raison, l'an dernier, d'appeler une *nouvelle force nationale* ce pacte de la bienfaisance qui rend les Allemands solidaires, sur tous les points du globe ? Cette force n'est-elle pas aussi puissante que celle des lois elles-mêmes ?

. . . .

Embrassez donc avec ardeur, Mesdames, cette sainte cause de notre Association nationale ; annoncez-la à vos amis, faites-la connaître à toutes les personnes avec lesquelles vous avez des rapports ; il suffit qu'elles soient Françaises pour qu'elles vous comprennent. Que dans vos réunions de famille, dans vos soirées, dans vos visites, dans vos voyages, son nom soit prononcé, son but expliqué. Quelle objection sérieuse pourrait-on faire à vos sollicitations ? Est-ce que notre œuvre est celle d'un parti politique ? Est-ce qu'elle n'est pas bien au-dessus de nos discussions, de nos passions ? Est-ce qu'en entrant dans cette enceinte vous n'avez pas senti le besoin de concorde et d'union pénétrer dans vos âmes ? De quoi parlons-nous ici ? De prévoyance pour les jours sinistres, pour les jours de gloire et de deuil où vos enfants marcheront à la frontière, où il s'agira pour nous de choisir entre la liberté et le honteux esclavage ! De quoi parlons-nous encore ? De charité, d'union des cœurs, de la coordination de nos efforts, d'une bonne répartition de nos dons dans les calamités. Quelle est donc la religion qui ne glorifie pas ces sentiments, les meilleurs de l'âme humaine? Qu'y a-t-il de plus propre à apaiser les haines, à faire évanouir en fumée nos querelles de mots, à dissiper les soupçons injustes, à écarter les petitesses malveillantes de l'esprit de secte, que ce touchant spectacle d'une assemblée où tous, catholiques, protestants, israélites, nous n'avons qu'une pensée, l'amour de la France ; qu'un désir, prévenir et atténuer les fléaux auxquels ses enfants seront exposés.

Dites encore à vos amies, Mesdames, que notre Association est une grande famille française ; une famille dont les membres seront partout où il y aura un danger pour leurs fils, pour leurs frères, pour leurs maris ; dites que vous voulez remplacer près d'eux la banalité indifférente, que vous voulez leur donner des soins de mères et de sœurs ; que vous le voulez par amour pour notre pays, parce qu'aussi vous savez très bien qu'il faudra nécessairement recourir au dévouement des femmes ; les hommes seront au combat, vous serez au chevet des blessés ; vous y serez avec votre cœur, avec votre science, avec votre matériel soigneusement préparé par vos mains. Et si, Mesdames, vos paroles viennent s'émousser contre un cœur froid, ajoutez sans crainte, que nul ne pourra se tenir complètement à l'écart, ni s'immobiliser dans l'inertie de l'égoïsme ou d'une sensiblerie inutile ; quand il y aura plusieurs centaines de mille hommes malades ou blessés, qui donc pourra se dérober à l'impérieux devoir ?

Ouvrons donc les yeux dès aujourd'hui, ou plutôt ouvrons nos âmes, préparons-nous ; et que pourrions-nous faire d'ailleurs de plus utile, de plus sage, de plus prévoyant, de plus méritant aux yeux de l'Eternel ?

Peut-être encore, Mesdames, cherchera-t-on à échapper

à votre pressante logique, en vous opposant une de ces raisons de philanthropique apparence, qui sont assez de mode aujourd'hui : « Les peuples sont frères, ils veulent la paix ; la guerre est une de ces monstrueuses erreurs du vieux monde que les jeunes générations repoussent et vous feriez mieux d'employer vos efforts à propager les idées de paix universelle. » A cet optimisme, vous pourrez, Mesdames, répondre par les paroles que le feld-maréchal de Moltke adressait récemment à une personne qui lui demandait d'user de son influence pour faire diminuer l'effectif de l'armée allemande. « Quel est l'homme, disait-il, qui ne partagerait pas le désir de voir alléger les lourdes charges qu'impose l'entretien de l'armée ? mais on ne peut espérer une situation meilleure que lorsque toutes les nations auront reconnu que toute guerre, fût-elle victorieuse, est une calamité publique. Toute la puissance de l'empereur n'est pas capable de faire naître une pareille conviction ; elle ne peut naître que d'une meilleure éducation religieuse et morale des peuples, résultat d'un développement historique de plusieurs siècles, dont ni vous ni moi ne serons témoins. »

En vérité, l'on ne peut entendre ces belles prédictions basées sur la fraternité des peuples, sans se demander si les âmes candides qui se complaisent ainsi dans les nuages dorés n'ont pas pris pour devise ce vers de Lamartine : « *Je viens chercher vivant le calme du Léthé.* » Qu'avons-nous vu depuis moins de dix lustres ? la révolution de 1830, la guerre de Belgique, les interminables guerres d'Algérie, les longues guerres de Chine, de Cochinchine, la grande et meurtrière guerre de Crimée, la guerre d'Italie, la folle expédition du Mexique et enfin cette lamentable guerre de 1870, terminée par un effroyable désastre ; voilà ce que nous avons vu dans notre seul pays, et l'on voudrait nous faire croire que les hommes se sont subitement transformés, que leurs intérêts, leur cupidité, leur ambition se sont évanouis, que la sagesse va régner dans ce monde et inspirer à jamais les décisions de ceux qui le gouvernent! Comment nourrir de telles illusions quand nous voyons, au contraire, que les haines de race à race toujours vivantes, les rivalités de peuple à peuple toujours ardentes, la différence des formes de gouvernement, de religions, les ambitions des souverains, les imprudences des peuples, sont autant de causes qui mettent à chaque instant en péril la paix du monde et forcent les nations à subir l'état désastreux de la paix armée? on n'est pas en guerre, c'est vrai, mais partout on s'y prépare par des dépenses énormes; elles ne sont certainement pas la preuve de la fraternité universelle.

Il n'est donc pas en notre pouvoir d'éteindre les guerres, mais nous pouvons les rendre moins meurtrières, et c'est pour cela que nous désirons voir les malades et les blessés soustraits aux violentes émotions du combat, et trouvant près de vous ce calme et ces soins affectueux qui hâtent la guérison.

Que faut-il pour atteindre ce noble but que poursuit notre Association? une légère cotisation, un peu de travail manuel, un peu de zèle pour la propagande. Et comment ce zèle vous manquerait-il, Mesdames, quand vous voyez clairement que la raison, la prévoyance, le devoir, le patriotisme et la charité sont avec nous, et forment les bases de notre œuvre. Dépensez donc généreusement pour elle toutes ces formes aimables de la persuasion qui vous rendent si supérieures aux hommes; insistez, priez au besoin, nulle cause ne mérite autant d'efforts, nulle ne saurait donner à vos accents plus de douceur ou plus d'entraînante chaleur; donnez vos cœurs à cette œuvre, Mesdames, faites-la tout à fait vôtre, et dans peu d'années quand elle aura étendu ses puissants rameaux dans nos villes, nos bourgs et nos villages, quand vous entendrez partout vanter ses bienfaits et sa puissance, vous la contemplerez avec un légitime orgueil et vous vous direz:

Dieu nous a bien inspirées quand nous avons entouré son berceau et soutenu ses premiers pas ; toutes ces misères soulagées, tous ces désastres réparés, toutes ces existences arrachées à la mort, voilà le véritable sens de ce mot généreux : la *fraternité universelle!*

IV

Assemblée du 5 Mai 1881.

Vous savez, Mesdames, tout le soin, tout le talent que déploient pour votre instruction nos très honorés collègues de l'enseignement; vous savez que la préparation des dames pendant la paix est le premier but de notre œuvre; vous savez combien cette préparation fait défaut en France, et il vous apparaît clairement que pour organiser, diriger, surveiller les ambulances et les nombreux services dont elles sont composées, il vous faut absolument acquérir des notions spéciales; sans cela nous retomberions dans les défauts des improvisations de 1870, avec leurs funestes conséquences.

Répétez donc, Mesdames, cette vérité à vos amies; instruisez-vous, faites volontairement vos 28 jours; ils ne seront pas très pénibles; c'est pour la patrie; c'est pour l'armée française que nous vous demandons ce sacrifice. Je dis sacrifice et je vous ai souvent parlé au nom de la charité patriotique, mais vous vous dites bien que si nous pesions les services que nous devons tous à l'armée, ce ne sont pas les mots de charité et de générosité qui sortiraient du fond de nos consciences : justice, devoir, nous répondraient-elles sans hésiter.

Si vous saviez, Mesdames, en quel honneur est tenu l'enseignement des ambulancières parmi les nations voisines! comme il est suivi par les femmes les plus occupées des plaisirs du monde, par les femmes les plus riches, les plus illustres! Dernièrement à Cannes, désirant obtenir quelques renseignements sur un point de détail de l'organisation des dames allemandes, j'attendais dans un jardin un très honorable médecin de Stuttgard; une dame, à l'extérieur très aristocratique, vient s'y asseoir et m'adresse la parole en très pur français; je lui fis connaître le but de ma visite; aussitôt, elle engagea la conversation sur les associations allemandes; elle en connaissait tous les détails, comme si elle les avait mis elle-même en pratique; elle me raconta comment, dans son pays, elle en avait organisé l'administration, comment le progrès s'opérait en laissant à chaque comité la liberté de faire certains essais. Emerveillé, j'écoutais avec respect et je gravais dans mon esprit ces récits comme des conseils. Cette dame si bien au courant de tout ce qui concerne les sociétés de secours aux blessés, savez-vous qui elle était? S. M. la reine de Wurtemberg.

Souvenez-vous donc aussi, ô femmes de France, de tout ce que vous avez regretté en 1870; tout ce qui vous manquait alors, vous pouvez l'acquérir pendant la paix. Que la guerre éclate, et il sera trop tard; préparez-vous donc; amenez vos amies à l'association, à son enseignement, à ses travaux d'ouvrier. Plus encore que l'an dernier, notre œuvre est aujourd'hui nécessaire, car l'incendie de la guerre est allumé; qu'un vent néfaste vienne à souffler, et la prudence de nos sages gouvernants, leur volonté la mieux arrêtée peuvent se trouver dépassées par les évènements; si cette fois encore nous n'étions pas prêts, malgré les avertissements réitérés, que d'amers regrets, que de remords nous éprouverions!

Mais, que dis-je? pour nous voir humiliés à ce point, il faudrait que vous n'eussiez, Mesdames, ni autant de patriotisme, ni autant de prévoyance que les dames allemandes. Jamais nous ne le croirons! nous sommes certains au contraire que notre appel pour l'instruction sera compris, qu'en prévision des dépenses considérables que notre organisation définitive va nous imposer, vous allez redoubler de zèle pour la propagande individuelle; oui, nous sommes sûrs, car nous en avons pour garant l'admirable élan avec lequel quarante de nos braves ambulancières viennent de répondre à l'appel que nous faisions à leur dévouement, pour aller en Afrique pendant la guerre de Tunisie.

V

Extraits du compte rendu de l Assemblée générale tenue le 12 Novembre 1881, à l'Hôtel Continental.

Mesdames et Messieurs,

Vous avez certainement conservé le pénible souvenir de cette séance du 5 mai, dans laquelle une opposition violente et sans scrupules est venue subitement jeter ses notes discordantes, au milieu de nos assemblées, jusque-là si paisibles, jusque-là vivifiées par l'expansion des meilleurs sentiments de nos âmes, la charité prévoyante, l'amour de la patrie, le dévouement à ses défenseurs.

Que s'est-il passé au sein de notre Association depuis ce jour? quels efforts votre Comité d'action a-t-il faits pour lutter contre des attaques aussi passionnées que mal fondées? quelles mesures a-t-il prises pour pouvoir, malgré les tempêtes soulevées contre lui, faire entrer l'Association dans les voies de la bienfaisance patriotique, et commencer la longue série des services que nous sommes appelés à rendre? Enfin quels progrès avons-nous préparés pour l'année qui va s'ouvrir? Tels sont, Mesdames, les principaux sujets dont je me propose de vous entretenir.

Aussitôt que, dans la séance extraordinaire du 20 mai, vous eûtes nommé une partie du comité d'action, un secrétaire général, et énergiquement affirmé votre ferme résolution de maintenir l'Association des Dames françaises dans les hautes et sereines sphères de la charité patriotique, le groupe qui avait voulu s'en emparer, par la ruse d'abord, par la menace et la violence ensuite, déchaînait toutes ses forces contre elle; circulaires, lettres autographes, articles dans les journaux, voyages dans les villes où nous possédions des noyaux de comités, par tous les moyens et de tous les côtés à la fois, il nous attaquait.

Savez-vous de quoi l'on nous accusait ?

Nous qui avions voulu rester sur le terrain où dès le début nous avions placé l'Association, on prétendait que nous en avions changé le but; mais on se gardait bien de dire par quel autre nous l'avions remplacé ! Nous avions résisté énergiquement à notre absorption par un petit groupe, formant secte dans le grand parti national; nous avions demandé que nos portes restassent toujours ouvertes à toutes les bonnes volontés et que les dignités fussent réparties indistinctement entre toutes les personnes qui pouvaient apporter un efficace concours à notre œuvre; eh bien ! on renversait les rôles et on osait prétendre que nous voulions rester enfermés dans une étroite coterie. Puis, pendant que la nombreuse assemblée générale du 20 mai témoignait de la vitalité de l'Association, on annonçait partout qu'elle ne pouvait plus vivre et que de ses débris on en formait une autre.

Après l'odieux vint le ridicule. Cette association si patriotique, si libéralement organisée, avait, au dire de nos détracteurs, un caractère clérico-monarchiste; nous étions une société d'aristocrates qu'on désignait déjà aux injures et aux violences de certaine presse ! Songez donc à la gravité du cas ! L'accusation reposait sur votre titre : Association des *Dames* françaises, qu'on opposait emphatiquement à celui d'Union des *Femmes* de France, pris par les dissidents; et sur ce thème deux journaux brodaient un long article, cherchant avec le plus grand sérieux du monde à montrer l'énorme différence qui existe entre une société de Dames et une société de Femmes. Ombres de Molière et de l'ironique Voltaire, il y aurait encore de beaux jours pour vous!

. . . .

Aujourd'hui, couvrons d'un voile épais les agressions et les faiblesses, et constatons avec une vive satisfaction que ni la calomnie, ni les sollicitations pressantes envers les uns, ni l'intimidation envers les autres, n'ont réussi à ébranler notre œuvre. Les défections prévues se sont produites; de nouvelles adhésions sont venues combler le vide, et aujourd'hui, comme à ses débuts, l'Association reste placée sur le terrain neutre et solide de la charité patriotique; elle fait appel indistinctement à tous les cœurs généreux, à la tendresse et à la prévoyance de toutes les mères; elle ne demande à personne ses opinions politiques ou religieuses; elle est heureuse et reconnaissante de tous les concours qu'on lui apporte et ses efforts ne se détournent jamais du triple but qu'elle s'est toujours proposé : instruire des femmes pour en faire des ambulancières intelligentes et dévouées; préparer un matériel de pansement avec tous les soins que commandent les récents progrès de la science; et amasser un capital qui permette de distribuer d'abondants secours en cas d'épidémie et de rémunérer notre personnel actif en cas de guerre; voilà le seul but que poursuit l'Association des Dames françaises.

. . . .

L'Association des Dames françaises, M. Bozérian vous l'a dit en termes éloquents, n'est pas une association politique. Respectueux de la forme de gouvernement que la nation s'est librement donnée, nous nous attachons à aider les pouvoirs publics, dans l'accomplissement d'une des tâches les plus difficiles qui leur incombent : celle de secourir les militaires blessés ou malades. Notre dévouement envers l'administration est profond, et c'est la sincérité de nos sentiments qui nous donne aujourd'hui le droit de soulever un coin du voile, et de mettre ainsi en lumière une situation qui ne pourrait se prolonger sans de graves périls pour nos chers soldats, et, disons-le tout haut, sans ébranler la confiance que doivent mériter les hauts fonctionnaires chargés d'assurer les services sanitaires de l'armée.

Pourquoi l'Association des Dames françaises a-t-elle été fondée? Parce que la sanglante expérience de toutes nos guerres, de même que l'histoire de toutes les calamités qui ont désolé notre France, nous ont surabondamment démontré que, jusqu'ici, les secours préparés par l'administration la plus prévoyante, sont toujours restés au-dessous des besoins urgents; parce que les prévisions officielles ont toujours été dépassées par les évènements et que, par suite, des souffrances de tous genres sont demeurées sans soulagement immédiat; parce que les dévouements volontaires sont d'une impérieuse nécessité en temps de guerre; parce qu'enfin avec le développement actuel des armées, c'est aux femmes qu'il faut nécessairement avoir recours pour obtenir ces dévouements volontaires, puisque les hommes ne peuvent être à la fois combattants et infirmiers.

Eh bien! ce qui était vrai il y a dix ans, l'est-il encore aujourd'hui? voyons ce qui s'est passé pendant la guerre de Tunisie et puisons pour cela nos renseignements, non pas dans les journaux politiques, où les exagérations ne sont pas rares, mais dans la *Gazette hebdomadaire de médecine et de chirurgie*.

« Dès le 20 avril, un corps de troupe a manqué de pain; pendant bien des jours, on n'a reçu qu'un tiers de ration de pain moisi; le médecin n'avait ni opium, ni bismuth, ni ipéca, et chaque jour cependant de nouveaux cas de dyssenterie se montraient; aussi, ajoute-t-elle, tous les hommes sont revenus dans un état de débilitation incroyable.

« Au Kef, une garnison de 1,200 hommes est restée pendant trois mois sans aucune ambulance. La détresse était telle que les officiers ont ouvert une souscription entre eux pour acheter des médicaments, des vivres et des objets de literie pour les malades. Ailleurs, 46 malades sont restés pendant dix jours à la diète parce que les vivres n'arrivaient pas.

« A la date du 10 septembre, le médecin d'un corps de 2,500 hommes, dont 500 ont déjà passé par l'ambulance, a 80 fièvres typhoïdes à soigner; il manque de médicaments; les malades couchés par terre, tout habillés, sans draps, sans linge, ne peuvent même être lavés, ni désinfectés.

« D'un hôpital on écrit : tout manque, les fournitures ne peuvent être lavées, en raison du manque d'eau ; elles ne peuvent être remplacées, et nous voyons des hommes, fatigués, ou atteints de courbature fébrile, coucher sur des couvertures où sont morts des typhoïdiques, y gagner la fièvre typhoïde et mourir à leur tour. »

Quand j'ai lu ces faits étonnamment douloureux, je me suis senti pris d'un immense désir de les voir démentis ; mais, hélas! les débats publics qui viennent d'avoir lieu à la Chambre les ont laissés subsister tout entiers, et d'ailleurs nous en avons ici même, dans cette assemblée, d'irrécusables témoins oculaires. Nous n'incriminons personne, Mesdames ; il ne nous appartient pas de rechercher à qui incombent de si graves responsabilités, ou même par quelle fatalité de tels faits ont pu se produire ; nous ne sommes pas une association politique. Mais, en vérité, quand je vous disais, il y a trois ans, que les services auxiliaires de l'armée étaient insuffisants ; que l'Allemagne, mieux organisée que nous, à cet égard, avait cependant jugé le concours des dames indispensable ; qu'en s'opposant à l'introduction de l'élément civil dans la distribution des secours et des soins aux soldats malades, certains médecins militaires commettent une erreur, dont les conséquences sont vraiment cruelles; qu'à la guerre l'imprévu est la règle, et que l'administration militaire n'arriverait pas à prouver par les faits qu'elle peut se passer de nos sociétés; en vérité, jamais je n'aurais cru, Mesdames, que toutes ces affirmations, faites en vue d'une grande guerre, dussent être sitôt confirmées, et cela, dans une guerre minuscule !

Et maintenant, Mesdames, descendons ensemble dans vos consciences de mères; pesez les faits que j'ai eu le pénible devoir de vous faire connaître. Pensez-vous qu'ils se fussent produits si l'Association des Dames françaises avait eu des Comités organisés dans les villes d'Algérie? Pensez-vous que ces comités n'eussent pas immédiatement envoyé, à défaut des ambulancières qu'on refusait, des draps, des couvertures, des chemises de malades, et toutes ces petites douceurs alimentaires à l'aide desquelles on entretient les forces physiques et morales dans les maladies graves?

Quelles angoisses éprouve votre cœur quand vous êtes obligées de vous dire : voilà ce qui vient de se passer pour une armée de 25,000 hommes! qu'arriverait-il si la mobilisation appelait 1,200,000 hommes sous les drapeaux?

Vous voyez bien, Mesdames, que notre Association est indispensable à l'armée française! dites-le donc tout haut et partout. En sortant d'ici, allez frapper à la porte de vos amis, trouvez-nous de nouvelles adhérentes, car nos devoirs sont plus grands que jamais; il faut absolument que nous aussi nous tenions prêts, et dans toute la France, les secours que nous devons donner; il faut pour cela que l'Association se développe; vos plus chers intérêts, vos tendresses maternelles, se confondent, vous le sentez bien, avec le succès de notre œuvre. Répétez cette vérité à toutes les mères, à toutes les sœurs.

Racontez-leur les navrantes privations de tous genres

qu'une partie de l'armée a eu à subir en Tunisie, et ajoutez que malgré la cruelle expérience de 1870, malgré les onze années qui se sont écoulées depuis, malgré l'exemple que vous avez donné, en constituant l'Association des Dames françaises, malgré les cris d'alarmes que nous ne cessons de faire entendre, il n'y a pas aujourd'hui un médecin militaire de plus qu'en 1852; l'armée allemande possède 1,700 médecins militaires, et nous sommes encore à 1,147, c'est-à-dire de 553 de moins.

Parlez haut! C'est votre droit, votre devoir de mères! Demandez pour notre ouvroir l'excédant des lingeries de famille; demandez à chacun son obole pour notre caisse; vous savez maintenant quel genre de souffrances elle soulagera. Allons! Réveillons les somnolents de Paris, galvanisons les léthargiques de Province! Pourquoi craindrions-nous de troubler les consciences et de remuer les cœurs? ne voyez-vous pas que dans presque toutes les couches sociales la mollesse énerve nos caractères, le luxe nous narcotise, l'esprit de parti obscurcit notre intelligence, et qu'une dangereuse indifférence pour les affaires publiques laisse des abîmes se creuser sous nos pas?

Il ne s'agit pas ici de nos luttes politiques, avons-nous dit; peu nous importe vraiment, de savoir aujourd'hui qui sera ministre demain! Mais nous voulons que les pouvoirs, quels qu'ils soient, entendent les cris qui s'échappent de vos cœurs! S'il faut que vos enfants versent leur sang pour l'honneur ou pour la sécurité de la patrie, vous êtes Françaises, Mesdames, et vous accepterez sans plaintes, sinon sans larmes, ce dur sacrifice.

Mais que, malades ou blessés, ils manquent de soins et périssent misérablement dans les déserts, quand vous pourriez les envelopper de vos tendresses et leur prodiguer les secours! Jamais vous n'accepterez comme inévitable cette situation, cruelle pour vos cœurs, humiliante pour la nation! Courage donc, Mesdames, frappons à toutes les portes, augmentons nos ressources, soyons prêts pour l'action bienfaisante de l'Association ; il n'y a pas, sachez-le bien, de gouvernement sage qui méconnaisse longtemps les dures leçons d'une expérience malheureuse, et qui puisse fermer l'oreille au douloureux concert de tous vos cris d'alarme.

VI

Extraits du compte rendu de la Réunion du Comité central, tenue le 27 Avril 1882.

. . . .
. . . .

Vous savez, Mesdames, combien est vif l'amour du sol natal. Le jeune soldat arraché aux travaux des champs, à sa belle forêt d'Eu, à ses vertes vallées de la Bresle, pense chaque jour à la chaumière où s'écoula sa paisible enfance. Dans ces déserts de sable, sous le soleil brûlant, ou sous la pluie diluvienne, que de fois ces riantes images, et avec elles les souvenirs et les regrets, viennent hanter son esprit ! Voici Noël, voici le jour de l'An ; qui songe encore, se dit-il, au pauvre soldat si loin du village ? Eh bien ! oui, on pense à lui à Blangy-sur-Bresle ; le Comité des Dames françaises veille sur le jeune et vaillant militaire, et chacun des soldats du canton, actuellement en Tunisie, aura l'agréable surprise de recevoir pour le jour de l'An, deux chemises de flanelle, une livre de chocolat et une somme de 10 fr. N'est-ce pas là, Mesdames, une idée vraiment maternelle ? Tous les destinataires ont parfaitement reçu leur petit paquet. Vous dépeindrai-je leur joie, leur reconnaissance ? Vous les sentez mieux que je ne pourrais l'exprimer, mais je signale à vos applaudissements l'excellente mesure prise par le Comité de Blangy.

Vous le voyez, les bienfaits de l'Association peuvent revêtir bien des formes différentes, tout en poursuivant toujours le même but, et l'activité de chacun de nos Comités peut librement suivre ses inspirations.

. . . .

Une cérémonie touchante et d'un caractère tout particulier a eu lieu à la fin de mars, à l'île Sainte-Marguerite en face de Cannes. Là sont détenus des Arabes faits prisonniers dans la guerre de Tunisie ; assurément ce ne sont pas les types les plus intéressants de la civilisation ; mais enfin, ce sont des prisonniers de guerre, regrettant leur famille, leur vie indépendante, leur patrie, leur culte. Le Comité de Cannes, fort actif et animé de sentiments généreux, s'est préoccupé du sort de ces prisonniers, non pas de leur sort matériel, car l'Etat y a parfaitement pourvu, mais de leur situation morale et des effets d'un complet désœuvrement. Il a décidé d'offrir aux dix marabouts ou prêtres qui sont parmi ces hommes, dix exemplaires de leur Code religieux, le Coran ; pas un n'en possédait. Cette proposition, accueillie par les Arabes avec des démonstrations de joie et de reconnaissance, a été mise à exécution, avec l'autorisation du général CARREY DE BELLEMARE, et le concours bienveillant du commandant du fort.

En face de la mer bleue et sous un ciel sans nuages, 360 prisonniers étaient rangés sur trois lignes, les marabouts occupant le centre ; le président du Comité, M. l'abbé BARALLON, entouré des membres du bureau, leur a lu une courte adresse, dont chaque phrase était immédiatement traduite par les interprètes. « Nous vous offrons ces Corans, a-t-il dit, comme un témoignage de sympathie et une consolation dans votre captivité. Sur la terre de France, vous n'avez pas d'ennemis, et votre malheur nous inspire à tous des sentiments de charité fraternelle. Le peuple français ne connaît pas la haine ; ami loyal et généreux des faibles et des opprimés, son cœur est ouvert à toutes les infortunes. Croyez qu'il respectera toujours vos droits, et surtout le plus sacré de tous, la liberté de vos consciences. Nous voulons pratiquer la justice et voir tous les hommes unis comme les enfants d'une même famille. Quand vous retournerez dans votre pays, souvenez-vous que des Français ont été bons pour vous, et si vous rencontrez le voyageur européen dans vos déserts, il est comme vous enfant de Dieu, donnez-lui l'hospitalité. »

Prisonniers, militaires, membres du Comité, tout le monde a été profondément ému de la grandeur et de la simplicité de cette scène ; les sentiments vraiment humains qu'exprimait l'adresse ont été compris par tous. Assurément, le Comité de Cannes a saisi là un des côtés les plus élevés de sa noble mission : consoler et secourir les prisonniers de guerre. Puissent nos soldats trouver toujours et partout les mêmes sentiments !

. . . .

Puisque je touche à cette question des Comités départementaux, permettez-moi de vous faire remarquer que si les Comités de la Rochelle, de Montbéliard et de Belfort, fondés dans les années précédentes, ont préféré rester indépendants, après avoir reçu de nous tous les renseignements nécessaires, ils n'en sont pas moins des produits de votre initiative ; le bien qu'ils pourront faire sera encore un résultat du grand exemple que les premières vous avez donné ; ces Comités n'existeraient pas, si vous n'aviez démontré la nécessité de tout organiser longtemps à l'avance, enseignement, personnel, matériel. Ce sera là votre gloire, Mesdames, car il est souverainement juste de le reconnaître, avant le 15 mai 1879, date de notre fondation, il n'y avait en France aucune Association de femmes, fonctionnant d'une manière permanente, en vue du but que nous poursuivons.

En parlant ainsi, loin de moi la pensée de vouloir couvrir du voile de l'oubli le puissant effort que la Société de secours aux blessés militaires a fait pendant la fatale guerre de 1870 ; il y a eu, à cette époque, de beaux exemples, et cette Société est pour nous une aînée que nous contemplons toujours avec vénération. Mais il est certain qu'aussitôt après l'année terrible, ses Comités de femmes se sont dissous ou endormis ; il est certain que, les premières, vous avez compris qu'une instruction permanente était nécessaire et que, les premières, vous l'avez donnée ; vous avez compris et répété bien haut que le dévouement des femmes, envers les blessés et les malades, devait jouer un rôle très considérable, sinon prépondérant, dans les secours volontaires en cas de guerre ; et qu'enfin il fallait créer par toute la France des centres d'enseignement et de travaux d'ouvroirs. Vous l'avez compris et réalisé, Mesdames, et cette gloire ne pourra vous être ravie ; car si, depuis, d'autres Associations de femmes se sont engagées dans la même voie, c'est bien vous qui l'aviez ouverte, qui l'aviez frayée, et ce sont bien les honorables médecins, nos collaborateurs, qui ont jeté les bases de l'enseignement tout spécial qui se donne maintenant. Cette magnifique œuvre est donc bien la vôtre, Mesdames, et vous l'avez fait éclore sous le souffle chaud et pur de la charité et du patriotisme ! Grâces vous en soient rendues, au nom de tout le bien qu'elle vient de faire, au nom de toutes les victimes de la guerre, des épidémies et des autres fléaux, auxquelles l'Association prodiguera dans l'avenir vos dons et les soins inappréciables de mains habiles, guidées par des cœurs généreux !

VII

Extraits de l'Assemblée générale tenue, le 17 Novembre 1882, à l'Hôtel Continental.

Dans une circonstance bien douloureuse, les Dames de Marseille se sont encore noblement montrées. Le 26 juin, le vapeur *Junon* ramenait d'Alexandrie d'Egypte 364 passagers échappés au massacre, et manquant absolument de tout ; ce n'était que l'avant-garde de ces malheureux réfugiés ; les jours suivants, des centaines d'autres arrivaient dans le même dénuement. Immédiatement, nous écrivimes à Madame Poubelle, Vice-Présidente, que si elle faisait une souscription pour ces malheureux Français, le Comité central s'inscrivait pour 500 francs, dont 100 francs donnés par notre généreuse Présidente. Les remerciements ne se firent pas attendre ; M. le Préfet avait, dès les premiers jours, organisé les secours ; les Dames de notre Comité guidées par leur vénérée Présidente, Madame Roullet, prirent une large part aux distributions d'aliments et de vêtements, et nous eûmes la double satisfaction de secourir de nombreux compatriotes dans une épouvantable catastrophe et de voir ces douces œuvres de la charité accomplies, avec autant de cœur que de discernement, par les Membres d'un Comité à peine formé.

Chaque fois que nous envoyons ainsi des secours aux civils, je ne puis m'empêcher de songer, avec une certaine émotion, à la lutte qu'il m'a fallu soutenir, il y a deux ans, pour introduire dans nos statuts cette faculté de disposer d'une partie de nos ressources, en cas de calamités publiques. Dans l'opposition violente qui me fut faite alors, on m'accusait de détourner l'Association de son but ; j'avais beau représenter que, pour nous, comme pour les Sociétés allemandes, c'était la vie en temps de paix ; les reproches ne tarissaient pas. Etaient-ils sincères ? Jugez-en. A peine les dissidents se sont-ils constitués en Société séparée, qu'ils ont adopté exactement la même mesure ! Eux aussi ont envoyé 500 francs, après nous, aux réfugiés d'Egypte ; c'est double profit pour ces infortunés.

. . . .

Peu de jours avant, nous était arrivé une lettre du colonel Mille, qui nous remerciait de l'envoi des cristaux de soude, et terminait ainsi : « Il existe à Gabès près de

4,000 hommes ; ces soldats sont bien nourris et suffisamment bien logés ; les distractions seules peuvent leur faire défaut, et comme ces distractions exercent une grande influence sur le moral, nous serions heureux de recevoir quelques jeux, que nous ne pouvons nous procurer nous-mêmes ; il s'agirait de jeux auxquels on se livre généralement en plein air. Si le Comité d'action voulait bien nous en faire un petit envoi, cette mesure répondrait à un besoin que les moyens administratifs de l'armée ne nous permettent pas de satisfaire, et nous en serions infiniment reconnaissants à l'Association des Dames françaises. »

La solitude, le désœuvrement de l'esprit, l'ennui, la nostalgie ; voilà des agents de démoralisation dont vous connaissez bien les funestes effets, Mesdames. D'ailleurs, ces jeunes soldats, sous les drapeaux depuis un an ou deux, étaient encore des enfants hier, pourquoi ne le seraient-ils plus un peu aujourd'hui? Le franc rire, les joyeux propos qui accompagnent les jeux, tout cela est bien de leur âge, tout cela combat l'ennui et repose des fatigues du noble métier des armes ; le colonel a bien raison ; qui de vous ne se sentirait heureuse, Mesdames, de répondre à ces vues si justes ?

. . . .

Vous l'avez bien compris, pour que notre œuvre de charité patriotique puisse produire tous ses fruits, il faut qu'elle soit vaste, il faut que ses membres se comptent par milliers et non par centaines. Cherchons-lui donc de nouveaux adhérents autour de nous ; annoncez à vos amies que le 27 mars nous recommencerons à donner aux mères des enseignements pratiques, qui les aideront à préserver et à soigner leurs enfants ; que nous formons d'excellentes gardes-malades et que nous préparons des ambulancières habiles et dévouées. Dites que dans les catastrophes et les épidémies nos secours arrivent des premiers ; que l'armée française reçoit chaque jour, en Tunisie, les marques de votre patriotisme et de votre affection ; amenez vos amies, lundi prochain à notre Ouvroir, et vous serez heureuses de leur montrer nos caisses pleines et prêtes à partir.

Quel beau rôle que le vôtre, Mesdames! Laborieuses et prévoyantes pendant la paix, généreuses et dévouées dans les malheurs publics ; voilà les admirables qualités que l'Association vous permet de déployer, sans de trop grands efforts personnels.

N'est-ce pas un précieux trésor pour la France que cet ensemble de Comités, prêts à soulager les victimes de ses calamités! accroissons-le donc avec ardeur ; augmentons, par les quelques études nécessaires, le nombre des dévouements éclairés ; accumulons nos ressources en matériel, recherchons et groupons toutes bonnes volontés, toutes les mères qui n'ont pas perdu l'amer souvenir, afin qu'au jour du danger, nous puissions prodiguer tous ces trésors à nos chers et vaillants défenseurs!

VIII

Extraits de l'Assemblée générale
tenue, le 16 Novembre 1883, à l'Hôtel Continental.

Les Rapports que vous venez d'entendre, Mesdames, et les détails dans lesquels je viens d'entrer, vous donnent déjà un aperçu de notre situation. Pour le compléter, j'attirerai votre attention sur un évènement qui occupe une très importante place dans les Annales de l'Association. Vous vous rappelez que l'an dernier nous poursuivions la reconnaissance d'utilité publique. Le ministre de la guerre, consulté par le Conseil d'Etat, a émis un avis très favorable; et au mois de janvier, réunis en *Assemblée extraordinaire,* nous avons voté les modifications à nos *statuts,* nécessitées par la jurisprudence actuelle du Conseil d'Etat. En même temps, nous avons adopté le *Règlement* qui assure l'exécution de ces statuts. Enfin le 23 avril nous avons reçu du Ministre de l'Intérieur la nouvelle impatiemment attendue: l'*Association des Dames françaises est reconnue d'utilité publique.*

Quelles sont les conséquences? Etre reconnue d'utilité publique, cela veut dire que l'Association peut désormais recevoir des legs; fonder les établissements utiles à son développement; amasser, sans autorisations spéciales, les capitaux nécessaires à ses réserves et à ses bienfaits annuels, et défendre ses intérêts devant la justice, comme une personne civile. Cela veut dire aussi que l'Etat consacre l'utilité de l'Association, et reconnaît les bienfaits qu'elle ne cesse de répandre puisqu'il la classe parmi les institutions dont il doit encourager le développement... cela veut dire, enfin, que nous sommes désormais indépendants, nous et nos Comités départementaux.

. . . .

Vous rappelez-vous, Mesdames, l'état des esprits à l'époque où j'ai fondé notre belle Association ? Si grand était le trouble des consciences, qu'on ne jugeait plus les choses en elles-mêmes ; la question religieuse intervenait à chaque instant ; tout était rapporté aux craintes ou aux passions du moment ; défiance irritée chez les uns, audacieuses entreprises chez les autres, voilà le double courant entre lequel il nous fallait ouvrir la voie à notre œuvre de pure charité patriotique. Froide réserve d'un côté, perfides insinuations de l'autre, voilà ce que nos premiers collaborateurs rencontraient à chaque pas. Hé bien ! Mesdames, le soleil de la justice commence à luire pour l'Association ; tous ces fantômes qu'on nous opposait se sont évanouis et alors vous êtes apparues telles que vous êtes, avec la droiture et la simplicité des belles âmes, le dévouement des grands cœurs et l'auréole de la charité patriotique au front !

Le 20 juin, nous avions envoyé des eaux minérales à l'un de nos généraux ; le 25, nous fîmes expédier à *Madame la Supérieure* de l'hôpital de Tunis deux caisses d'objets qu'elle nous avait demandés pour ses militaires : ceintures de flanelle, tricots de coton, bonnets de nuit, extrait de quinquina, chocolat, pastilles diverses pour aider à faire prendre les médicaments désagréables. C'est aussi à *une autre religieuse*, Supérieure de l'hôpital français du Caire, que nous avons envoyé 150 doses de *sous-nitrate de bismuth* et 100 doses de *diascordium*, pour être distribuées par ses soins pendant cette épidémie de choléra, que la domination anglaise en Egypte n'a pas su prévenir.

C'est qu'en effet, dans l'*Association des Dames françaises*, nous fuyons tout ce qui peut diviser les Français, et nous cultivons les sentiments élevés qui peuvent les réunir. Que la vaillance et le souci du bien-être de nos soldats se montrent à nous sous le brillant uniforme de l'officier; que le dévouement dans les hôpitaux militaires, les ambulances, ou dans les calamités publiques, nous apparaisse sous la robe de bure d'une religieuse, ou sous la robe de soie de l'une de vous, Mesdames, nous saluons toujours avec admiration, avec un profond respect!

Tels ont toujours été, tels seront toujours les sentiments qui guident le Conseil d'administration.

. . . .

Maintenant, nous allons envoyer plusieurs centaines de ceintures et de chemises de flanelle. Mme la Présidente de la commission du matériel me dit bien que nous ne les avons pas; nous les aurons dans quelques jours; le Comité de Blangy nous en promet 75; celui du Havre est prêt à en fournir un lot important; les autres Comités sont prévenus, ils ne resteront pas en arrière, et puis nous comptons sur vous, Mesdames, et sur vos amis, pour approvisionner largement nos jeunes soldats de ces objets si utiles à leur santé.

Je sais qu'il fut un temps où le Commissaire de la République répondait aux héros déguenillés qui lui demandaient des chaussures : « Avec de la poudre et du pain on peut aller en Chine, » et cela était vrai pour ces hommes de bronze; « pieds nus, sans pain, tous à la gloire allaient du même pas, » a dit notre grand chansonnier. Mais depuis un demi-siècle, nos forces physiques se sont bien amollies. N'allez pas croire qu'il en soit de même pour le courage; avez-vous remarqué ce détail dans l'attaque de Song-Taï, par le général Bouet? Le fleuve déborde, les soldats sont dans l'eau jusqu'à la ceinture; mais les chevaux refusent de traîner les canons dans cette vase délayée, alors les marins s'y attellent. Ce trait ne vous rappelle-t-il pas les grenadiers de Hoche? Hé bien! puisque nos jeunes soldats savent aussi braver les éléments, envoyons-leur tout ce qui peut les soutenir dans ces luttes périlleuses.

Telle est, Mesdames la situation générale de l'Association. De quelque côté que nous l'envisagions, nous éprouvons un juste sentiment de satisfaction ; que dis-je ? une légitime fierté pour tout ce qui a été accompli cette année, une pleine confiance pour l'avenir.

L'avenir! oh! je sais bien qu'il inspire à beaucoup d'entre vous de cruelles appréhensions. L'ambition des souverains, l'opposition des intérêts nationaux, les haines de races et les imprudences des peuples, vous disais-je un jour, sont toujours là menaçant la paix de l'Europe. Hélas ! il faut bien reconnaître que, plus encore que l'an dernier, cette menace est suspendue sur nos têtes. Qui de nous n'a présents à l'esprit le voyage de M. DE MOLTKE sur les côtes de la Méditerranée, les articles injurieux et violents des journaux allemands, les armements de la Prusse, ceux de l'Italie, les précautions inusitées dont elle vient de s'entourer sur le versant des Alpes ? Pouvons-nous laisser passer inaperçue la lettre de l'empereur GUILLAUME au roi d'Espagne ? Pouvons-nous fermer les yeux sur l'attitude mutuellement provoquante de l'Autriche et de la Russie ?

Pouvons-nous ne pas nous demander avec anxiété quels seront, l'année prochain, le sort et le rôle de la France ?

Dieu seul sait ce qui sortira de l'orageuse obscurité dans laquelle nous sommes plongés. Mais ce que nous savons bien, Mesdames, c'est qu'en quittant ces salons, pénétrées du grand rôle que l'Association peut avoir bientôt à remplir, pénétrées des sentiments de charité, de concorde et de patriotisme qui sont l'essence même de notre œuvre, vous allez les répandre autour de vous et enrôler vos amies dans notre sainte phalange ; vous allez multiplier les témoignages de votre sympathie envers l'armée française ; les unes iront visiter et encourager les soldats dans les hôpitaux, comme le font Mme Roulet à Marseille et Mme Mahony à Fontainebleau ; les autres apporteront leurs dons patriotiques à l'Association ou donneront un concours encore plus assidu à ces travaux de l'ouvroir, si utiles, mais pour lesquels tant de bras sont nécessaires.

Ce que nous savons enfin, Mesdames, c'est que si le tonnerre des batailles vient à gronder, loin de fuir à l'étranger, comme ceux qui ne connaissent ni le nom sacré de Patrie, ni l'amour de ses enfants, vous viendrez vous serrer autour de vos Présidentes, offrant à nos défenseurs votre or avec votre cœur, ou vos bras, vos lumières, votre expérience, et bien résolues toutes, à opposer aux horreurs de la guerre, les tendresses des mères, les admirables dévouements des femmes !

IX

Extraits de l'Assemblée générale
tenue, le 14 Novembre 1884, à l'Hôtel Continental

Après avoir énuméré les dons très importants envoyés par tous nos comités au corps expéditionnaire du Tonkin le rapporteur continue ainsi :

Puis, je signalerai à toute votre attention le rôle de l'Association pendant *l'épidémie de choléra.*

Dès les premiers jours de juillet, le Comité central décidait l'établissement d'un poste sanitaire au siège de l'Association, pour le cas où le choléra sévirait gravement à Paris. Le Comité de Nice prenait la même mesure, de concert avec l'Administration. Dans le but de prévenir les funestes effets de la peur, et de faire connaître les précautions à prendre, ainsi que les premiers moyens de traitement, j'ai fait deux conférences rue Jean-Jacques Rousseau ; le résumé en a été imprimé et se vend au profit des victimes du choléra ; de tous les côtés, on a bien voulu nous dire que ces conférences avaient produit un excellent effet. A Marseille, notre Comité a fait faire aussi des conférences qui ont eu un très grand succès. Là, elles ont été encore plus utiles qu'ailleurs ; l'étrangeté de la maladie avait produit les plus déplorables aberrations dans le bas peuple, victime, comme toujours, de ses préventions et de son ignorance des règles de l'hygiène, règles que l'Association s'efforce de répandre partout.

Vous avez encore présents à l'esprit l'effroi qui se manifesta à *Toulon,* la fuite des habitants, le nombre des victimes, le courageux dévouement des autorités et de la Société des Sauveteurs. Le 25 juin, M. Roche, Président de cette Société, nous demandait de contribuer aux secours donnés aux veuves et aux orphelins du choléra. Quoique nous fussions alors vivement préoccupés de ce qui pouvait arriver à Paris, et obligés de ménager nos ressources, le Conseil n'hésita pas à envoyer 500 francs à Toulon, et nous fîmes appel à quelques Comités départementaux.

A *Marseille,* la misère était plus grande encore ; nous y avons un Comité qui attirait toute notre attention. Comment s'est-il comporté ?

Dès le 1er juin, la Présidente, Mme Laure Roulet, dont le nom est béni dans l'armée, depuis la guerre de Crimée, offrait les services de l'Association à la municipalité. Secondée par Mme Trotebas, qui avec autant de modestie que de zèle, rend mille services à notre œuvre, et par Mme Jupain, la Présidente organisait les secours en deux endroits : au Pharo, hôpital spécial pour les cholériques, et au siège du Comité.

A cet hôpital du Pharo, si redouté d'un public affolé, Mme Roulet se rendait tous les deux jours, souvent accompagnée de Mme Trotebas, et elles délivraient un trousseau à chaque malade sortant : bas, chemise, tricot ou jupe, ceinture de flanelle, mouchoirs, etc., une pièce de 5 francs et une boîte de viande cuite.

Au siège du Comité on aisait des distributions semblables, non pas à la populace, qui trouve toujours le moyen d'user et d'abuser des fourneaux établis par l'administration ; mais aux pauvres honteux que la misère pressante oblige à réclamer un secours momentané. Ceux-là venaient avec un bon du médecin, ou d'un pharmacien ou d'un ministre des divers cultes professés à Marseille, et discrètement, nos Dames leur remettaient des vivres, des médicaments, des vêtements. Celles d'entre vous, Mesdames, qui n'ont pas oublié toutes les souffrances à demi voilées, que nous avons vues pendant le siège de Paris, comprendront tout le bien que les Dames de Marseille ont pu faire à cette partie si intéressante d'une population en détresse.

Dans les calamités publiques, à côté des nobles cœurs qui viennent tout donner, leur or et leur santé, se glissent bien souvent des indignes qui spéculent sur la misère. Ce que je vous ai raconté autrefois au sujet des 25 millions donnés par les Dames de Moscou, peut se produire en tout pays, les exemples ne sont pas loin ; aussi est-ce une chose précieuse pour l'administration, de pouvoir confier à des mains sûres l'emploi des deniers destinés aux malheureux. A voir notre Comité à l'œuvre, on l'apprécia bien vite ; la mairie lui confia huit cents bons de pain et de viande, une autre fois trois cents ceintures de flanelle, et ainsi de suite.

DISTRIBUTIONS DES MÉDAILLES

Mesdames, Messieurs,

Il nous reste une tâche bien douce à remplir.

« Faisons éclore autour de nous, vous disais-je l'an dernier, la noble ambition des belles actions, et sachons honorer ceux qui nous dépassent dans les voies du dévouement. » Grâce à la générosité de la *Dame patriote*, et à la sagesse prévoyante qui caractérise tous ses dons, nous pouvons maintenant offrir un témoignage durable de notre reconnaissance *aux personnes ou aux Comités qui ont rendu des services signalés à l'Association ou qui ont accompli des actes de dévouement envers les victimes de la guerre ou des calamités publiques.*

Non contente d'avoir versé une somme considérable,

pour l'exécution d'une magnifique médaille, la *Dame patriote* complète son œuvre en fondant une caisse spéciale pour la reproduction annuelle de cette œuvre d'art.

1º Le Conseil d'administration a pensé qu'il devait d'abord témoigner sa profonde gratitude à une personne qui, depuis l'origine de l'Association, n'a cessé de rendre des services aussi nombreux qu'importants. Sa propagande, que rien ne lasse, nous a valu plus de 160 membres. Toujours sur la brèche, soit au Conseil d'administration, soit dans nos diverses Commissions, elle fait taire ses souffrances, et se multiplie chaque fois que nous faisons appel à son dévouement. C'est elle qui a fait avec une régularité parfaite le classement des lots, la distribution des billets et tenu la comptabilité de notre belle loterie de 1882, et c'est encore elle qui liquide aujourd'hui les derniers lots. Cette année, elle s'est chargée de la distribution des billets et de la comptabilité de notre magnifique concert. C'est elle aussi qui a suppléé le Secrétaire général, pour une partie de ses travaux, pendant ses absences. C'est à l'un de ses fils, artilleur au 4º régiment, que nous devons la décoration de notre tente à l'Exposition de Nice, et le tableau si bien réussi des bienfaits de l'Association.

A ces traits, vous reconnaîtrez toutes, Mesdames, la vaillante collaboratrice à laquelle le Conseil a décerné, tout d'abord, la médaille : Madame Léon CHARPENTIER.

2º C'est avec un sentiment de profonde vénération, que nous rappelons le grand exemple donné par Madame la Présidente du Comité de Marseille. Maintes fois, pendant cette meurtrière épidémie de choléra, elle a exposé sa vie, soignant les malades à domicile, puis à l'hôpital du Pharo. Pas un instant, elle n'a abandonné ce poste d'honneur et de péril ; son admirable dévouement a placé très haut l'*Association des Dames françaises* dans l'estime et la reconnaissance de la population de Marseille.

Madame Laure ROULET a incarné dans sa personne les

grandes vertus de sacrifice, de courage et de persévérance. En faisant graver son nom sur cette médaille, nous avons voulu lui offrir la respectueuse expression de notre admiration.

3º Et maintenant, Mesdames, que nous ressentons tous si vivement le plaisir d'honorer le dévouement, pourrions-nous oublier à qui nous sommes redevables de cette intime satisfaction? non sans doute, et peut-être trouverez-vous que nous aurions dû commencer par témoigner notre gratitude à cette discrète personne qui tient à rester voilée sous le nom de *Dame patriote*. Combien de fois est-elle venue en cachette s'informer de nos œuvres, s'occupant avec une grande compétence de tous les détails ! Pour notre concert, notre loterie, pour chacun de nos envois aux militaires et aux civils, sa main s'est généreusement et spontanément ouverte. Nos expositions ont été enrichies par elle d'appareils aussi ingénieux qu'utiles. Dans son entourage, la *Dame patriote* a fait tourner au profit de l'Association la sympathie et l'attachement qu'elle-même sait inspirer. Enfin, *en fondant cette belle médaille,* qui désormais suscitera de nobles émulations, la *Dame patriote* nous a rendu un service éminent et qui durera autant que l'Association elle-même.

Aussi, Mesdames, vous unirez vos sentiments de profonde gratitude à ceux du Conseil qui a fait inscrire sur cette médaille : A LA DAME PATRIOTE, *hommage reconnaissant.*

X

Extraits de l'Assemblée générale
tenue, le 20 Novembre 1885, à l'Hôtel Continental.

En voyant la diversité des infortunes que l'Association soulage, on me demandait hier si notre bienfaisance était réglée, ou si nous faisions appel à la générosité publique chaque fois que nous voulions secourir de nouvelles victimes. Cette question m'a fait voir qu'il est utile de rappeler de temps en temps les principes constitutifs de l'Association.

Non, l'Association n'agit pas au hasard des évènements malheureux. Tout est réglé chez elle, tout est prévu, comme il convient à une société fondée, non pour un but momentané, mais pour un avenir dont rien ne fait prévoir le terme. Nos *fonds fixes* sont le produit des cotisations; c'est là le sang artériel de notre organisme; les souscriptions éventuelles ajoutent puissamment à nos ressources; mais nos Comités peuvent suffire à leurs besoins ordinaires dès qu'ils comptent cent membres.

L'emploi des fonds est réglé par les statuts : tant pour cent au fonds de réserve pour le cas de guerre en France; tant pour les victimes des calamités publiques; tant pour secourir les victimes de nos guerres actuelles dans nos colonies et les pays de protectorat, c'est là la plus grosse part.

Une calamité survient-elle? nous employons les sommes que les statuts nous autorisent à dépenser, augmentées de celles qui nous sont versées spécialement pour cette circonstance; puis, la calamité passée, les travaux de l'Association suivent leur cours normal ; c'est-à-dire : préparation des secours en matériel de pansement et en personnel capable de rendre des services éclairés en cas de guerre ; envois de toutes sortes aux soldats et aux marins qui défendent au loin l'honneur de la France.

De cette permanence de notre activité, même quand rien, en apparence, ne vient la surexciter, résulte, Mesdames, une conséquence sur laquelle je désire appeler toute votre attention ; c'est que nous avons un très grand besoin des cotisations annuelles qui constituent nos fonds fixes. Le Comité de Paris, en particulier, a de lourdes charges ; c'est lui surtout qui fait la propagande ; il aide à la formation des Comités des départements et soutient ceux dont les ressources viennent à s'épuiser ; il supporte les frais de nos Expositions en France et à l'étranger. Malgré la stricte économie, malgré les sacrifices personnels des membres dévoués de nos Commissions, les frais généraux absolument indispensables augmentent chaque année, à mesure que l'œuvre se développe ; il faut donc accroître le nombre des membres du Comité de Paris.

A côté du produit des fêtes viennent se ranger les *dons en argent et en nature* que le Comité de Paris a reçus.

Ces dons ont été, cette année, considérables. Les combats glorieux livrés par notre armée au Tonkin, les entreprises hardies de nos marins sur les côtes de la Chine, l'intrépidité et l'abnégation de cet illustre amiral dont la France pleure encore la perte ; les ravages que les épidémies et parfois le manque de soins suffisants ont faits dans les rangs de l'armée et de la flotte ; tous ces évènements qui se sont succédés depuis deux ans, à trois mille lieues de la mère patrie, ont remué bien des cœurs en France ! les patriotes, qui appellent de tous leurs vœux le retour de la puissance et de la sécurité de notre beau pays, se demandaient s'ils pouvaient commencer à espérer, pendant que le cœur des mères s'apitoyait sur le nombre et les souffrances des victimes. Mais partout la pensée était tournée vers nos soldats du Tonkin, et il n'est si petit bourg qui n'ait organisé quelque fête pour leur envoyer un souvenir.

. . . .

. . . .

Tel est, Mesdames, le tableau abrégé des envois que vous avez faits à l'armée; vous remarquerez qu'on y compte plus de 12,000 pièces de lingerie faites par vous et sorties de nos divers ouvroirs, et qu'en additionnant les dons en argent et en nature faits par tous les Comités réunis, nous arrivons à une somme de plus de cent dix mille francs, non compris la valeur représentée par les travaux d'ouvroirs.

Aujourd'hui vous faites mieux encore; vous soulagez vous-mêmes, au Siège de l'Association, toutes ces victimes de la guerre auxquelles jusque-là vous vous intéressiez de loin. Depuis six semaines, des soldats et des marins, revenus de l'Orient, malades, blessés, convalescents ou dénués de ressources, s'adressent à vous. Celui-ci est miné par la fièvre paludéenne ou par l'anémie des pays chauds; cet autre est phtisique; en voici dont les blessures sont cicatrisées, mais elles rendront encore longtemps le travail difficile; un autre groupe va revoir le pays natal, il lui faudrait quelques subsides de voyage car la bourse est à sec; beaucoup voudraient travailler, pour cela il leur faudrait des habits civils. Et alors on vous voit, Mesdames, former des bureaux; un médecin, presque toujours c'est notre dévoué confrère M. Teissier, nous éclaire sur l'état de santé; puis avec cette sensibilité vraie qui n'exclut pas la saine appréciation des besoins, vous examinez chaque cas et vous donnez aux uns de l'argent, aux autres des vêtements, quelquefois des médicaments et quelquefois aussi des places qui assurent du travail. Mesdames Lagorce, Charpentier, Ehrmann, Didiée, Rau, Merson, Quenedey, Binot, Baillon, Delport, paraissent rompues de longue date à ce nouvel exercice de la charité patriotique ; il est pourtant tout nouveau pour elles et leur cœur seul leur en a appris les règles.

Les soldats qui se présentent eux-mêmes ne sont pas les seuls que vous secouriez. De tous les points de la France, arrivent des demandes accompagnées de pièces justificatives et visées par les autorités, Madame LAGORCE dépouille cette volumineuse correspondance et répond par des envois d'argent proportionnés aux besoins. Jusqu'à ce jour, 520 militaires ont été directement secourus par la Commission des distributions ; elle est toujours prête à continuer son noble dévouement. En vérité, quand on vous voit ainsi, Mesdames, donner sans compter à cette sainte œuvre votre temps, votre intelligence et vos forces, on se demande ce qu'on doit le plus admirer du résultat que vous obtenez, ou de cette passion de la charité qui vous envahit tout entières.

. . . .

Maintenant, Mesdames, avec la sympathie de vous toutes et le zèle des Dames de vos Commissions, nous continuerons à étendre et à perfectionner cette œuvre des Dames françaises. Cette œuvre est bien la vôtre, car on a beau chercher à obscurcir la vérité ; vous pouvez dire bien haut qu'avant 1876, où j'ai créé en France l'enseignement des ambulancières, qu'avant 1879 où nous avons jeté ensemble les bases de l'*Association des Dames françaises*, il n'y avait dans notre pays aucune Société de femmes organisée pour le même but. Dites bien haut que si, depuis, d'autres Sociétés ont pris des noms qui peuvent faire confusion avec le vôtre, elles sont issues directement du grand mouvement d'opinion que nous avons fait naître.

Que dis-je ? elles sont nées d'une longue collaboration avec la nôtre. C'est là, Mesdames, un titre de noblesse dont vous pouvez être fières ; les premières vous avez surmonté des difficultés réputées insurmontables.

Continuons donc nos efforts, car aucun rayon de soleil n'est encore venu dissiper les nuages dont le ciel de la

France est couvert; le point noir existe toujours; l'état de l'Europe n'a pas changé et le canon tonne en Asie comme en Bulgarie; veillons donc sans cesse, développons nos connaissances dans l'art de secourir nos chers blessés, accumulons notre matériel, étendons ce réseau bienfaisant dont nous voudrions voir la France entière couverte, et qu'aux jours du danger la vaillance de vos fils fasse le reste!

DISTRIBUTION DES MÉDAILLES

fondées par la *Dame patriote*.

Si nous devions reconnaître tous les grands services rendus à l'Association, nous serions aussi généreux que l'an dernier; mais pour donner à nos médailles tout leur prix, le Conseil a voulu qu'elles fussent rares et qu'elles ne fussent décernées qu'à des dévouements dont le temps a montré la constance.

La première est offerte à Madame la comtesse Foucher de Careil, Présidente de l'Association.

Vos applaudissements disent que toutes, Mesdames, vous avez depuis longtemps apprécié sa constance et sa fermeté dans nos jours d'épreuves; sa générosité qui a meublé nos ouvroirs, enrichi nos loteries et nos concerts; sa sollicitude toujours éveillée sur les souffrances que nous pouvons secourir; les adhésions puissantes qu'elle a values à notre Association; son intervention efficace dans nos rapports avec les administrations de l'Etat; en toutes circonstances, elle a mis au service de l'œuvre son nom, ses relations, sa fortune, et bien des obstacles ont disparu devant la respectueuse sympathie dont elle est partout l'objet. Le Conseil, en offrant cette médaille, est l'interprète de tous les Comités, et prie Madame la Présidente de croire que de même que son nom est gravé d'une manière ineffaçable sur ce bronze, la reconnaissance est à jamais gravée dans tous nos cœurs.

XI

Extraits de l'Assemblée générale
tenue, le 19 Novembre 1886, à l'Hôtel Continental

Aux incendiés d'Aiguilles (Hautes-Alpes), pauvre pays où il ne restait rien que des ruines, le Comité de Paris s'est empressé d'envoyer 300 fr.; le Comité de Briançon en a donné autant; de plus, une note envoyée par nous à quelques autres Comités a porté ses fruits et montré une fois de plus que la solidarité qui unit toutes les fractions de notre belle Association n'est pas un vain mot; Marseille a donné 200 fr., Nice 150, Dijon 100, Meulan 100, Cannes 100, de sorte qu'en quelques jours ces malheureux incendiés ont reçu 1,250 fr. de l'Association.

Dans ces mêmes montagnes des Alpes, au Villard-la-Madeleine, un autre sinistre est venu frapper plus douloureusement encore une population laborieuse, vivant péniblement sur un sol ingrat. Une nuit du mois d'août, le tocsin et les lueurs lointaines d'un incendie annonçaient ce malheur aux habitants de Briançon; les pompiers et la troupe partent sans retard, mais les montées sont lentes et quand on arriva l'eau manquait; le feu fit son œuvre; habitations, vêtements, provisions, tout fut consumé.

Dès l'aube, une femme que vous connaissez bien, allait frapper à la porte des Dames du Comité, leur disait quelques mots, et ces Dames se dirigeaient deux à deux dans les différents quartiers de la ville, demandant à tous, aux pauvres comme aux riches, pour ceux qui n'avaient plus rien; et alors on vit un spectacle inconnu dans cette ville. En peu d'heures, quatre grands chariots étaient déjà pleins de vêtements, de pain, de fromage, de chaussures et de literie, et l'on donnait encore, car qui aurait voulu refuser à celle qui donne toujours; il fallut emprunter une prolonge d'artillerie.

Puis ce lourd convoi se mit en marche, escorté par nos Dames, par le Sous-Préfet et par toutes les autorités. Arrivé sur le lieu du sinistre, la distribution se fit dans un ordre parfait; le Maire présentait ses administrés, indiquait leurs pertes, leurs besoins, tout était régulièrement inscrit, et quand le soleil se coucha, toute la population du Villard était pourvue du nécessaire pour plusieurs jours, et nos Dames descendaient de la montagne pour se reposer d'une journée si bien remplie.

Elle eut un lendemain, et ici je laisse la parole à M. le Maire de Briançon : « Le Comité des *Dames françaises* vota le secours important de 1,000 fr., y compris le don gracieux de 500 fr. versés pour cet usage dans notre caisse, par une Dame dont nous respectons le désir de garder l'anonyme. »

Ce ne fut pas tout encore ; quelques jours après, la Présidente du Comité de Briançon, secondée par les autorités, organisait une loterie à laquelle le Comité de Paris envoyait plusieurs lots ; les billets étaient rapidement placés et 1,426 fr. allaient encore grossir les secours donnés par le Comité aux incendiés du Villard. Quel bel exemple, Mesdames, et comme il met bien en lumière l'utilité de nos Comités, où tout est prêt pour porter secours, au moment même où la calamité s'abat sur ses victimes !

Peut-être, en entendant ce récit, vous dites-vous qu'il n'est pas donné à tout le monde de prendre l'initiative dans ces graves circonstances, et que les femmes qui accomplissent ces belles actions sont certainement douées par la nature d'une énergie toute particulière. Assurément, Mesdames, elles puisent leur initiative dans leur cœur, mais il existe aussi en dehors d'elles une autre force qui les pénètre peu à peu; c'est celle qui se dégage d'une Association comme la nôtre, où l'on ne parle que de patriotisme et de charité; c'est encore le sentiment de la puissance pour le bien que l'on acquiert dans nos Commissions administratives; c'est enfin l'esprit de solidarité qui unit tous nos Comités. Voilà les sources où les bons cœurs, même quand ils sont timides, puisent l'énergie nécessaire pour réaliser leurs généreuses inspirations. C'est, sans doute, ce qu'avait bien compris la vaillante Présidente du Comité de Briançon quand elle répondait par ces simples mots aux félicitations qu'on lui adressait : « Il y a dans l'Association cinq cents Dames qui auraient mieux fait encore. » Quel plus bel éloge peut-on faire de vous, Mesdames !

. . . .

Celles d'entre vous, Mesdames, qui prennent part aux travaux de l'*Ouvroir de Paris,* le lundi, ont pu voir de quelle multitude de demandes notre Comité est assailli ; voici comment nous procédons pour y répondre. Madame LAGORCE préside la Commission; elle est ordinairement assistée de Mesdames BARRAFORT et DEGEORGE; M. le Dr TEISSIER, ou, à son défaut, le Dr JACQUIN s'assure de la réalité des blessures ou des maladies; M. le colonel PENNETIER vérifie les papiers militaires. Le secours diffère suivant qu'il s'agit d'un malade, d'un blessé, d'un convalescent, d'un homme dénué de ressources, d'un libéré, ou d'un soldat sous les drapeaux ; il arrive parfois qu'on doit éliminer un certain nombre de ceux qui se présentent; mais tous ceux qui sont dignes d'intérêt reçoivent de l'argent, ou des vêtements, des médicaments; à quelques-uns on peut donner un emploi. Le nombre des soldats et des marins qui ont reçu des secours depuis le mois de novembre dernier est de 796.

Mais il y a encore une autre catégorie. Madame LAGORCE reçoit chaque jour des demandes de secours de toutes les parties de la France; ces demandes sont accompagnées des certificats du maire et du médecin. A toutes ces lettres Madame Lagorce répond par l'envoi de sommes qui varient suivant l'urgence des besoins. Madame Lagorce en est aujourd'hui à sa 450e correspondance. En résumé, 926 hommes ont été directement secourus par le Comité depuis un an, et si l'on y joint ceux de l'an dernier, nous atteignons le chiffre de 2,490 soldats ou marins revenus du Tonkin, secourus individuellement par le Comité de Paris.

Voulez-vous savoir maintenant quelle somme représentent tous les dons faits par les divers Comités de l'Association, tant en argent qu'en vêtements, lingerie, comestibles, etc.? elle dépasse 110,000 francs; non pas que 110,000 francs soient sortis des caisses de nos trésorières; mais, en ajoutant aux sommes qu'elles ont déboursées les dons en nature qui nous ont été faits et que nous avons distribués, puis les emprunts considérables faits à nos réserves de flanelle, de lingerie de pansements, de vêtements, de vins, de livres, etc., le total dépasse 110,000 fr.

Nous devions ces explications aux personnes qui ne sont pas initiées à notre fonctionnement; mais gardez-vous de croire que nous méconnaissions l'intérêt des autres faces sous lesquelles l'œuvre se présente. Que sont, en effet, ces dons matériels à côté du service que vous rendez au pays en stimulant et en organisant la charité patriotique, en mettant en action tant de dévouements, qui sans vous resteraient à l'état latent, en répandant, jusque dans les plus humbles classes de la société, par nos cours, nos conférences, nos livres, nos expositions, une instruction dont l'armée profitera demain, comme les familles en profitent dès maintenant. Qui pourra mesurer l'étendue de ces services?

Je viens de dérouler devant vous le tableau des bienfaits et des travaux de l'Association; peut-être en écoutant l'énumération de vos nombreux envois au Tonkin, votre satisfaction a-t-elle été légèrement troublée par le souvenir des bruits de dilapidation qui ont naguère ému l'opinion publique. Il est très vrai, Mesdames, que ces bruits n'étaient pas absolument sans fondement ; deux ou trois caisses nous ont été dérobées, et de misérables cantiniers ont cherché à s'enrichir aux dépens de votre charité, aux dépens du pauvre soldat malade. Mais en quoi ce vol pourrait-il ralentir votre zèle ? 500 caisses sont parfaitement arrivées, deux ou trois autres ont été volées ; est-ce vraiment extraordinaire dans le désordre inséparable d'une expédition aussi lointaine ? Ceux d'entre vous dont la jeunesse a été bercée, comme la mienne, par les récits des vieux grenadiers de l'Empire, ne s'en étonneront guère. D'ailleurs, ne voyez-vous pas qu'il y a là, comme il y a eu en Tunisie, une nouvelle démonstration de votre utilité ? Si tout devait se passer régulièrement pendant la guerre, nos Comités n'auraient pas de raisons d'être ; mais c'est précisément parce qu'il y aura toujours beaucoup d'imprévu, beaucoup d'erreurs de détails, beaucoup d'oublis, beaucoup de besoins pressants et de misères sans secours, que nous avons fondé l'*Association des Dames françaises*.

Contemplez donc votre œuvre, Mesdames, avec une satisfaction sans mélange ; chaque année vos bienfaits augmentent, chaque année l'organisation se perfectionne ; chaque année de nouveaux dévouements, de nouvelles aptitudes se révèlent.

En sortant de ces salons où vous avez respiré l'air vivifiant de la charité patriotique, où vous avez encore mieux compris la puissance et l'esprit de l'Association, la fermeté et l'initiative qu'elle développe, allez raconter à vos amies les mille formes que votre ingénieuse bonté a su découvrir pour porter sur la terre lointaine un secours, un adoucissement, une espérance à tous ces braves qui l'ont arrosée de leur sang !

Allez dire aux femmes qu'entoure le luxe, que, là, près d'elles, au siège de l'Association, des centaines d'hommes, dont la santé a été profondément minée au service de la Patrie, auraient grand besoin d'un peu de cet or qu'elles prodiguent; dites-leur que si le plaisir leur est cher, que si tout leur sourit aujourd'hui sur cette belle terre de France, il est sage de penser au lendemain, à l'orage lointain qui gronde sourdement et dont les foudres n'épargneront pas plus les favoris de la fortune que les déshérités de ce monde; dites-leur que vous accumulez des ressources pour ces jours de deuil et demandez-leur de vous réserver la *part du soldat blessé* chaque fois qu'elles donneront une fête.

Rappelez à ceux qui semblent l'oublier, que le seul moyen de maintenir la paix, c'est de montrer que tout est bien préparé pour la lutte. Vous, Mesdames, qui prenez part aux travaux de l'ouvroir, aux travaux de l'enseignement, et qui savez si bien que tout cela ne peut s'improviser, dites aux mères prévoyantes qu'elles doivent se donner rendez-vous dans nos Comités de Dames; car là sera le salut dans les jours de cruelles alarmes, et c'est dans ces Comités que l'amour maternel, la science des médecins, l'activité régulière des Commissions administratives, vous donneront, pendant les loisirs de la paix, de salutaires inspirations.

Et vous toutes, Mesdames, dont le cœur n'a pas voulu attendre les dures leçons des évènements pour s'ouvrir aux nobles sentiments sur lesquels notre œuvre repose; vous les mères qui détestez la guerre, mais vous aussi les vaillantes qui serez debout aux premiers jours du danger, soyez soutenues dans vos généreux efforts par la pensée de vos chers enfants, oui, de tous vos chers enfants; car ceux-là ne sont pas seuls vos fils qui sont sortis de vos flancs; tous ceux qui verseront leur sang pour l'honneur ou la sécurité de la France seront aussi vos enfants, et c'est pour eux, c'est pour l'armée entière que toutes les *Dames françaises* sauront un jour unir leurs intelligences et leurs mains, comme elles unissent aujourd'hui pour elle leur vigilance et leur dévouement.

DISTRIBUTION DES MÉDAILLES

1° Il y a déjà bien des années que le nom de Madame EHRMANN, si souvent prononcé dans cette enceinte, vous rappelle de beaux exemples. Bienfaitrice de l'Association naissante; fondatrice du Comité de Blangy-sur-Bresle; généreuse et dévouée dans toutes les circonstances où l'Association a dû faire un nouvel effort : concerts, loterie, vente; membre du Conseil d'administration depuis 1881, Madame EHRMANN nous a amené par ses démarches personnelles de nombreuses et précieuses adhésions. Le Conseil, regrettant vivement son éloignement momentané, a voulu consacrer le souvenir de cet ensemble de services rendus à l'Association, et lui décerne la médaille.

2° Qui de vous, Mesdames, n'a été souvent frappé de l'activité et du dévouement silencieux de la digne Madame LAGORCE ? Non contente de remplir d'une manière parfaite, depuis 1881, ses laborieuses fonctions dans la section des paiements, de donner l'exemple de l'assiduité aux travaux d'ouvroir, de prendre une part importante à l'organisation de nos fêtes, Madame LAGORCE a assumé, et vaillamment porté depuis deux ans, le poids d'une des tâches les plus lourdes que la guerre du Tonkin nous ait imposées. C'est elle qui procède à la distribution des secours aux soldats et aux marins au siège de l'Association; c'est elle qui répond à toutes les demandes de secours adressées chaque jour de tous les points de la France. Le nombre des soldats ainsi secourus dépasse aujourd'hui 2,500, et si cette tâche est douce au cœur, elle a parfois ses fatigues et ses désagréments; rien n'a rebuté Madame LAGORCE; elle est encore prête à continuer cette année.

Saluons, Mesdames, cette constance dans le dévouement, et puisse la médaille de l'Association en perpétuer le souvenir et l'exemple parmi les enfants et les petits-enfants de notre vaillante collaboratrice.

3º Une autre médaille est destinée à honorer un des dévouements les plus fidèles et les plus complets que l'*Association des Dames françaises* ait suscités.

Le premier billet de mille francs déposé dans les caisses de l'Association, en 1879, venait d'une main qui, depuis, n'a cessé de s'ouvrir généreusement chaque fois que la charité ou le patriotisme ont fait entendre leur voix. La petite fortune du Comité de Cannes vient-elle à sombrer, dans un de ces sinistres financiers dont notre époque a donné tant de lamentables exemples, cette même main répare discrètement le désastre et le Comité peut continuer ses travaux et ses bienfaits.

L'an dernier, ce même Comité de Cannes, profondément troublé par les agissements hostiles d'une personne que l'Association avait comblée d'honneurs, était menacé dans son existence. Seule, à un moment, la courageuse Trésorière lutte contre cette pernicieuse influence ; à l'ouvroir, à l'enseignement, aux expéditions, partout elle se prodigue, éclairant les uns, soutenant les autres par son exemple, et bientôt le Comité sort victorieux de cette nouvelle épreuve.

Il y a deux ans, je vous ai raconté comment le Comité de Briançon avait été fondé, organisé et doté du matériel nécessaire, grâce à la générosité et à l'activité d'une seule personne ; l'an dernier, je vous ai dit à qui les forts de Briançon devaient leurs bibliothèques. Cette année, c'est la même personne qui, à la première nouvelle de l'incendie du Villard, recueillait dans toute la ville des secours en nature, procédait à la distribution, et complétait ensuite l'œuvre réparatrice du Comité, en organisant et menant à bonne fin une très fructueuse loterie.

N'avons-nous pas droit d'être fiers, Mesdames, de compter parmi celles qui sont le plus attachées à notre belle œuvre, cette âme vaillante et ferme?

Fidèle interprète des sentiments unanimes de cette Assemblée, le Conseil décerne la médaille à Madame Marius CHANCEL, trésorière du Comité de Cannes, présidente du Comité de Briançon.

XII

**Extraits de l'Assemblée générale
tenue, le 19 Novembre 1887, à l'Hôtel Continental.**

. . . .
. . . .

Les besoins auxquels le général Jamont a fait allusion, nous sont bien connus, et si le Conseil de l'Association n'a pas cédé, aussi souvent qu'il l'aurait voulu, au premier mouvement du cœur, sachez bien qu'il a fallu des raisons graves pour lui imposer cette réserve. Vous rappellerai-je que, pendant plus de quatre mois, toute la France a été sous le coup de profondes angoisses ? Les mouvements des troupes allemandes en Alsace ; les préparatifs ostensibles d'une autre nation, dont l'indépendance a pourtant germé dans le sang versé pour elle par la France ; le langage tenu au Parlement allemand par le chancelier, lorsqu'il voulait obtenir sept années de service militaire ; tout nous obligeait à nous demander chaque matin : Est-ce aujourd'hui que l'heure solennelle va sonner ? Est-ce demain que la France sera victorieuse, ou qu'elle aura cessé d'être ? *Le vaincu sera saigné à blanc,* a dit M. de Bismarck. Nous n'avions pas besoin de cette parole pour comprendre que la prochaine guerre sera inexorable et que des centaines de mille hommes tomberont victimes de l'ambition des souverains et des imprudences des peuples ; mais le mot est admirablement frappé ; il restera ; ses conséquences aussi.

Tout nous disait donc que ce n'était pas le moment de

prodiguer au loin nos ressources ; nous écrivions à nos Comités de former ou d'augmenter le fonds de réserve ; tout pour les défenseurs du sol sacré ! leur disions-nous ; le conseil a été entendu ; voilà pourquoi nous avons été moins généreux en apparence.

. . . .

Nous nous préoccupons beaucoup de cette préparation de nos secours et de l'organisation de nos services ; nous voudrions vous rendre les confidentes de nos efforts et vous faire bien comprendre le rôle qui est dévolu à l'Association par le décret du 16 novembre 1886 ; le temps ne nous permet pas d'entrer dans tous les détails ; cependant, si vous voulez bien m'accorder encore quelques minutes de votre bienveillante attention, j'espère vous donner une idée d'ensemble que vos propres réflexions développeront ensuite.

Que dit en substance ce décret ? Que nous sommes autorisés : 1º à faire parvenir aux malades et aux blessés les dons que nous recevons de la générosité publique ; 2º à seconder en temps de guerre le service des hôpitaux militaires, par l'établissement d'hôpitaux auxiliaires.

Sur le premier point, pas de difficultés ; votre expérience est déjà grande ; vous ferez en France, et beaucoup plus facilement, ce que vous faites chaque année pour le Sénégal, Madagascar, la Tunisie, l'Annam, la Chine, le Tonkin.

Sur le second point, nous avons quelque chose à apprendre et beaucoup à préparer. N'allez pas croire cependant, que, tout en étant placées, comme le dit le décret, sous l'autorité du commandement militaire, vous soyez devenues les soldats enrégimentés de la charité patriotique. Aucune de vous, en particulier, n'est obligée de faire quoi que ce soit ; mais, du jour où la voix du cœur parlera, du jour où les mères et les sœurs sentiront que l'heure est venue de s'élever à la hauteur de tous les dévouements, du jour où vous aurez résolu d'apporter au salut de l'armée, au salut de la France, toutes ces merveilleuses aptitudes dont le Créateur vous a douées et que notre enseignement a développées, du jour où vous viendrez nous dire : me voilà, je vous apporte mon savoir, mon expérience, mes forces, mon ardent amour de la patrie, que faut-il que je fasse ? Nous vous répondrons : tout est préparé, tout est réglé ; les directeurs du service de santé nous ont tracé la voie, entrez-y avec nous. Et là, dans nos Commissions d'administration, de propagande, du personnel, des finances ; dans nos ouvroirs, nos magasins, nos bureaux de comptabilité, nos infirmeries, nos pharmacies, nos lingeries, nos salles d'hôpital, chacune de vous pourra trouver sa place, y remplir le rôle qui convient à ses goûts, et rendre ainsi, dans une organisation parfaitement réglée, des services que les efforts isolés, quelque courageux qu'ils soient, ne permettront jamais d'égaler.

Est-ce à dire que tout puisse être prévu dans la distribution des secours auxiliaires ? n'en croyez rien, Mesdames ; je vous l'ai dit en fondant l'Association, à la guerre il faudra toujours compter avec l'imprévu, et, sous ce rapport, l'organisation des secours laissera toujours place à quelques improvisations ; mais il en faut le moins possible, parce qu'elles ont toujours des défectuosités, dont les malades et les blessés supportent les graves conséquences.

. . . .

Venez aussi à nos ouvroirs, aider, ne fût-ce que quelques instants, les Dames si dévouées qui préparent et conservent notre belle lingerie ; intéressez à leurs travaux toutes vos amies et parlez de notre œuvre, même aux indifférents ; un moment viendra où ils ne pourront plus l'être. Le Bulletin vous tient au courant, jour par jour, de tout ce qui s'accomplit dans l'Association ; il la fait plus encore, s'il se peut, *votre Association ;* défendez-la comme votre enfant.

Et puis portez parfois vos regards au delà de nos frontières ; vos maris, qui suivent le développement des forces militaires par lesquelles nous sommes enserrées, vous diront que l'Europe armée jusqu'aux dents, perfectionne sans cesse ses moyens d'attaque ; consentez-vous à être saignées à blanc ? Non, jamais, me répondez-vous. Eh bien ! apportez à notre chère armée cette force que les femmes savent inspirer, et dont on a déjà pu voir les effets dans l'essai de mobilisation ; préparons-nous, comptez les unes sur les autres, pour assurer à vos enfants, sur tous les points de la France, les secours de la science, unis à ceux d'un amour maternel éclairé ; et alors nous pourrons attendre les évènements, avec la conscience d'avoir tout fait pour les rendre moins cruels, avec le secret espoir d'échapper pour longtemps, par des victoires décisives, à cette inquiétude énervante, à ce malaise indéfinissable qui oppresse aujourd'hui tous les cœurs.

DISTRIBUTION DES MÉDAILLES

FONDÉES PAR LA *Dame patriote.*

1º Depuis 1879, M. le sénateur Bozérian n'a cessé de donner à l'Association le précieux concours de son éloquente parole, de sa haute compétence en matière de législation et l'appui de ses relations administratives. En 1881, lorsqu'éclata ce schisme qui faillit tout détruire, il demeura l'un des plus fermes soutiens de l'œuvre dont il avait encouragé la création. Qu'il s'agisse de la rédaction de nos statuts, de la reconnaissance d'utilité publique, de l'obtention des distinctions académiques, du choix de nos délégués régionaux, partout et toujours M. Bozérian donne généreusement à l'Association son temps si précieux et son influence. Président du Comité d'organisation, membre du Conseil d'administration, président du

Conseil judiciaire, nous lui devons à tous ces titres les plus éminents services et nous sommes certains d'être le fidèle interprète d'un sentiment unanime, en le priant de recevoir, aux applaudissements de l'Assemblée, ce témoignage de notre reconnaissance.

2º Générosité, activité incessante dans les diverses branches de notre administration, fidélité éprouvée à notre chère œuvre, ainsi pourrait-on caractériser les nombreux actes de dévouement de l'une des présidentes du matériel.

A Paris et à Cannes, nos ouvroirs et nos fêtes ont reçu depuis bien des années des marques de sa munificence; ce beau programme représentant le sacrifice à la patrie de M. Merson, et qui a déjà fait entrer plus de 1,800 francs dans notre caisse, nous le devons à Madame Binot; elle l'a fait graver et tirer à ses frais. Il y a deux ans, une Dame titulaire nous fait subitement défaut l'avant-veille de notre vente; ce comptoir ne peut rester vide; qui se dévouera pour l'improviser et pour le tenir? Madame Binot accepte cette tâche ingrate et s'en tire avec honneur, au grand profit de l'Association.

Depuis trois ans, en sa qualité de présidente de la Commission de publicité, elle a bien voulu se charger de nos rapports avec la presse; délicate et laborieuse mission dont elle s'acquitte avec un plein succès, rendant ainsi à notre œuvre d'inappréciables services. Beaucoup d'entre vous, Mesdames, nous ont dit le plaisir que leur fait la lecture du Bulletin; chaque mois, c'est Madame Binot qui en coordonne les éléments et en surveille l'exécution. Grâce à ses démarches, cette publication ne coûte que très peu à la caisse de l'Association, et si vous voulez bien l'aider un peu de vos indications, elle ne coûtera bientôt plus rien du tout. Ces travaux, joints aux séances du Conseil et des Commissions, suffiraient amplement à absorber l'activité de beaucoup d'entre nous; depuis six mois, Madame Binot y a ajouté les soins quotidiens du matériel meublant, et les mille détails de cette transformation que le changement du siège social a nécessitée. Telle est, Mesdames, l'incessante activité, telles sont les formes si variées du dévouement que le Conseil a voulu honorer aujourd'hui, en décernant cette médaille à Madame Binot.

3º Transportons-nous maintenant à Nice ; c'est là que, depuis 1881, le Dr Grandvilliers préside un de nos Comités les plus importants et sait en maintenir l'activité, malgré les difficultés inhérentes au peu de stabilité de la population. Les remarquables qualités qui distinguent notre confrère sont bien précieuses pour l'Association ; c'est à son énergique intervention d'honnête homme indigné, que nous avons dû le diplôme d'honneur à l'Exposition de Nice ; ses rapports annuels, écrits avec tant de charme, ont fait apprécier et aimer l'Association ; ses démarches ont fait cesser à Nice des hostilités, auxquelles une œuvre de charité et de patriotisme, comme la nôtre, n'aurait pas dû s'attendre. C'est lui qui, au mois de janvier dernier, a réuni le personnel de médecins, de pharmaciens, de comptables nécessaire à la grande ambulance que nous avions projetée à Nice. C'est lui enfin qui s'est chargé d'aller distribuer à Castillon, à Clans, au Broc, à Sospel, à la Bollène, etc., nos secours aux victimes du tremblement de terre. Le Conseil est heureux de pouvoir perpétuer le souvenir de tant de services, en offrant cette médaille au Dr Grandvilliers.

4º Vous connaissez toutes, Mesdames, la sympathique personne à qui, surtout, l'Association doit ses succès dans toutes nos Expositions. Déjà à Nice, Madame Didiée avait fait preuve d'une entente remarquable, et d'un tact qui n'a pas peu contribué à faire apprécier vos travaux ; à Anvers, nous voyons encore Madame Didiée, secondée par Madame Faure ; à Beauvais, Madame Didiée aidée par Mademoiselle Vernet ; au Hâvre, Madame Didiée, à qui Madame Quénedey donne le concours le plus zélé, et enfin à Boulogne, Madame Didiée et Madame de Forest.

Directrice de l'ouvroir de Nice, Madame Didiée a acquis

dans les achats et les expéditions, dans la confection et la conservation de la lingerie d'ambulance, une expérience dont tous nos Comités peuvent profiter, maintenant qu'elle est directrice générale des ouvroirs. Vous dirai-je les services qu'elle a rendus dans l'organisation de nos concerts et de nos ventes ? j'aime mieux vous rappeler la part qui lui revient dans la fondation du Comité de Meulan, et vous répéter que le Comité d'Antibes est son œuvre à elle seule, œuvre accomplie au milieu de très sérieuses difficultés, que sa parole persuasive et son exemple entraînant ont fait évanouir.

Si le Conseil ne prodigue pas notre belle médaille, vous voyez, Mesdames, que nos lauréats l'ont vaillamment conquise.

XIII

**Extraits de l'Assemblée générale
tenue, le 16 Novembre 1888, à l'Hôtel Continental.**

. . . .

Soyez bien convaincues que la préparation du personnel, par l'enseignement donné en temps de paix, est le meilleur moyen de seconder efficacement la science des chirurgiens en temps de guerre, le meilleur moyen d'éviter cette effrayante mortalité qui a décimé nos blessés en 1870. L'instruction, l'esprit de discipline, et la scrupuleuse exécution des prescriptions médicales, voilà, Mesdames, ce qui vous sera tout d'abord nécessaire, si vous voulez contribuer au salut de vos chers enfants.

Ce n'est pas tout; à côté de l'enseignement didactique nous avons été assez heureux pour pouvoir vous faire entendre une série de conférences, dans lesquelles les idées générales qui servent de base à l'Association, les principes qui régissent la chirurgie moderne, certaines lois d'hygiène d'où dépendent la santé et la durée de la vie nous ont été exposés avec autant de charme que de compétence.

Vous rappellerai-je ce récit dépouillé d'ornements oratoires, suprême éloquence ! qui a remué si profondément vos cœurs français ? Le dévouement de Madame Cahen au siège de Metz, à Vendôme, et ce voyage trois fois répété à travers les prisons et les forteresses allemandes où languissaient par centaines de mille, nos malheureux soldats ? Glorieux exemples ! Vibrantes émotions ! Rien ne vous effacera de notre mémoire. Quelle fête du cœur ce serait pour nous, Mesdames, si, faisant encore une fois violence à sa timidité, Madame Cahen voulait bien puiser de nouveau dans ses souvenirs si palpitants d'intérêt? En votre nom, je lui en adresse ici la prière.

. . . .

Et cette autre grande fête de l'esprit, donnée en ce lieu même, par M. Jules Simon, quelle suave impression elle nous a laissée! Vous vous en souvenez, le Président de la République venait de donner sa démission, l'émeute grondait dans la rue, l'angoisse serrait les cœurs et cependant cette grande salle était pleine d'un auditoire d'élite, savourant à longs traits la douce et forte éloquence de cet homme étonnant, dont l'âge mûr éclairait notre jeunesse du flambeau de la liberté et dont la verte vieillesse réchauffe encore nos âmes du souffle de la charité!

. . . .

Le 7 janvier 1888, l'assemblée annuelle du Comité a eu l'insigne honneur d'être présidée par S. M. l'Empereur du Brésil. Ce fut un beau spectacle, je vous l'assure, Mesdames, de voir le Souverain d'un vaste Empire assis à notre petite table, écoutant avec un réel intérêt le récit de vos bienfaits et donnant à notre œuvre une approbation que sa haute intelligence, tout autant que sa grandeur, rendent si autorisée et de si haute valeur. L'Impératrice avait tenu à prendre place dans l'auditoire ; pour chacune de nos Dames elle a eu une parole gracieuse. Et puis, est-ce l'influence de l'exemple? est-ce un don naturel? tout le monde dans cette Cour du Brésil respirait la bonté ; MM. le vicomte de Nioac et de Carapébus, Madame de Carapébus, le Dr de Motta-Maia et Madame de Motta-Maia, chacun a voulu offrir un témoignage de sa sympathie pour notre œuvre d'humanité ; le fonds de réserve du Comité de Cannes s'est ainsi subitement accru. Mais ce qui nous est bien plus précieux, l'Empereur Dom Pedro et l'Impératrice Thérèse-Christine-Marie se sont enrôlés dans nos bataillons de la Charité ; ils sont membres d'honneur de l'*Association des Dames françaises*.

En recevant les diplômes qui consacrent ce titre, S. M. l'Empereur m'a dit une parole que je tiens à répéter devant cette assemblée : *Je me sens heureux et honoré de faire partie d'une si belle œuvre.*

Je suis certain de répondre à vos sentiments, Mesdames, en envoyant aujourd'hui au delà des mers, à ces augustes Souverains, la respectueuse expression de notre reconnaissance et nos vœux pour la conservation d'une vie devenue aussi chère aux Français qu'aux Brésiliens eux-mêmes.

. . . .
. . . .

Vous voyez, Mesdames, combien notre œuvre a besoin de nouveaux amis. Ah ! si le public connaissait bien l'étendue des périls qu'elle cherche à conjurer, les bienfaits qu'elle répand, la charité active, le désintéressement, l'intelligence que vous déployez dans tous vos travaux, la propagande serait rapide. Mais il n'est pas toujours facile de faire pénétrer la lumière ; il y a des esprits prévenus, d'autres qui sont réfractaires à toute innovation, et pourtant avec le service militaire obligatoire pour la presque totalité des hommes valides, qui pourrait affirmer qu'il n'aura pas besoin de vos secours et de vos soins ?

Certaines personnes qui ne doutent de rien, pour une raison facile à deviner, vous répondent : à quoi bon s'y prendre d'avance ? quand la guerre sera déclarée, il sera bien temps de s'occuper des secours. Ou encore : ma femme est une excellente garde-malade ; elle n'a jamais appris, mais c'est dans sa nature.

Dissipez, Mesdames, ces illusions d'un autre temps. Avant 1870 on pouvait peut-être se croire fondé à parler ainsi ; aujourd'hui ce langage n'est plus permis. Oui, sans doute, dans toute femme il y a des qualités innées qui feront d'elle une excellente ambulancière ; mais à la condition qu'une étude préalable soit venue transformer en savoir pratique ce qui n'est que désir de bien faire. Vous qui avez appris les soins minutieux qu'il faut apporter dans la préparation des aides, des instruments, des objets de pansement, jusque dans la purification de l'air que le malade respire et des vêtements qui le couvrent, vous savez bien que rien de tout cela ne peut s'improviser, ni même être pressenti par une personne ignorante ; ces soins sont le résultat d'une science acquise et c'est en grande partie pour avoir méconnu cette nécessité d'un enseignement préalable, qu'on a vu en 1870 des ambulances luxueusement approvisionnées, où sur 70 amputés pas un n'a guéri.

Dites et redites aussi qu'il ne sera plus temps quand la guerre sera déclarée ; l'heure propice sera passée. Avez-vous compris la leçon qui ressort pour nous de l'essai de mobilisation fait l'année dernière ? En deux mots, la voici :

En cinq jours, la mobilisation de l'armée française peut être terminée ; ce qui veut dire que dans la première semaine qui suivra la déclaration de guerre il y aura des milliers de blessés et de malades à soigner. Croyez-vous encore qu'il sera temps de réunir le matériel et d'instruire le personnel nécessaire à ces soins ? faut-il vous rappeler que la science de la destruction marche à pas de géants ? que les nouveaux fusils vont frapper à deux mille mètres un ennemi presque invisible et que la blessure, petite à l'extérieur, est effroyable à l'intérieur ? que les ballons dirigeables vomiront la mort du haut des airs, pendant que des bateaux invisibles, glissant silencieusement sous les flots, iront attacher aux flancs des vaisseaux les plus cuirassés la torpille qui les fera voler en éclats ! Et l'on peut croire que, contre de tels agents de destruction, il sera toujours temps de préparer les secours !

Plus que jamais, les mères doivent comprendre que la nation entière doit se prémunir contre ce formidable choc, que toutes les femmes devront se trouver à leur poste de combat, c'est-à-dire au chevet des blessés, le jour même où les hostilités commenceront.

Aussi, de quel mot qualifier l'étrange opposition que nous rencontrons parfois quand nous voulons répandre notre œuvre et faire entrer toutes les classes de la société française, dans cette sainte ligue de la charité contre la brutalité de la force. Ici, c'est une de ces petites feuilles hebdomadaires qui se donnent pour mission d'éclairer les consciences et qui les trompent à notre sujet ; lisez à cet égard la curieuse brochure du Dr GRANDVILLIERS où se trouvent si bien exprimés les vrais sentiments de l'Association. Là, ce sont des Dames appartenant à une société similaire et qui, pour détourner nos adhérentes, leur tiennent avec le plus grand sérieux, ce langage : « L'*Association des Dames françaises* ne pourra pas agir en temps de guerre, parce qu'elle n'est pas reconnue par la *Convention de Genève*; l'ennemi ne la reconnaîtra pas non plus et, dans les pays envahis, vos ambulances périront de misère »; j'ai cité textuellement.

Ce langage dénote qu'elles se font une idée fausse de la Convention.

La *Convention de Genève* n'est pas une Société ; c'est un contrat signé par les représentants des grandes puissances ; contrat qui neutralise, en cas de guerre, les militaires blessés ou malades, les personnes qui les soignent et le matériel qu'elles emploient.

La *Convention de Genève* n'a institué ni reconnu aucune société de secours. Pour remplir le but de la Convention, chaque gouvernement autorise telle société qu'il lui plaît. Comme tous les autres gouvernements, celui de la France est maître de ses décisions à cet égard et quoi qu'en puissent penser certaines personnes, qui voudraient grouper toutes les Sociétés de secours sous l'unique direction d'un Comité résidant à l'Etranger, c'est une situation parfaitement régulière que celle des diverses Sociétés Françaises que le Gouvernement a reconnues d'utilité publique et qu'il a investies par décrets des pouvoirs nécessaires ; au moment voulu, ces Sociétés seront munies des insignes réglementaires, brassards et fanions, qui assurent à ceux qui les portent la confiance de leurs compatriotes et le respect de l'ennemi, parce que ces personnes sont les exécuteurs autorisés de la *Convention de Genève*.

Vous êtes de ces personnes, Mesdames. L'Association, reconnue d'utilité publique, a été rattachée aux services de l'armée, le 16 novembre 1886 ; vous avez l'insigne honneur de figurer dans les cadres de secours de l'armée française ; répondez donc comme il convient à ces fallacieuses objections qui reposent sur l'ignorance de ce qu'est en réalité la *Convention de Genève ;* et ajoutez : Nous sommes une Société de la *Croix-Rouge ;* il y en a trois en France, régulièrement constituées ; chacune d'elles fait partie intégrante de la *Croix-Rouge française ;* aucune d'elles ne peut s'attribuer exclusivement le nom de Croix-Rouge ; toutes n'ont qu'un seul chef : le Ministre de la Guerre.

Si votre attention n'est pas trop fatiguée, Mesdames, je voudrais vous parler encore d'une autre objection. On cherche parfois à arrêter votre propagande en disant : Pourquoi a-t-on fondé l'*Association des Dames françaises ?* Il y avait déjà la *Société de Secours aux blessés militaires*, elle suffisait. D'ailleurs, pourquoi ne pas vous fondre avec elle ?

Non, Mesdames, elle ne suffisait pas, et je vais vous dire pourquoi il a été nécessaire d'en fonder une autre d'un caractère un peu différent.

En 1876, alors que préoccupé de l'extension que prenait l'*Union patriotique des Femmes allemandes*, je me disais que le dévouement des femmes en temps de guerre était aussi indispensable en France qu'en Allemagne, j'eus l'honneur de communiquer à plusieurs dignitaires de la *Société de Secours aux blessés* mes vues sur ce sujet ; en particulier mon projet d'Ecole pour les ambulancières, et d'organisation des Comités de Dames, fonctionnant en temps de paix et entretenant leur zèle par les secours aux victimes de calamités publiques. Les réponses qui me furent faites se résument en ceci : « Ce qui a réussi en Allemagne rencontrerait trop de difficultés dans notre pays ; les Françaises n'ont pas les mêmes dispositions d'esprit que les femmes allemandes ; grâce aux religieuses, nous n'avons pas le même besoin de femmes en cas de guerre. »

Ces raisons ne me parurent pas convaincantes, et personne aujourd'hui n'oserait plus les produire ; l'inertie que je rencontrais constituait, à mes yeux, un péril national ; j'organisai l'Ecole, son rapide succès fut la récompense de mes dévoués collaborateurs, et, en 1879, certain des résultats merveilleux qu'on pourrait obtenir en quelques mois d'études sérieuses, je fondai l'*Association des Dames françaises,* et vous vous souvenez qu'un des membres les plus actifs de la *Société de Secours aux blessés,* le Cte Sérurier, déclara devant vous que l'*Association des Dames françaises était le complément indispensable de cette Société.*

Pour bien apprécier sous toutes ses faces le rôle que nous sommes venus jouer, rappelez-vous encore qu'à cette époque, la *Société de Secours* n'avait pas une grande activité ; elle sommeillait, et le nombre de ses adhérents était bien peu considérable. Mais depuis qu'on a pu constater votre aptitude à vous instruire dans l'art de soigner les blessés et à vous organiser en comités, notre aînée, galvanisée par votre exemple, est sortie de son sommeil ; elle a cherché à instituer des comités pareils aux vôtres avec des ouvroirs et des cours.

Qu'est-il encore arrivé ? Un fait qui, à lui seul, vous permet de couper court à toute discussion.

Au mois de mars 1882, après plusieurs séances consacrées à l'examen de la question, le Conseil de l'Association prit une délibération à l'effet de relier notre Société à la *Société de Secours aux blessés ;* il n'y mettait qu'une condition : la conservation de nos Statuts et de notre organisation, et il ajoutait : « En agissant ainsi, nous espérons rendre beaucoup plus facile et plus prompt le développement des Comités de femmes, faire cesser une apparence d'antagonisme qui ne peut que nuire gravement aux œuvres de secours aux blessés, et ranimer par de communs efforts le sentiment du dévouement à l'armée française. »

Ainsi, Mesdames, après cinq ans de travaux, de propagande, de création de Comités départementaux, de préparation de matériel, après que nous avions réussi à faire entrer dans le cercle d'activité bienfaisante de la *Croix-Rouge française* un groupe considérable de forces actives, qu'on n'avait pas songé à utiliser et à préparer en temps de paix, nous venions offrir à la *Société de Secours* tout le fruit de notre initiative et de vos labeurs !

Comment cette offre, pleine d'une patriotique abnégation, a-t-elle été accueillie ? Le 20 décembre, une lettre du Président de la *Société de Secours aux blessés* nous exprimait ses regrets de ne pouvoir accepter notre offre pour la raison qu'il faudrait demander au Conseil d'Etat une modification aux Statuts de sa Société et que les circonstances n'étaient pas favorables au succès de cette demande.

Que devions-nous faire alors ? laisser périr ces germes féconds que nous avions fait naître ? laisser s'engourdir cette force morale et matérielle que nous avions créée pour le salut de vos enfants, et cela, dans un moment où les craintes de guerre devenaient chaque jour plus poignantes ? Jamais, Mesdames, vous n'auriez consenti à laisser périr d'inanition cette chère Association, ce vivace enfant né de votre prévoyance maternelle et de votre amour de la France !

Aussi, il a vécu ; aujourd'hui l'enfant s'est fait homme, et demain, au premier coup de clairon, cet homme sera soldat, soldat de la Charité !

Vous savez maintenant, Mesdames, ce que l'Association est venue faire en France ; vous savez ce que vous pouvez répondre à ces opposants qui ne comprennent pas que, en cherchant à paralyser vos généreux efforts, ils entravent l'élan de la charité patriotique, ils amoindrissent une portion de la défense nationale, et sacrifient peut-être à l'esprit de parti ce qui, depuis nos malheurs, devrait être saint et sacré pour tous les bons Français.

Ce que je viens de vous faire connaître, les 400 membres qui ont assisté à la naissance de l'Association, et que nous avons encore le bonheur de compter dans nos rangs, le savaient bien ; mais les nouveaux venus l'ignoraient et il était utile de les en instruire. Plus heureux que nous, ils n'auront connu ni les difficultés des premiers jours, ni les déchirements de 1881, ni les luttes pénibles qui les ont suivis ; à eux maintenant d'apporter à leurs devanciers le secours de leur ardente jeunesse et de leur foi dans la sainte mission des Dames françaises.

DISTRIBUTION DES MÉDAILLES

fondées par la *Dame patriote*.

1º Aux jours de triste mémoire où les fauteurs de la scission essayèrent de s'emparer de l'Association, puis de la détruire, la conscience révoltée de Madame Wurtz lui inspira de ces paroles qui relèvent les courages. Depuis, elle n'a cessé de soutenir notre œuvre de tout son pouvoir ; de nombreuses et importantes adhésions lui sont dues ; dans nos quêtes, nos loteries, nos concerts et trois fois de suite à nos ventes, Madame Wurtz a fait preuve d'une générosité et d'un dévouement qu'aucun de nous n'a surpassés. Grâce à son intervention, nos élèves ont pu profiter de l'instruction que donne la pratique des hôpitaux. Toujours prête à payer de sa personne, qu'il s'agisse de faire le voyage de Paris au Hâvre par une chaleur sénégalienne, ou de remplir une mission de bienfaisance par un froid rigoureux, jamais elle n'hésite ; son dévouement n'a d'égal que le soin avec lequel elle cherche à s'effacer, et c'est en tremblant sur les conséquences de ma témérité que je vous dévoile aujourd'hui ses services ; certain pourtant de répondre à vos désirs unanimes, nous proclamons le nom de Madame Adolphe Wurtz.

2º L'Association compte, depuis 1881, un appui fidèle et dévoué dans Madame Poubelle. C'est grâce à l'intervention de Monsieur et Madame Poubelle que j'ai pu fonder ce Comité de Marseille (1), auquel nous avons dû tant de services, pendant les guerres de Tunisie et du Tonkin. Toutes les fois que nous avons dû recourir à la bienveillance de la Préfecture de la Seine, soit pour obtenir la salle du Châtelet, soit pour installer nos ventes dans la salle des États, Madame Poubelle a aplani les difficultés. Vous avez remarqué le précieux concours qu'elle donne chaque année à nos ventes, où elle rivalise de zèle avec ses vaillantes coopératrices ; en toutes circonstances Madame Poubelle a montré, de la manière la plus gracieuse, son attachement à notre œuvre patriotique ; le Conseil la prie aujourd'hui d'accepter cet hommage de notre gratitude.

3º Il est parmi nous un médecin, fidèle et dévoué collaborateur de la première heure ; en 1876 et 1877, il m'a aidé à fonder l'enseignement ; depuis 1881, il est membre du Conseil ; depuis 1885, sous-directeur très actif de l'Ecole d'ambulancières ; c'est à lui que nous devons le Comité de Neufchâtel ; c'est lui qui a organisé le dispensaire de la rue Jacob et qui en assure le bon fonctionnement ; membre très zélé de la plupart de nos commissions, il nous donne généreusement son temps, quoiqu'il soit encore dans cette période de la vie où le temps a une grande valeur. A ces traits, vous avez reconnu le Dr Pruvost et vos applaudissements nous prouvent que nous avons fait acte de justice, en lui décernant cette médaille d'honneur au dévouement.

---

(1) M. Poubelle était alors Préfet des Bouches-du-Rhône.

XIV

Extraits de l'Assemblée générale
tenue, le 15 Novembre 1889, à l'Hôtel Continental.

Quels ont été les caractères particuliers de notre exposition ? Si vous n'aviez eu, Mesdames, à montrer que vos travaux de lingerie et le tableau de vos bienfaits, le public les eût certainement appréciés favorablement, tout en n'y trouvant que les manifestations habituelles de vos talents et de votre bonté. Mais, voir une Société de Dames administrant elle-même ses finances, ses ouvroirs, ses commissions si variées, et la répartition de ses secours en argent et en nature ; voir une Société de Dames présenter à l'examen des hommes compétents un matériel d'enseignement spécial, un matériel de pansements considérable, le plan d'un hôpital-tente de quatre-vingts lits, construit suivant des idées scientifiques nouvelles et meublé d'un matériel fabriqué tout exprès pour répondre aux exigences de l'hygiène et à la sollicitude des mères ; voir une Société de Dames travailler constamment pendant la paix à atténuer les malheurs de la guerre ; entretenir son activité et son expérience en secourant les victimes des calamités publiques, voilà ce qui a dû fixer l'attention des moralistes et peut-être aussi des hommes d'Etat. Car ces forces intellectuelles et morales que votre Association a créées, cette transformation incessante de caractères timides, légers, ou simplement inconscients de leur valeur, n'est-ce pas un nouveau trésor national ?

Ayez conscience de vos forces personnelles, Mesdames,

non pas pour vous endormir sur les lauriers que vous venez de cueillir, mais pour y puiser de nouvelles ardeurs. Ayez aussi conscience de la valeur de votre œuvre ; c'est l'*Association des Dames françaises* qui, la première, vous a donné une organisation indépendante ; c'est elle qui vous a révélé votre puissance pour le bien de l'armée et vous a fourni les moyens de satisfaire vos bienfaisantes aspirations. Aujourd'hui, beaucoup de Comités de femmes, rangés sous des bannières diverses, poursuivent le même but que vous ; mais votre Société a été le point de départ, elle a donné l'exemple et l'impulsion. Voilà un genre de mérite bien supérieur à l'intérêt que peuvent présenter votre matériel, votre nombre, votre fortune sociale, et c'était là ce qu'il fallait surtout apprécier dans la part que vous avez prise à l'Exposition universelle.

Vous êtes vous demandé comment il a pu se faire que, pendant six mois, toute cette exposition des Dames françaises, au palais de l'hygiène et sous la tente, ait été si parfaitement tenue ? Lingerie six fois renouvelée et toujours aussi blanche que le premier jour ; appareils toujours en bon état malgré tant de causes de détérioration. Pendant 180 jours, des Dames ont reçu le public, lui ont expliqué le but et le fonctionnement de l'Association ; luttant contre son indifférence, supportant même parfois les attaques les plus inattendues ou des critiques inspirées par l'ignorance ou la rivalité. Pendant 180 jours, elles ont demandé à chacun son obole pour le soldat blessé, pour le soldat sans famille, pour le soldat libéré qui revient du Tonkin sans ressources ; à tout venant, elles offraient la petite feuille, le petit livret, le billet de loterie, et pour chacun, elles trouvaient un mot reconnaissant, quand la menue pièce tombait dans le tronc. Voulez-vous savoir comment cette longue et laborieuse tâche a pu s'accomplir ?

Il a suffi d'une dizaine de nos Dames, toujours les mêmes, et j'ai le plaisir d'apercevoir dans vos rangs l'une des plus vaillantes ; pénétrées jusqu'au fond de l'âme de la sainteté de leur patriotique mission, elles ont donné pendant six mois l'exemple d'un dévouement que rien n'a lassé, d'une sérénité que rien n'a pu altérer, de cette vertu qu'on dit si rare et si difficile : la constance ! L'une d'elles, chargée de l'administration générale, a tenu tête à toutes les difficultés, a paré à tous les besoins. Grâce à cette prodigieuse activité de Madame BINOT, tout a marché avec une régularité parfaite ; et ces jours de labeurs ont eu les résultats les plus heureux pour notre chère œuvre ; jugez-en par quelques citations :

Les Dames de l'Exposition ont obtenu 500 adhésions nouvelles, distribué 350,000 feuilles, 51,000 livrets et reçu, tant pour les adhésions que de leur loterie, leurs livrets et leurs troncs, la somme de 26,468 francs.

La conclusion à tirer de cette longue expérience est très nette.

Vous avez prouvé, Mesdames, jusqu'à la dernière évidence, que vous possédez l'esprit d'ordre, de discipline, le courage raisonné et persévérant, qui sont indispensables dans une société comme la nôtre. Que vous manque-t-il donc désormais pour remplir votre mission en temps de guerre ? rien ; car vous avez le savoir, l'abnégation et la constance. Vous avez écrit sur le fronton de votre tente ces mots : *Devoir, Patrie;* au-dessus d'un amoncellement de lingerie, œuvre de vos mains, nous avons lu cette devise : *tous les soldats sont nos enfants*, et, comme de véritables mères, vous venez de prouver que, pour eux, vous ne reculiez devant aucun sacrifice.

Et maintenant la vie s'est éteinte dans ces vastes espaces où le génie de nos artistes, les forces colossales de l'industrie et la puissance d'organisation des Directeurs généraux avaient entassé, dans un ordre merveilleux, les palais et les machines, les arts qui font le charme de la vie, les sciences où les hommes vont puiser leur bien-être et les nations leur sécurité. Des milliers d'hommes ont joyeusement foulé le sol de cette cité universelle ; aujourd'hui, ils sont allés raconter aux quatre coins du globe que ce beau pays de France a fait disparaître la trace de ses ruines, qu'il est toujours, comme autrefois, le pacifique et lumineux foyer des idées généreuses, le berceau des sciences et des arts ; qu'il a recouvré la conscience de sa force, et que ces générations qui, depuis les désastres de 1870, marchaient le front courbé, l'âme desséchée, se sont reprises à espérer.

L'Exposition a vécu, et vous vous demandez quels évènements vont prendre demain la grande place qu'elle occupait dans vos esprits ?

Oui, vous avez raison, le beau rêve s'est évanoui et la réalité est là, toujours là ; elle nous enserre de toutes parts ; sachons l'envisager en face.

Voici le devoir qu'elle trace aux Dames françaises :

L'Exposition nous a montré de quel effort nous sommes capables pour l'amélioration du sort de nos chers blessés ; elle a développé chez nous les facultés d'organisation, le travail d'ensemble ; notre but a été mieux connu, mieux apprécié ; sur tous les points de la France de nouvelles bonnes volontés sont écloses, car votre exemple a été contagieux ; beaucoup de femmes se contentaient de vous admirer ; elles comprennent maintenant que ce que vous avez fait elles peuvent le faire aussi ; en vous voyant, en vous entendant, elles ont eu la foi dans votre œuvre et la confiance en elles-mêmes.

Ne laissez pas périr ces germes précieux ; alimentez soigneusement la flamme que vous avez allumée ; mettez-vous résolument à l'œuvre pour la propagande à Paris et surtout dans les départements. Certes, de grands progrès ont été faits cette année ; mais considérez-les simplement comme des pierres d'attente qui doivent servir à élever l'édifice. Nous avons toujours à pourvoir de personnel et de matériel nos 150 centres de secours, car le nombre s'est encore accru et la loi qui a prolongé le service militaire jusqu'à 45 ans, nous a enlevé beaucoup de médecins ; nous avons toujours à augmenter le nombre des femmes instruites qui devront diriger les autres ; notre trésor est très bien administré, mais ce n'est encore qu'un premier fonds de bourse. Depuis sa fondation, l'Association a donné ou dépensé 610,000 francs ; elle possède aujourd'hui un matériel qui représente environ 200,000 francs ; ces premiers résultats sont certainement très encourageants, mais soyez bien pénétrées de ceci : tant que le Comité de Paris n'aura pas un fonds de réserve de 500,000 francs, nous courons le risque de ne pouvoir suffire aux premiers besoins en cas de guerre. On m'objectera peut-être que la Société de secours aux blessés n'avait que 6,000 francs en caisse le jour où la fatale guerre de 1870 a été déclarée ; je le sais, mais aussi rien n'était prêt pour sa vaste mission, et de plus je ferai remarquer qu'elle était seule alors et que les dons de la nation entière ont vite afflué dans ses caisses. Aujourd'hui trois sociétés feraient appel à la générosité publique ; la mobilisation serait d'ailleurs bien autrement rapide qu'en 1870 ; le premier choc aura lieu dès la première semaine et votre rôle de dévouement maternel commencera aussitôt ; c'est donc avant la guerre qu'il faut amasser vos ressources.

Reprenons donc courageusement nos travaux d'organisation, un moment interrompus par nos travaux de l'Exposition. Ayons toujours présent à l'esprit le triple but de notre œuvre ; répandons autour de nous les principes qui lui servent de base : humanité aussi grande que possible entre belligérants ; nécessité pour la France de développer la défense sous toutes les formes ; et pour nous en particulier, devoir de préparer la lutte contre les maladies, les blessures, la mort ; perfectionnons sans cesse nos moyens de secours. Certes l'introduction de la méthode antiseptique dans le traitement des blessures de guerre est un pas immense, et nous ne reverrons plus l'effrayante mortalité de 1870 ; mais qui pourrait affirmer cependant que les méthodes, si bien préservatrices en temps de paix, et grâce auxquelles l'érysipèle, le phlegmon diffus, la pourriture d'hôpital et l'infection purulente semblent avoir disparu de nos hôpitaux, seront encore préservatrices au même degré, au milieu des agglomérations d'hommes fatigués par les marches forcées, les nuits sans sommeil, la nourriture irrégulière, le froid rigoureux ou les chaleurs excessives? il y a là une inconnue redoutable.

Soyons donc toujours sur nos gardes, contre l'imprévu des évènements, et même contre nos propres sentiments. Ne tombez, Mesdames, ni dans l'un ni dans l'autre de ces deux excès que les hommes de ma génération ont vus se succéder : le chauvinisme plein d'illusions, ou le rêve décevant de la paix universelle.

J'ai connu dans mon enfance les vieux soldats d'Austerlitz et d'Iéna, Pour eux, le patriotisme s'incarnait dans un homme, leur Empereur; avec lui ils se croyaient invincibles; la défaite de Waterloo, la captivité à Sainte-Hélène existaient-elles réellement ? ils n'en étaient pas certains. Longtemps après, vers 1848, au milieu d'un débordement d'idées généreuses mêlées aux plus fantastiques utopies, nous entendions à tous les coins de rues ce refrain de la jeunesse des faubourgs : « Les hommes sont pour nous des frères, » pendant que les poètes et les littérateurs, ne voyant de la guerre que ses excès, rabaissaient le génie de nos militaires, et versaient peu à peu dans les classes moyennes de la société ce poison de la caricature et de la moquerie, qui finit par tout détruire, par éteindre même la virilité d'une nation.

Survint la guerre de 1870, avec ses désastres et ses dures leçons ; on voulut alors galvaniser le patriotisme depuis longtemps étouffé dans les masses, et malgré de nombreuses exceptions, il fallut bien reconnaître qu'il ne s'improvise pas plus que les armées aguerries.

Ne tombez pas, Mesdames, dans ces erreurs que nous

avons payées si cher ; bannissez également la confiance imprudente et les craintes excessives. Tout autant qu'un armement sans cesse perfectionné, le patriotisme sera votre sauvegarde ; mais de nos jours il a changé de forme et ne s'exhale plus en chansons ; il le faut raisonné, grave, mêlé à nos pensées de chaque jour; en faire parade est inutile, l'oublier un instant serait dangereux.

C'est aux femmes, c'est aux mères qu'il appartient d'en déposer les germes dans l'âme de leurs enfants. Quand vous tenez votre jeune fils sur vos genoux, dites-lui bien de quel amour il doit aussi aimer cette autre mère qui s'appelle la France ; et quand votre jeune fille commencera à jeter un regard timide et craintif sur les choses sérieuses de la vie, dites-lui : Tu seras Dame française, parce que ton frère sera soldat, ton mari sera soldat ; ils défendront, au prix de leur sang, ton honneur, ta fortune, ta liberté, et toi tu guériras leurs glorieuses blessures !

Médailles fondées par la *Dame Patriote*.

1º A Madame l'Amirale Jaurès, membre du Conseil, vice-président de l'Association, présidente de la Commission de la Propagande, présidente de la Commission des ventes, dont les travaux sont depuis quatre ans couronnés d'un si grand succès.

2º A Madame Delaruelle, présidente de la Commission des recouvrements depuis la fondation de l'Association, c'est-à-dire depuis dix ans.

3º A M. Lory, le dévoué délégué régional de la 8ᵐᵉ division militaire, pour la grande part qu'il a prise constamment au bon fonctionnement des Comités de Dijon, d'Auxonne, pour la fondation du Comité de Saint-Léger et pour l'organisation des services médicaux dans sa division.

XV

Extraits de l'Assemblée générale
tenue, le 28 Novembre 1890, à l'Hôtel Continental.

En présence des obstacles qu'apportait à notre propagande l'interprétation erronée des décrets qui régissent les trois sociétés de la Croix Rouge française, j'ai réitéré mes instances près de Madame la Présidente, pour qu'elle voulût bien faire éclaircir la situation, par la seule autorité compétente ; je lui ai remis le dossier dont j'avais patiemment réuni les pièces pendant cinq ans ; Madame la Présidente a obtenu une audience de M. le Ministre de la Guerre, et l'importante lettre de M. DE FREYCINET est venue préciser le rôle de chacune des sociétés et affirmer leur indépendance respective, sous l'autorité commune du ministre et des directeurs du service de santé militaire.

L'an dernier, vous vous le rappelez avec bonheur, nous étions tous sous le charme des splendeurs de l'Exposition universelle, sous le charme des paroles que prononçait, ici même, son habile organisateur, M. G. BERGER ; nous songions, dans notre for intérieur, à l'impression produite sur les nations étrangères par ce colossal succès ; et nous nous disions que si l'*Association des Dames françaises* avait été assez heureuse pour apporter sa petite fleur à la couronne que tous les travailleurs avaient posée sur la tête de la France, elle le devait au courage intelligent et patient de ces femmes au grand cœur que nous renonçons à remercier, tant nos paroles seraient au-dessous de leurs mérites.

Il y a en elles, vous disais-je, bien plus que la bonne volonté ; il y a le sentiment profond du devoir patriotique ; alimentons la flamme et entrons au plus vite dans le domaine de la pratique. C'est qu'en effet, il y a de grandes différences entre une exposition savamment disposée pour attirer les regards, émouvoir les cœurs, et l'installation d'un matériel tout prêt à servir, dans le fonctionnement réglementé d'un hôpital auxiliaire. Cette tente, qui avait admirablement répondu à nos prévisions pendant les orages et les chaleurs de l'été, serait-elle aussi un abri suffisant contre les ouragans et le froid de l'hiver ? Ce matériel, léger, pliant, peu dispendieux, résisterait-il à l'usage ? Et puis, ce personnel si dévoué, que les fatigues des 180 jours de l'Exposition n'avaient pas découragé, quelle contenance ferait-il en face des exigences minutieuses d'une administration hospitalière, en face de vrais malades, de vrais blessés, souffrants et gémissants ?

Il fallait une réponse précise à ces graves questions, car, M. DE FREYCINET vous l'a dit dans sa lettre, l'armée française compte sur vous, Mesdames.

En plein cœur de l'hiver, le 11 janvier, il fut décidé que la *tente-ambulance* qui avait figuré à l'Exposition, serait transportée à Neuilly, dans un jardin très obligeamment mis à notre disposition par Madame Coralie CAHEN ; la tente recevrait des malades et des blessés ; le service serait fait par les Dames de l'Association, par les médecins de notre école, par nos infirmières ; l'épidémie de grippe sévissait encore, les complications qu'elle entraînait étaient graves.

Vous le voyez, Mesdames, il s'agissait d'un véritable *essai partiel de mobilisation.*

Le 13 janvier, les travaux d'installation de la tente commençaient sous les ordres de M. BRISSON ; deux jours après, Madame BINOT procédait à l'ameublement et acceptait la responsabilité de toute l'administration ; le 18, les malades entraient. Le service médical était dirigé par MM. Gruby et Pruvost ; pour aumôniers on avait demandé les prêtres de la paroisse.

Je ne puis entrer ici dans les détails du fonctionnement de cet hôpital improvisé ; ils ont été publiés dans le Bulletin ; mais voici en quelques mots les résultats constatés :

La tente a répondu parfaitement aux exigences d'un service d'hôpital auxiliaire. Elle a résisté aux plus violentes bourrasques ; la neige fondait à mesure qu'elle tombait sur elle ; la température s'y est maintenue à 18 degrés, quand il y avait à l'extérieur 11° au-dessous de zéro ; la facilité du service, due au large couloir qui règne entre les deux toiles, la propreté parfaite, le renouvellement continuel de l'air, l'absence de toute odeur et la gaîté de ce petit hôpital, placé au milieu d'un jardin, ont été fort remarqués.

La conclusion générale de cet *essai partiel de mobilisation* peut se résumer en deux mots : l'Association possède les types du matériel nécessaire au rôle qui lui serait dévolu en cas de guerre et son personnel est à la hauteur de sa tâche patriotique. Que faut-il donc faire maintenant ? augmenter la partie du matériel qui peut être préparée à l'avance ; exercer le plus grand nombre possible de dames à l'administration, à la surveillance d'un hôpital. Comment peut-on y parvenir ?

Pour former des ambulancières, comme pour former des médecins, les cours théoriques ne suffisent pas ; il faut y joindre le contact des malades, c'est-à-dire l'enseignement à l'hôpital. Cette vérité est tellement évidente que les Comités des Dames allemandes ont depuis longtemps leurs hôpitaux ; il en est de même en Autriche et en Hongrie, où l'hôpital Elisabeth, fondé par les Dames, a reçu 736 malades pendant l'année 1889, et donné l'instruction à plus de 120 ambulancières religieuses ou laïques.

En France, rien de semblable pour les sociétés de la

Croix Rouge ; vous n'en serez pas étonnées si vous vous rappelez qu'avant le succès de notre école, on ne croyait pas à la possibilité d'obtenir des Dames françaises l'attention soutenue que demande ce noviciat. Eh bien! de même que nous avons créé l'enseignement par les cours, l'Association va créer l'enseignement des ambulancières par l'hôpital. Le Conseil a adopté le principe de la fondation de l'*hôpital-ambulance,* d'après un système tout particulier dont la tente est le type.

Il n'y aura qu'un seul bâtiment fixe qui contiendra le dépôt du matériel, le dispensaire, quelques malades pour l'enseignement et tous les locaux nécessaires aux services généraux. Que la guerre ou qu'une épidémie survienne, ces locaux sont immédiatement pourvus de leur matériel, des tentes sont montées sur les emplacements disposés d'avance, et en 48 heures on installe un hôpital de cent lits. Le danger passé, les tentes sont désinfectées, repliées et transportées dans les magasins ; il ne reste plus, comme auparavant, que le bâtiment fixe.

Remarquez que ces dispositions seraient très facilement applicables en temps de guerre à des maisons de campagne ; la maison servirait pour les services généraux et les tentes seraient espacées dans le parc.

Remarquez encore, qu'à l'inverse des somptueuses et dispendieuses constructions, qui ne réalisent pas toujours les meilleures conditions hygiéniques, l'hôpital-ambulance de l'Association sera très économique et parfaitement salubre, comme notre essai de mobilisation l'a prouvé.

. . . .

Bientôt, au mois de mars, nous livrerons encore cette bataille de la charité contre la souffrance et la misère ; grâce à vous toutes, ce sera une nouvelle victoire pour l'Association ; mais préparez-la bien d'avance, car il faudra cette fois que le résultat dépasse encore, s'il se peut, celui de l'an dernier. Songez donc, vous allez gagner à la sueur de votre front, à force d'activité, de bonne grâce, de bon goût, de talents artistiques, de douce persuasion, vous allez gagner l'argent nécessaire à l'édification de l'hôpital-ambulance ! Ces murs à élever, ces tentes légères et solides, ces lits où reposeront de pauvres malades heureux de recevoir d'excellents soins, reconnaissants d'être placés sous votre protection, persuadés que sous vos yeux ils doivent guérir, tout cela, Mesdames, est entre vos mains, tout cela tient dans ces petites bourses que votre vente va remplir !

Ici se termine, Mesdames, cette revue des travaux de notre chère Association. Comme vous, les personnes dévouées qui ont imprimé cette direction à vos efforts, éprouvent en les entendant rappeler, un profond sentiment de satisfaction. Regardez les visages souriants et émus de nos chers confrères, collaborateurs de la première heure; en face des 1,500 auditeurs d'élite qui remplissent ces luxueux salons, leur pensée se reporte vers la petite pièce obscure où, pour la première fois, nous mêlions les accents vibrants du patriotisme à l'humble enseignement des ambulancières. C'était là le berceau ! la grande famille des Dames françaises y est née. Vous ne la laisserez pas s'amoindrir, vous, Messieurs, nos chers collaborateurs d'aujourd'hui. Sans doute, vous ne pouvez ressentir au fond de vos cœurs tous les bouillonnements qui, depuis la guerre de 1870, agitent encore les nôtres ; mais souvenez-vous que vos aînés dans la carrière ont fondé cette œuvre par le patriotisme, la science et l'abnégation ; suivez la voie austère mais sûre qu'ils vous ont tracée ; vous serez la jeune garde du berceau toujours fécond ; vous veillerez sur lui, sinon avec l'inquiète sollicitude de ceux qui l'ont préparé, du moins avec une fermeté et une constance qui en feront sortir encore des milliers de cœurs dévoués à l'armée française.

Oui, l'*Association des Dames françaises* peut, à bon droit, regarder d'un œil satisfait le chemin parcouru ; mais, comprenons-le bien, l'heure du repos n'a pas encore sonné ; une simple halte même serait aujourd'hui plus qu'une faute..... un péril.

Voyez plutôt cette débordante activité qui se déploie de toutes parts à nos frontières. Au congrès de Berlin, nos confrères ont pu juger des perfectionnements que le service sanitaire de l'armée allemande apporte sans cesse à son matériel et de l'abondance de ses approvisionnements ; mais ce qui me paraît devoir frapper encore plus votre attention, c'est la puissante organisation et les ressources considérables que possèdent aujourd'hui les diverses sociétés de la Croix-Rouge allemande.

La Société patriotique des Dames allemandes possède en capital et en biens-fonds une fortune totale de : 6,047,963 fr. ; et elle compte 716 comités. En Autriche et en Hongrie la fortune des sociétés de Dames se chiffre aussi par millions.

En présence de tout cet or accumulé pour le fonds de réserve, et des centaines de mille membres qui composent les sociétés de secours à l'étranger ; en face de leurs hôpitaux d'instruction pour les ambulancières, et de leur jeunesse des écoles formant des sections de brancardiers, je devine toutes vos pensées, Mesdames ; je n'en exprimerai qu'une seule.

C'est la nécessité impérieuse de continuer à nous étendre, à accroître notre nombre, nos réserves en argent et en matériel ; la nécessité impérieuse de hâter de tous nos efforts la construction de notre hôpital d'instruction pour les Dames ambulancières. Les Dames allemandes ont commencé vingt ans avant nous ; ne soyez pas surprises qu'elles soient plus avancées ; soyez certaines qu'avec les incomparables dévouements que l'*Association des Dames françaises* renferme, vous arriverez bientôt à faire autant et mieux peut être que les Dames allemandes.

Travaillons donc, travaillons sans cesse, Mesdames ; non pas sans doute avec les angoisses des premiers jours, mais avec la ferme et froide résolution de ne pas nous arrêter, tant qu'il sera possible d'ajouter à nos moyens de secours, tant qu'il y aura des Françaises à convertir à la noble et touchante idée qui a présidé à la naissance de l'Association.

C'est seulement ainsi que vous pourrez constituer cette divine armée de la charité dont je vous ai souvent parlé ; c'est seulement ainsi que vous pourrez répondre à ce que l'armée attend de vous, le jour, où menacée sur ses frontières, la France fera retentir ce cri : A moi tous mes enfants !

Médailles d'honneur au dévouement.

En fondant cette médaille, la Dame patriote a voulu, vous le savez, Mesdames, perpétuer le souvenir des dévouements exceptionnels envers l'Association, ou envers les victimes de la guerre et des calamités publiques ; c'est la plus haute marque de reconnaissance dont le Conseil dispose, et il ne la décerne, le plus souvent, qu'à des personnes dont le temps a consacré les éclatants services, en y ajoutant ce mérite particulier : la constance.

1° Madame AVRIL est trésorière de l'Association depuis la fondation ; elle la représente en cette qualité dans tous les actes de la vie civile ; elle administre la fortune de l'Association avec un soin et un zèle que l'accroissement continu de nos valeurs de réserve ne ralentit pas. Dans toutes nos fêtes, Madame AVRIL nous a donné un concours très actif et très généreux. Le Conseil est heureux de lui offrir aujourd'hui ce témoignage de sa reconnaissance.

2° Malgré les difficultés qui, depuis quelques années, ont assailli le Comité de Cannes ; malgré les soucis incessants que lui a donné la santé d'êtres qui lui sont bien chers, Madame Jules LEMAITRE, Présidente du Comité depuis 1883, a su trouver dans la droiture de son esprit, dans la bienveillance de son caractère, des armes efficaces pour résister aux attaques et maintenir l'activité de son Comité. Le Conseil sait aussi la grande part qu'elle a prise à l'organisation de toutes nos fêtes à Cannes et à la fondation du Comité de Grasse ; c'est à ces services qu'il rend un public hommage en décernant la médaille d'honneur à Madame J. Lemaitre.

3° Généreuse bienfaitrice de l'Association depuis longtemps, Madame Quévreux lui a fait cette année un don d'une importance exceptionnelle. Ce don a été le point de départ de la souscription pour l'hôpital-ambulance. La médaille d'honneur que l'Association offre aujourd'hui à Madame Quévreux consacre à la fois notre reconnaissance pour le bienfait le plus grand que l'Association ait encore reçu, et pour la judicieuse initiative qui a fait attribuer ces 36,000 francs à la fondation de l'hôpital-ambulance. Puisse Madame Quévreux entendre les chaleureux applaudissements de cette assemblée, et sentir que vos cœurs émus savent admirablement comprendre sa belle âme.

4° Madame Thierry-Ladrange, membre très actif de l'Association depuis 1879, n'a cessé de mettre au service de notre chère œuvre un dévouement, que sa rare intelligence et son énergique volonté nous rendent bien précieux. Je n'en rappellerai que les traits les plus saillants : voyage à Cherbourg pour les intérêts de l'Association ; concours très actif dans l'organisation de toutes nos ventes ; pansement des soldats éclopés par les longues marches des grandes manœuvres à Vignory ; pendant toute la durée de l'Exposition, propagande infatigable au palais de l'hygiène ; pendant l'essai de mobilisation, aide de tous les jours donnée à Madame Binot ; enfin cette année, organisation du Comité de Nogent-sur-Marne ; fondation et organisation du Comité de Chaumont ; ne trouvez-vous pas, Mesdames, que Madame Thierry-Ladrange a vaillamment gagné cette médaille ?

XVI

Extraits de l'Assemblée générale
tenue, le 20 Novembre 1891, à l'Hôtel Continental.

Nos conférences et notre enseignement ne sont, vous le savez, Mesdames, qu'un moyen d'atteindre le but principal de l'Association : la préparation des secours en cas de guerre.

Nous avons beaucoup insisté dans les départements sur la nécessité de cette préparation en temps de paix. Une lettre de M. le Ministre de la Guerre est venue fort à propos encourager nos efforts et préciser davantage les conditions à réaliser. « Il faut, nous dit M. de Freycinet, non seulement que le personnel, les approvisionnements, le matériel des hôpitaux auxiliaires soient prévus et que les locaux aient été reconnus, mais encore que vous puissiez me donner l'assurance, qu'au moment voulu, je puis absolument compter sur les ressources que vous m'indiquez dans les différentes localités. »

J'appelle sur ces recommandations de M. le Ministre de la Guerre l'attention toute particulière des présidentes des Comités et des délégués. Comme je vous le disais l'an dernier, si Paris est la tête de l'Association, les Comités départementaux en sont les bras ; nous les aiderons de tout notre pouvoir, mais ils doivent agir par eux-mêmes ; leur rôle dans l'armée de secours sera un jour prépondérant et nous ne doutons pas que le patriotisme de la province, aussi bien que le souvenir des maux qu'elle a soufferts en 1870, ne la fassent répondre dignement à cette confiance dont nous honore le laborieux et vigilant ministre devant lequel toutes les épées s'inclinent respectueusement aujourd'hui.

. . . .

Il y a surtout un point sur lequel vos efforts doivent porter. Recherchez le concours de la jeunesse ; cultivez ses généreux sentiments ; attachez-vous à l'enrôler sous notre drapeau. Chaque année, s'élèvent de nouvelles générations qui n'ont pas connu les évènements de 1870, et qui n'en soupçonnent guère les désastreuses conséquences. A peine comprennent-elles la dure leçon ; à peine ressentent-elles les saintes colères, quand on leur parle des causes de nos défaites. L'oubli pourrait venir ; ce serait la perte de vos enfants. Préservez-les, en leur redisant pourquoi les Dames françaises ont pris un rôle dans la défense nationale, pourquoi l'état de l'Europe impose aux générations futures la même tâche qu'à nous ; tâche toujours agrandie, toujours ininterrompue.

Et puis, nous avons besoin aussi d'appeler la jeunesse à combler les vides que les années font dans nos rangs.

. . . .

Qui de nous, en voyant aujourd'hui Madame la Présidente manquer à sa place habituelle, ne ressent encore la pénible émotion qui nous troubla si profondément le 10 janvier, lorsque nous apprîmes la mort du Comte Foucher de Careil ! Ce fut une grande perte pour nous. Vous savez toutes, Mesdames, combien M. Foucher de Careil nous a aidés dans les phases difficiles que nous avons traversées ; vous entendez encore ses vibrants accents, le jour si peu éloigné où il présidait notre Assemblée générale. Il avait si bien compris les destinées de l'Association qu'il lui a donné la plus grande preuve de son attachement, en mettant, sans compter, au service de votre œuvre, tous les instants de notre vénérée Présidente, tout ce que le cœur de Madame Foucher de Careil renferme de délicate bonté, tout ce que son esprit laisse déborder de sentiments élevés.

Rendons grâces, Mesdames, à M. Foucher de Careil, de nous avoir livré tous ces trésors, et puisse le sentiment de reconnaissance qui s'élève du sein de cette assemblée, arriver jusqu'à cette noble femme que les grandes douleurs de la vie ont cruellement éprouvée, sans avoir pu l'abattre, et qui répond même à chaque coup du sort par un redoublement de dévouement à votre chère œuvre.

. . . .

A propos de cette création d'un hôpital d'instruction pour les Dames ambulancières, je voudrais qu'il me fût possible de faire connaître à toutes les Françaises l'activité que déploient les femmes des autres nations. Bien des fois je vous ai cité les travaux des femmes allemandes et je vous ai énuméré leurs richesses; aujourd'hui je veux vous dire un mot de ce que j'ai vu en Angleterre, où je suis allé en votre nom, au Congrès d'hygiène de Londres.

D'abord, sachez que l'*Association des Dames françaises* est bien connue à Londres; on y suit vos progrès et l'on y vante votre organisation; j'en ai été aussi heureux que flatté; mais cela ne m'a pas empêché de voir que les nombreuses écoles de gardes-malades, fondées sous l'inspiration de Miss Nightingale, sont au moins aussi florissantes que les nôtres et que la société *for the national helth* nous donne, sur certains points, de bons exemples à suivre. Comme dans nos écoles, on y fait des leçons très pratiques sur l'hygiène, les pansements, la physiologie et les soins à donner aux malades et aux blessés; on y réunit des spécimens de tous les objets qui servent aux malades; plusieurs ont été inventés ou perfectionnés par les Dames. Mais, ce qui est fort remarquable, c'est qu'il y a dans cette société une espèce d'école normale de Dames professeurs. Lorsque ces Dames ont obtenu les diplômes nécessaires, elles vont à leur tour enseigner dans les villes d'Angleterre, dans les divers quartiers de Londres, dans les nombreuses sociétés d'hommes ou de femmes qui s'occupent de quelque branche spéciale de l'hygiène publique.

Vous pensez bien que je n'ai eu garde d'oublier de faire une visite au siège central de la Société de Saint-Jean de Jérusalem ; société qui couvre toute l'Angleterre de ses adhérents et y répand l'instruction à profusion. Cette visite m'était d'autant plus agréable que l'excellent M. Furley, correspondant de l'Association, est le président de la Société de Saint-Jean. Il y avait encore là un matériel très instructif à étudier, surtout pour le transport des malades et des blessés. J'ai rapporté les dessins qui peuvent nous être utiles et nous en tirerons parti quand le moment sera venu de nous occuper du matériel d'Auteuil.

. . . .

Pourquoi faut-il maintenant que j'aie à vous parler d'incidents qui montrent, hélas ! que tous nos compatriotes sont loin de vous bien connaître, et qui ont amené notre Comité de Troyes à réclamer la protection des lois !

Lorsque le Comité de Troyes se fonda, un journal fit tous ses efforts pour en détacher les Dames, et réédita contre l'Association de perfides insinuations.

Dès sa première réunion, la Commission administrative du nouveau Comité prit une délibération invitant le Comité central à poursuivre le calomniateur ; ne pas poursuivre, disait-on, c'était se reconnaître coupable. Le Conseil judiciaire de l'Association consulté, fut d'avis de faire droit à la demande du Comité de Troyes et M. Georges Bellet voulut bien, cette fois encore, plaider pour nous. Les débats de ce procès amenèrent de curieuses et très imprévues révélations ; on avait sciemment attribué à l'*Association des Dames françaises* un langage tenu au sein d'une autre société ; le journal fut condamné ; je ne vous en parlerais pas s'il n'y avait eu que cette question de fait. Mais le tribunal fut conduit à résoudre en même temps une autre question, qui intéresse plusieurs sociétés françaises et étrangères.

« Attendu, ajoute le jugement, que l'auteur de l'article accuse l'Association de vouloir créer une équivoque et de choisir le titre de Croix Rouge française pour amener une confusion entre elle et une autre société de secours ;

« Attendu que le titre et l'emblème de la Croix Rouge ne sont pas l'apanage d'une société unique ; qu'il résulte de la Convention de Genève qu'ils appartiennent à toutes les sociétés de secours aux blessés en temps de guerre ; que le reproche n'est donc pas fondé, etc... »

Il est entendu que le tribunal de Troyes n'a en vue dans cette rédaction que les sociétés reconnues par les gouvernements.

Cette dernière partie du jugement a eu du retentissement en Europe ; je dois vous dire que l'organe attitré des sociétés de la Croix Rouge, le *Bulletin international de Genève*, a reconnu que c'était avec raison que le jugement de Troyes avait posé ce principe : le titre et l'emblème de la Croix Rouge ne sont pas l'apanage d'une société unique.

Ainsi se trouve tranchée, grâce à la fermeté de l'Association et à la sagesse de son Conseil judiciaire, une question d'ordre très général.

Médailles d'honneur au dévouement.

1º Créer cinq Comités en une année est un service hors ligne rendu à notre œuvre d'humanité ; service tellement exceptionnel que c'est la première fois que nous pouvons le signaler à votre reconnaissance. Aussi, Mesdames, vous applaudirez les noms du Comte et de la Comtesse Cornudet. En leur offrant la médaille d'honneur le Conseil les prie de recevoir l'expression de sa gratitude.

2º Une médaille d'honneur est aussi offerte à Madame la générale Fariau, présidente du Comité de Dijon. C'est à son constant dévouement, et parfois à son énergie, que ce Comité doit sa prospérité et son bon fonctionnement.

Madame FARIAU va quitter Dijon ; nos regrets et ceux de son Comité l'accompagneront dans sa retraite ; mais nous connaissons assez son cœur pour être sûr que, demain comme hier, elle sera toujours profondément attachée à notre chère œuvre.

XVII

Extraits de l'Assemblée générale
tenue, le 18 Novembre 1892, à l'Hôtel Continental.

Rapports avec l'autorité militaire. — M. DE FREYCINET a délégué M. BENECH, Médecin-major de 1re classe, Commissaire près de l'*Association des Dames françaises*; « tout en demeurant étranger à notre administration intérieure, dit la lettre du Ministre, M. le Commissaire vous prêtera l'appui de ses conseils pour l'étude des questions techniques, liées à l'organisation et au fonctionnement du service en temps de guerre. » Cette délégation, qui répondait à une demande faite par le Conseil de l'Association, a déjà produit de très bons résultats, et nous sommes heureux d'exprimer tous nos remerciements à M. le Ministre de la Guerre, pour la mesure qu'il a prise et pour l'excellent choix qu'il a fait.

Dans une autre lettre, M. DE FREYCINET a bien voulu féliciter les dévoués professeurs de notre Ecole, du livre qu'ils ont fait paraître et des examens passés par les élèves. C'est encore à sa bienveillance que nous devons l'autorisation, pour les médecins militaires, de nous faire des conférences spéciales ; plusieurs Comités en ont largement profité.

Enfin, le décret du 19 octobre est venu couronner cette série de mesures destinée à faciliter notre mission. Ce décret a une très grande importance au point de vue général de l'organisation des secours en France ; il est commun aux trois sociétés de la Croix Rouge et abroge tous les décrets antérieurs ; sans vouloir faire ressortir ici toutes les dispositions nouvelles, ou du moins plus nettement spécifiées, qu'il contient, je vous ferai remarquer que le rôle de l'*Association des Dames françaises* s'est accru. Outre les hôpitaux auxiliaires fixes dont vous pouviez déjà être chargées, vous aurez désormais à prêter votre concours au *Service de l'arrière*, en ce qui concerne les hôpitaux auxiliaires de ce service.

Vous comprenez maintenant pourquoi nous nous sommes attachés cette année à créer des Comités le long de la frontière, en prévision de ces nouvelles organisations ; et nous sommes certains que nos Comités éloignés de ce service de l'arrière dont parle le décret, s'empresseront, lorsque le moment sera venu, de faire parvenir une partie de leur matériel et de leurs autres ressources à tous ces Comités, qui auront à faire face aux premiers et pressants besoins.

Remarquez encore cet autre article du décret : « Les Sociétés étrangères admises à apporter leur concours au Service de santé relèveront directement du commandement et du directeur du Service de Santé » ; et enfin notez en passant que le fonctionnement de vos formations sanitaires est soumis aux règlements du Service de Santé. Je borne là ces extraits du nouveau décret ; plus tard on vous dira, avec détails, en quoi il modifie et surtout étend notre action.

Mais je tiens essentiellement à livrer à vos méditations cette dernière réflexion : ce décret est un nouveau pas fait dans la voie de l'union et de la coordination de toutes les forces matérielles et morales de la nation, c'est-à-dire dans la seule voie de salut pour la France ; il ne s'agit plus seulement de l'union des cœurs ; le devoir patriotique des femmes en cas de guerre n'est pas encore inscrit dans la loi, mais le voilà déjà bien compris et bien discipliné. Honneur au ministre qui a eu cette sage clairvoyance de l'avenir ! Mais honneur aussi à vous, Mesdames, qui, depuis 14 ans, avez compris le saint devoir, avez montré comment on l'accomplit et avez ainsi préparé ces grandes voies dans lesquelles la nation entière s'engagera un jour, parce que seules elles conduisent à ce but si désiré : la paix et la sécurité.

Etablissements de l'Association à Auteuil. — Nous vous prions Mesdames et Messieurs, de faire partager à vos amis et à toutes les personnes bienfaisantes, l'intérêt que vous portez à l'achèvement de notre établissement. Beaucoup d'entre elles donnent des sommes importantes à des œuvres certainement bonnes, mais qui n'ont pas toujours, comme la nôtre, un caractère d'utilité générale ; car, ne l'oubliez pas, nous sommes une société d'assurance mutuelle des mères de famille contre les maux de la guerre, et nous concourons en outre à la défense du plus précieux des biens.

. . . .

Sans aucun doute, nos consciences sont profondément satisfaites des résultats obtenus par tous ces efforts ; si légitime que soit cependant cette satisfaction, je dois vous faire remarquer que la France n'est pas au premier rang des nations, en ce qui concerne les Sociétés de femmes ; nous avons encore d'autres efforts à faire. L'Allemagne et l'Italie ont accompli cette année des progrès que le public ne soupçonne même pas. Aussitôt que les affaires les plus urgentes de l'Association m'en donneront le temps, je vous retracerai ces progrès dans le *Bulletin*, et vous comprendrez alors pourquoi nous désirons vivement que, dans notre chère France aussi, hommes, femmes, enfants et vieillards, tous aient une place, si petite qu'elle soit, dans la défense nationale.

Encore quelques années de propagande, toutes ces idées se seront infiltrées dans tous les rangs de la société française, et alors les fatales surprises ne seront plus possibles.

Les combats acharnés qui se livrent au Dahomey, le

mombre des morts et des blessés, considérable pour une si petite guerre, font naître de graves réflexions sur ce qui se passerait dans une guerre européenne, et surtout sur les conséquences qu'auraient pour nous les surprises dont je parle ; mais ce n'est pas l'heure d'insister ; l'armée française est victorieuse ; elle a surmonté les plus grandes difficultés, dans un pays semé d'embûches ; les soldats de la troisième république se sont montrés dignes de leurs ancêtres, qui, il y a cent ans, chassaient l'étranger hors du territoire ; nous saluons avec gratitude ces vaillants fils de la France et nous leur envoyons, au nom de toutes les Dames françaises, l'hommage de notre admiration pour leur bravoure, l'assurance de notre entier dévouement au soulagement de leurs souffrances.

Médailles d'honneur au dévouement.

1º Madame Faure a pris part, depuis l'origine, à l'organisation de presque toutes nos fêtes ; pendant un an, elle a dirigé les travaux de l'Ouvroir ; c'est elle qui a été, avec Madame Didiée, disposer notre belle exposition d'Anvers en 1886. Depuis huit ans, elle est présidente de la section des bibliothèques ; et là, avec le concours de ses deux assidues collaboratrices, Madame Villot et Mademoiselle Kolb, elle a examiné, classé et expédié plus de 25,000 volumes, qui ont été porter à nos soldats d'agréables et saines distractions. Voilà comment Madame Faure a mérité la médaille que le Conseil lui décerne aujourd'hui.

2º Chaque année, quand approche la fin de nos Cours, et qu'il vous faut redoubler de zèle pour passer avec honneur vos examens d'ambulancières, on vous voit, Mesdames, tourner vos regards vers le bon docteur Teissier, et lui demander de vous faire encore les conférences pratiques, puis les interrogations, dans lesquelles il sait allier la sévérité nécessaire à une grande bienveillance. Il y a neuf ans que le docteur Teissier a pris la charge de cet utile enseignement complémentaire ; 200 élèves ont profité des 130 leçons qu'il a faites avec tant de constance. Elèves et collègues seront certainement heureux de voir décerner cette médaille au dévoué docteur Teissier.

3º Mettre, sans compter, au service de notre chère Association un esprit élevé, un cœur chaud de patriote, une parole très éloquente ; sacrifier son temps, son repos ; partir au premier appel pour aller porter la bonne parole aux quatre coins de la France, voilà ce que fait depuis trois ans le docteur Monnet. Il s'est rapidement placé parmi les plus dévoués d'entre nous, et nous serons heureux d'applaudir aujourd'hui le lauréat de la médaille d'honneur, comme nous avons tant de fois applaudi le chaleureux conférencier.

4º Madame la Présidente vous a fait connaître ce que Madame Pochet de Tinan, déléguée pour le département de la Seine-Inférieure, vient de faire pendant l'épidémie de choléra, au Havre ; une médaille d'honneur lui est décernée.

XVIII

Extraits de l'Assemblée générale tenue, le 24 Novembre 1893, à l'Hôtel Continental.

Comment prononcer ici le nom de notre cher M. Bozérian, sans que son image n'apparaisse à vos yeux ?

Depuis la naissance de l'œuvre jusqu'au mois de juin dernier, vous l'avez toujours vu au premier rang des soutiens de l'Association ; c'est lui qui m'encourageait quand, en 1876, je fondais la première école d'ambulancières ; c'est lui qui nous a donné son concours assidu quand il s'est agi de rédiger nos statuts. M. le sénateur Bozérian a été président du Comité d'action pendant la période d'organisation de l'Association, et quand survint le schisme il nous resta fidèle et se montra encore plus dévoué.

Ici même, à cette place, que de fois vous l'avez entendu applaudir à vos efforts, célébrer vos bienfaits, faire ressortir les caractères d'humanité, de concorde, de sage prévoyance qui sont l'essence de notre chère œuvre ! avec vous, son langage se dépouillait de la solennité des discours d'apparat ; mais ce langage allait droit à vos cœurs, parce qu'il sortait de son grand cœur de patriote !

Saluons encore une fois, Mesdames, ce vieil ami, qui a servi l'Association jusqu'à son dernier jour, et gardons à notre cher Bozérian, la meilleure place dans nos sentiments d'affectueuse et profonde reconnaissance.

. . . .

Le Décret n'est pas lettre morte ; l'administration militaire cherche bien à lui donner une sanction pratique ; nul doute qu'elle n'y réussisse et que les liens qui rattachent les Sociétés d'assistance à l'armée ne deviennent de plus en plus solides. Assurément, il ne faudrait pas que ces liens perdissent toute élasticité ; ce serait fausser le rôle des Sociétés, éteindre leur esprit d'initiative et les mettre hors d'état de parer à ces situations que les règlements ne peuvent prévoir et qui se produisent inévitablement dans toutes les guerres. Rassurez-vous sur ce point ; les excellents sentiments qui animent l'administration à l'égard des Sociétés volontaires laissent la porte ouverte à toutes les initiatives utiles ; vous en avez eu encore des preuves cette année, lorsqu'il s'est agi des lycéens brancardiers.

Continuez donc à vous bien pénétrer de cette idée, que l'assistance volontaire est indispensable et que, pour arriver à en généraliser la préparation, deux choses sont nécessaires : le développement incessant, par l'apostolat de la femme, des sentiments du patriotisme prévoyant et la certitude que, au moment voulu, vous pourrez disposer, de la manière la plus utile au bien public, des ressources accumulées entre vos mains. Cette certitude, vous l'avez aussi complète que possible, grâce à l'appui que M. le Ministre de la Guerre et M. le Directeur général du Service de Santé vous donnent en toutes circonstances ; nous les prions d'en recevoir nos profonds remerciments.

. . . .

Les Comités suburbains sont des forces nouvelles, j'en conviens ; remarquez pourtant que chacun d'eux enlève des membres au Comité central. Il y a là un péril qu'il faut conjurer ; il y a une nécessité impérieuse de faire en l'année 1894 une active propagande dans Paris. Le Conseil d'administration a pris des mesures pour cela ; mais rappelez-vous que la véritable force d'expansion de l'Association réside dans chacune de vous, Mesdames ; vous êtes, sous ce rapport, plus puissantes que toutes nos Commissions, et c'est à vous qu'il appartient d'augmenter sans cesse le nombre des membres du Comité de Paris, pour qu'il puisse suffire aux besoins nouveaux que chaque année fait naître.

Le *Bulletin* vous a donné un aperçu du développement que les Sociétés de Dames prennent dans tous les pays, même dans ceux qui sont réputés moins civilisés. Lorsque deux vaisseaux français ont forcé, il y a quelques mois, la passe du Mékong, au Siam, les Dames siamoises de Bangkok réunirent immédiatement près d'un million et envoyèrent des secours sur place, en médicaments, pansements, vêtements; puis, lorsque les blessés arrivèrent à Bangkok, elles établirent deux hôpitaux de 200 lits chacun, dans deux temples boudhistes. Voilà ce qu'ont fait ces femmes asiatiques.

Nos amis, les Russes, ne s'endorment pas sur cette question de la préparation des secours, et si nous venons de leur donner d'inoubliables preuves de la vivacité de nos sentiments pour eux, si nous avons déployé pour les recevoir tout le luxe d'une hospitalité vraiment nationale, sachons, du moins, prendre chez eux l'utile enseignement que nous donne la générosité des Dames de la Croix-Rouge. Je vous ai parlé autrefois du merveilleux hôpital des Dames de Saint-Pétersbourg; depuis, les Dames de Moscou ont créé un asile pour les militaires estropiés; celles de Varsovie ont fondé, à elles seules, une maison pour 56 invalides et leurs familles, deux hospices pour les officiers démissionnaires estropiés et leurs familles; une maison de logements à bon marché pour 33 familles, et plusieurs autres établissements de ce genre; il en est de même des Dames de Kiew, Saratow, etc.

Nous avons eu raison, Mesdames, de fêter nos amis, de leur montrer ce spectacle, tout à fait extraordinaire à Paris, d'un peuple joyeux comme un enfant et sage comme un diplomate; mais sachons aussi leur montrer qu'en France, comme en Russie, les femmes pensent sans cesse à ces grands et terribles jours, où les cœurs des Dames Russes et ceux des Dames Françaises seront unis dans un même sentiment et se tiendront à la hauteur des plus courageux dévouements.

Souvenez-vous, qu'à toutes les époques de notre histoire, les femmes françaises ont été d'incomparables modèles de bonté, et parfois d'héroïsme ; serrons cordialement les mains amies, oui, mais dites-vous qu'aucunes mains, même celles-là, ne doivent devancer les vôtres, quand il s'agit d'édifier ces asiles de la souffrance où les défenseurs d'un riche et grand pays trouveront la guérison de leurs glorieuses blessures !

Médailles d'honneur au dévouement.

1º A Madame Théodore WURTZ, qui, depuis l'origine de l'Association, a organisé avec un très grand succès des comptoirs à nos ventes, et qui, depuis six ans, est chargée de l'exécution et de la comptabilité particulière des insignes et des médailles.

2º A M. CORDELET, Sénateur, Délégué régional du 4ᵉ corps d'armée. M. CORDELET nous a beaucoup aidés dans toutes les circonstances où les intérêts généraux de l'Association étaient en jeu, et sa constante activité au Mans et à Laval contribue à maintenir la prospérité de ces deux importants Comités.

3º Parmi les dévouements que l'Association suscite, il en est qui, sans bruit et sans éclat, se produisent tous les jours ; sans eux, l'administration serait impossible ou deviendrait trop onéreuse ; on s'y habitue cependant ; c'est qu'en effet ces personnes sont identifiées à notre chère œuvre, et quand nous apprenons que leur dévouement de chaque jour dure depuis douze ans, à peine si nous en sommes surpris ! C'est l'une de ces Dames que nous allons honorer aujourd'hui. Vous l'avez vue faire de la propagande à nos expositions, panser nos gymnastes blessés, faire le service d'infirmière à Neuilly, entretenir en bon état le matériel d'enseignement, et instruire chaque année les élèves dans l'art d'appliquer les pansements et les bandages ; vous serez satisfaites d'apprendre que le Conseil n'a pas oublié tant de services modestement rendus par Madame ROMAIN.

4º C'est avec un sentiment de vive reconnaissance que nous offrons aujourd'hui la médaille d'honneur à une personne qui, depuis deux ans seulement, est parmi nous. Cédant aux patriotiques entraînements que vous savez si bien faire naître, Mesdames, Madame MACHEREZ a fondé et organisé de la façon la plus complète le Comité de Soissons ; elle lui a donné d'importants satellites, les Comités de Guise, de Braisne, de Vailly ; c'est elle aussi qui a mené à bonne fin la fondation du Comité de Poissy ; à Meaux, elle était encore sur la brèche. Nous savons que son zèle est loin de se refroidir et qu'elle nous prépare encore des surprises ; mais sans attendre le succès de ses nouveaux efforts, nous sommes heureux de signaler à vos applaudissements, et à votre émulation, les brillants résultats obtenus, en moins d'un an, par Madame MACHEREZ.

XIX

Extraits de l'Assemblée générale
tenue, le 23 Novembre 1894, à l'Hôtel Continental.

L'*Association des Dames françaises* est entrée, cette année, en rapports avec d'autres administrations de l'Etat; voici à quelle occasion :

L'argent des Comités est en partie déposé dans les caisses d'épargne; ils peuvent y avoir jusqu'à 8,000 fr.; mais rien n'assure le remboursement au moment du plus grand besoin, c'est-à-dire au moment de la déclaration de guerre. Le Conseil de l'Association, prévoyant les grandes difficultés que l'on pourrait alors rencontrer, avait demandé à M. le Ministre des Finances une modification à la loi sur les caisses d'épargne; M. le Ministre de la Guerre avait bien voulu appuyer notre demande. M. le Ministre des Finances a opposé des raisons d'une grande valeur et tout à fait étrangères à notre œuvre; mais il nous a offert une compensation que nous avons acceptée avec empressement : c'est le placement à la Caisse des dépôts et consignations, portant intérêt de 2 % et l'assurance du remboursement complet au moment du besoin.

Voilà comment, grâce aux efforts de l'*Association des Dames françaises*, grâce à la bienveillance qu'elle rencontre près des pouvoirs publics, une mesure, très utile aux trois Sociétés de la *Croix-Rouge*, vient d'être prise; nous prions MM. les Sénateurs et les Députés, et en particulier MM. Cordelet et Trarieux, qui ont pris notre cause en mains, de recevoir les remercîments de toute cette Assemblée.

Ce n'est pas tout, nos désirs vont plus loin, et nous sommes persuadés que ces désirs vont paraître très légitimes.

Savez-vous que les trois Sociétés de la *Croix-Rouge française* dépensent plus de 15,000 fr. par an en timbres-poste et télégrammes? C'est 15,000 fr. que l'Etat retire chaque année de nos caisses de secours, de notre trésor de guerre, de cet argent qui nous vient de la charité et du patriotisme des bons Français. Est-ce juste? Est-ce logique? En Allemagne, en Autriche, en Italie, en Espagne et chez presque toutes les autres nations, la conscience publique a répondu non! et les gouvernements ont accordé la gratuité.

Nous la demandons aussi. M. le Ministre des Postes nous oppose la loi de 1834, mais les lois administratives ne sont-elles pas faites pour favoriser le fonctionnement des institutions nationales? et quelles institutions méritent plus d'être encouragées que celles qui concourent à la défense nationale? Nous faisons encore appel à la bienveillance de MM. les Sénateurs et les Députés qui nous honorent ici de leur présence et nous les prions de modifier cette vieille loi de 1834, édictée à une époque très différente de la nôtre. Les désastres de 1870 ont eu, et auront encore des conséquences avec lesquelles il faut compter; pourquoi d'ailleurs le Ministre des Postes s'y refuserait-il, lorsque toutes les nations voisines ont jugé la modification nécessaire et la pratiquent très aisément?

Et, sans sortir de cet ordre d'idées, ne paraîtrait-il pas également juste d'introduire dans les conventions faites avec les chemins de fer, le principe de l'assimilation des Sociétés de la *Croix-Rouge*, en ce qui touche leur fonctionnement militaire, à l'armée elle-même, dont elles forment une partie, volontaire il est vrai, mais assurément indispensable de nos jours? Pourquoi les réductions de tarifs ne seraient-elles pas de droit pour le transport des voyageurs et du matériel de ces sociétés? Sur ce point, c'est encore à MM. les Députés et les Sénateurs que nous confions nos désirs et nos espérances.

. . . .

Tels sont, Mesdames, les principaux actes de l'Association dans le cours de cette année. Vous le voyez, malgré les difficultés et les obstacles, vos généreuses idées s'infiltrent autour de vous et le nombre des femmes dévouées qui mettent leur intelligence et leur cœur au service de votre belle œuvre, augmente chaque année. Mais combien nous sommes encore loin du point où sont arrivées les nations voisines ! nous marchons plus lentement qu'elles, il faut le reconnaître, et il est utile d'en rechercher les causes.

En voici une qu'il serait dangereux de laisser inaperçue. Il n'y a qu'un instant, Madame la Présidente nous montrait l'expansion des œuvres féminines dans le monde entier et surtout en Amérique ; et, en l'écoutant, nous sentions bien que son grand cœur s'épanouissait, qu'elle se complaisait dans l'énumération de ces sociétés, si diverses, fondées par des femmes. Eh bien ! permettez-moi de vous le dire, sans contrister en rien les sentiments d'intarissable bonté qui honorent tant votre sexe, Mesdames, cette vaste diffusion de votre sensibilité m'inquiète. Il me semble que quelques-unes de ces œuvres si nombreuses et si diverses, frisent le superflu ; j'en aperçois qui sont un véritable luxe de charité sociale.

Que les nations qui regorgent de richesses, que celles qui ne sont pas dans la dure nécessité de se tenir toujours en garde contre les attaques de leurs voisins, se laissent ainsi aller à donner sans compter, qu'elles recherchent à plaisir toutes leurs misères intérieures et se glorifient de les avoir découvertes et secourues, tout le monde applaudira. Mais, quand on porte, comme notre chère France, sur les épaules et jusqu'au cœur, les marques sanglantes d'une lutte désastreuse, quand on est obligé de se dire que de nouvelles attaques, venant de tous les côtés à la fois.

sont toujours possibles ; quand il reste encore tant d'efforts, tant de sacrifices d'argent à faire pour s'en préserver, est-ce bien le moment d'éparpiller notre or, d'affaiblir, en l'étendant outre mesure, notre énergie morale, et d'épuiser notre généreuse sensibilité dans ce luxe d'œuvres, bonnes en elles-mêmes, mais absolument incapables de nous défendre au jour du grand péril ?

Et que deviendraient-elles donc toutes ces œuvres particulières si la France était vaincue ? Elles seraient emportées dans l'effondrement général ; il n'en resterait rien ; rien que les regrets de n'avoir pas ménagé des ressources auxquelles nous aurions pu devoir le salut de nos défenseurs et le nôtre.

Ah ! ce n'est pas ainsi qu'on agit dans les pays voisins ; voyez de l'autre côté de la Manche ; la puissance de l'Angleterre est tout pour un Anglais, l'esprit national dominera tout autre esprit. Voyez aussi comme, au-dessus de toutes les sociétés humanitaires, planent, en Allemagne, les sociétés de la *Croix-Rouge;* remarquez combien ce sentiment s'accentue chaque jour en Autriche et en Italie. Là, on comprend que certaines sociétés sont en réalité le rempart de toutes les autres ; on comprend que la bienfaisance nationale a besoin avant tout de la sécurité nationale, c'est-à-dire de l'armée et des sociétés volontaires qui coopèrent au salut de l'armée.

Malheur aux nations qui s'abandonnent aux douceurs raffinées des civilisations amollissantes ! fussent-elles aussi religieuses que l'Egypte antique, aussi passionnément éprises des beautés de l'art que le fut la Grèce ancienne, du jour où elles ont perdu le sentiment de la solidarité nationale, du jour où l'instinct de la conservation du sol natal ne domine pas tous les autres instincts, elles sont perdues. Voyez plutôt ce qui se passe en ce moment pour le vaste empire de la Chine ! Une civilisation qui se perd dans la nuit des temps, d'immenses richesses et une population de 360 millions d'habitants ! et voilà qu'en deux mois le Japon l'a vaincue sur terre et sur mer ; il chasse devant lui des armées qui fuient comme des troupeaux ! D'où vient donc cet étrange évènement, renversement de toutes les prévisions des statisticiens ? D'un fait d'ordre moral : les Chinois n'ont pas d'unité nationale, n'ont pas l'esprit militaire qui seul peut protéger les états les plus populeux. Les Japonais, au contraire, sont des patriotes, préparés de longue date aux fatigues de la guerre, des patriotes qui se sentent soutenus même par les femmes, puisque l'Impératrice du Japon s'est, dès le premier jour, mise à la tête de la *Croix-Rouge* des femmes.

Voilà la leçon que les évènements nous apportent du fond de l'Asie ; vous comprenez maintenant pourquoi nous pouvons dire avec vérité que les sociétés d'assistance en temps de guerre ont une mission supérieure ; pourquoi, avant tout, chaque Française doit en faire partie ; qu'elle donne à d'autres encore, rien de mieux ; mais qu'elle donne surtout à l'auxiliaire, très modeste, mais très dévouée, de notre chère armée française.

Ne vous lassez donc pas, Mesdames, de faire connaître notre belle Association, et si, pour se soustraire à vos patriotiques sollicitations, on vous dit : j'ai mes pauvres, ou, j'ai mes œuvres ! répondez sans hésiter : les premiers protecteurs de vos pauvres, les premiers défenseurs de vos œuvres, sont les sociétés qui concourent à la défense nationale. Sans elles, sans l'union de toutes les forces de la nation pour ce but suprême, vous serez ruinés par les exigences de l'ennemi victorieux, et vos pauvres périront de misère ; et la raison de cette nécessité de rendre ces sociétés très prospères, c'est qu'elles incarnent le seul sentiment qui puisse, de nos jours, préserver une nation ; pour les Anglais, ce sentiment c'est celui de la puissance de l'Angleterre ; pour les Prussiens, c'est l'orgueil militaire ; nous autres Français, nous l'appelons, et du plus profond de notre cœur : *l'amour sacré de la patrie !*

Médailles d'honneur au dévouement.

1° A Madame Richtenberger qui, depuis sept ans, remplit avec beaucoup de zèle les fonctions de Présidente de la Commission des achats et expéditions, pour les envois aux troupes coloniales ; cette présidence n'est pas une sinécure, car Madame Richtenberger s'est chargée de toute la correspondance de sa section. Les rapports annuels sur les bienfaits de l'Association sont faits par elle. Quant à la part très active qu'elle a prise à l'organisation de nos ventes, le Comité central l'a bien des fois signalée avec reconnaissance et vous avez salué de vos applaudissements les résultats extrêmement brillants que son comptoir a toujours donnés.

2° A Madame Hardon ; en peu d'années elle a conquis une place élevée parmi les personnes les plus dévouées à l'Association ; elle a fait beaucoup pour le succès du concert donné au Trocadéro, l'an dernier ; c'est à elle qu'on doit l'organisation et la marche toujours ascendante du Comité de Melun, ainsi que l'enseignement donné aux brancardiers lycéens de cette ville. Présidente de la propagande départementale, Madame Hardon a déployé une volonté énergique, une activité de tous les instants qui ont permis à ses missionnaires de fonder onze comités importants, et nous savons qu'elle ajoutera bientôt d'autres fleurons à cette brillante couronne.

3° *Le Comité de Nice*, après avoir connu des jours de splendeur, se voyait, au bout de neuf ans, menacé d'un grave dépérissement. Madame Borriglione, sans se faire illusion sur les difficultés qu'elle allait rencontrer, accepta résolument la présidence et grâce à l'universelle considération dont elle est entourée, à la décision de son caractère et à la prudence dont elle a su faire preuve, le Comité de

Nice a repris un vigoureux essor : tous ses services pour le cas de guerre sont aujourd'hui assurés ; il possède 80,000 fr., provenant surtout de ces fêtes brillantes dont Madame Borriglione est l'âme. Nous applaudirons tous, Mesdames, à cette situation si prospère, et cette médaille ira porter notre reconnaissance à la vaillante présidente du Comité de Nice.

4° *Le Comité de Charenton,* de date récente, compte déjà 400 membres ; l'enseignement y est si bien donné que ses élèves ont brillé aux examens de notre école ; trois locaux ont été obtenus pour l'installation d'hôpitaux auxiliaires ; toutes les fêtes ont laissé d'importants bénéfices et l'actif du Comité est déjà de 10,000 fr. ; il y a quelques jours, le Comité de Charenton a été planter le drapeau de l'Association à Maisons-Alfort et près de cent membres nouveaux sont venus se ranger autour de lui.

Ce qu'il faut déployer d'énergie et de persévérance pour obtenir tous ces précieux résultats, vous le savez, Mesdames ; aussi le Conseil de l'Association est-il heureux d'exprimer publiquement tous ses remerciments au Comité de Charenton et de décerner la médaille d'honneur à la dévouée présidente qui le dirige avec tant de capacité et de patriotisme, Madame Barry-Rohrer.

5° Plusieurs fois vous nous avez entendu proposer le *Comité de Saint-Germain* comme exemple : fêtes superbes ; vastes et nombreux locaux pour hôpitaux auxiliaires ; services assurés par des médecins, des pharmaciens, des comptables, des Dames ambulancières, des religieuses et des infirmiers ; compagnie de brancardiers-voituriers de 50 hommes ; caisse et lingerie bien garnies ; ce Comité a du premier coup réalisé presque complètement notre programme.

Consultée sur les causes de cette excellente situation, Madame de Missy, la distinguée présidente, n'a pas hésité à nous déclarer qu'elle était due à M. le Dr Seure. Personne de nous n'en a été surpris. C'est aussi le Dr Seure qui a été, deux ans de suite, faire les cours de brancardiers au lycée de Versailles, c'est lui qui a si dignement représenté l'Association à l'inauguration du monument élevé à nos soldats morts en Suisse. Le Conseil est heureux d'offrir au Dr Seure l'expression de sa gratitude et de lui en décerner publiquement le gage.

XX

Extraits de l'Assemblée générale
tenue, le 29 Novembre 1895, à l'Hôtel Continental.

Conférences de propagande. — Exposer notre but, nos moyens de l'atteindre, nos bienfaits, nos travaux ; faire connaître l'esprit qui nous anime, encourager toutes les bonnes volontés et mettre en relief tous les dévouements, telle est la mission des orateurs qui vont porter la bonne parole partout où il semble qu'elle puisse fructifier. Plusieurs d'entre eux sont experts dans le grand art de bien dire ; d'autres puisent dans leur amour pour la France et dans leur attachement à notre chère œuvre, des pensées qui remuent les cœurs ; tous savent persuader, entraîner les indifférents, et décider les hésitants. Le service qu'ils rendent à notre grande cause est donc des plus utiles ; aussi nous empressons-nous de leur offrir publiquement aujourd'hui l'expression de notre reconnaissance.

. . . .

. . . .

Et maintenant, si pour tirer des évènements l'enseignement qu'ils doivent toujours nous donner, nous réunissons nos souvenirs, et si nous jetons un coup d'œil d'ensemble sur les secours pendant les guerres de la Tunisie, du Tonkin, de la Chine, du Dahomey et de Madagascar, nous arriverons forcément à conclure que si l'administration militaire a fait très sagement un premier pas vers l'organisation de ces secours, en nous accordant la garantie d'officiers gestionnaires, il est indispensable aujourd'hui d'aller plus loin et de compléter cette organisation ; elle ne peut l'être, sur ce point comme sur beaucoup d'autres, que par une entente plus étroite entre les secours officiels et les secours volontaires.

C'est là une vérité admise maintenant partout à l'étranger et je la voyais clairement formulée il y a quelques jours en ces termes : « Il est aujourd'hui universellement reconnu que la grande tâche qui incombe au service militaire, lors d'une déclaration de guerre, ne peut être accomplie sans le secours de l'assistance volontaire. Cette dernière doit marcher la main dans la main avec l'assistance officielle ; elles doivent s'appuyer sur les mêmes principes, et, se basant sur une solide organisation, unir leurs efforts. »

C'est bien là, Messieurs, l'expression d'une pensée commune à toutes les nations, mais toutes n'ont pas encore réalisé l'application pratique, c'est-à-dire l'action étroitement combinée, pour toutes les circonstances qu'il est possible de prévoir.

En France, nous avons bien un moteur commun, mais les rouages ne sont pas encore tous engrenés les uns dans les autres ; il manque aussi quelques courroies de transmission du mouvement, et très certainement la nation et l'armée n'auraient qu'à gagner au prompt achèvement du mécanisme. Hier, à la réunion des délégués des départements, un vœu a été émis dans ce sens ; nos Comités réclament de nouveau le règlement d'administration qui doit permettre l'exécution uniforme du décret de 1892, et le modèle du cahier de mobilisation ; les Comités désirent que ce vœu soit soumis à M. le Ministre de la Guerre.

En attendant sa réalisation, continuons, Mesdames, à travailler, à nous instruire et à amasser le matériel de secours. Pensons sans cesse à la terrible éventualité qui reste suspendue sur nos têtes ; c'est elle qui doit être l'objet de tous nos préparatifs, et c'est pour cette prévision que l'*Association des Dames françaises* a été créée ; le reste n'est qu'un moyen de la tenir en haleine et d'exercer ses forces.

Souvenons-nous toujours de la véritable cause de nos désastres en 1870 : le manque de préparation. C'est à cette insuffisance qu'il faut attribuer, en particulier, des milliers de morts parmi les malades et les blessés : c'est parce que la France n'était pas encore couverte de cet admirable réseau de Comités de femmes qui, sous des bannières différentes, font une œuvre commune : la grande œuvre de la charité patriotique, l'œuvre nécessaire du dévouement organisé.

Souvenons-nous donc, Mesdames, des tristes anniversaires d'il y a vingt-cinq ans! Prêtons une oreille attentive au cliquetis de l'épée allemande qui, depuis trois mois, nous les rappelle si bruyamment ; travaillons sans cesse pour que cette vaillante armée française, qui vient de planter les trois couleurs sur le palais de Tananarive, puisse compter sur notre prévoyance le jour où elle quittera ses foyers pour la défense du sol sacré! Travaillez pour que le pauvre soldat qui arrivera alors à la porte de vos hôpitaux, exténué de fatigues ou couvert de blessures, soit certain d'y trouver tous les soins dont il est si digne! Travaillez enfin, pour que le regard des braves qui tomberont dans vos bras au jour de la lutte suprême, ne soit pas un regard chargé de reproches amers, mais le regard reconnaissant et plein de douceur du pauvre enfant qui se sent enveloppé d'une maternelle sollicitude.

Médailles d'honneur au dévouement.

1° A Madame Lebègue, Présidente honoraire du Comité de Nogent-sur-Marne. C'est à l'intelligent dévouement de Madame Lebègue que ce Comité doit le haut degré de prospérité atteint en peu d'années : fonds de réserve, hôpital auxiliaire, commission administrative, enseignement, tout y est parfaitement organisé et chaque année des fêtes fructueuses accroissent encore cette bonne situation. Lorsque Madame Lebègue s'est vue forcée, par l'état de sa santé, de prendre du repos, elle a encore rendu à son Comité un service de la plus haute valeur, en désignant pour lui succéder Madame Cayron, dont l'activité pleine de tact assure une longue et brillante carrière à notre cher Comité de Nogent.

2° Madame Deshayes, d'abord Vice-Présidente au Mans, où, à l'école des Lebert et des Cordelet, elle avait appris à connaître et à aimer notre œuvre, est devenue ensuite Présidente du Comité de Troyes, dans un moment où il paraissait courir des dangers. Sous son impulsion ce Comité s'est vivement relevé ; ses divers services se sont bien constitués, de brillantes fêtes ont rempli sa caisse, et 160 membres nouveaux lui font atteindre aujourd'hui le nombre de 400. Madame Deshayes va quitter cette ville où elle a fait tant de bien ; nos vifs regrets l'accompagneront dans sa retraite ; nous sommes certains que son cœur sera toujours avec notre œuvre, et que partout où elle portera ses pas, il lui suffira d'en parler pour la faire aimer.

3° Vous savez, Mesdames, de quelle importance il est pour nous d'avoir des Comités florissants sous les murs de Paris, et vous prévoyez le jour où certains d'entre eux entreront dans l'enceinte agrandie de la capitale. Le Comité de Neuilly est de ce nombre. Il doit à ses fondatrices et à sa gracieuse Présidente qui l'a guidé depuis l'origine et lui a fait éviter de dangereux écueils, une excellente organisation et une situation des plus brillantes ; ses fêtes, sa vente de l'an dernier, sa cérémonie religieuse de cette année ont marqué dans nos annales. Le Conseil de l'Association a été heureux de rendre justice à tant de généreux efforts, en décernant la médaille d'honneur à la dévouée Présidente, Madame Bénard.

4º A Madame Jozon, Présidente du Comité de Meulan ; ce vaillant Comité, que nous avons souvent cité comme modèle, toujours prêt à agir au premier signal, toujours en éveil pour la propagande qui le maintient constamment à un niveau fort élevé, malgré le peu d'étendue de son territoire. Le Comité de Meulan est celui qui a eu le plus d'heureuses initiatives pour l'organisation des secours dans sa sphère d'action ; sa Présidente a su s'attacher des collaboratrices extrêmement capables, et nous savons qu'elles seront toutes très fières de la récompense si bien méritée que nous décernons aujourd'hui à Madame Jozon.

5º Combien d'entre vous, Mesdames, se sont félicitées d'avoir eu recours à l'aimable dévouement de M. Schlumberger, Commissaire général de nos ventes et de nos fêtes depuis douze ans, Délégué régional pour le gouvernement de Paris, et membre de la Commission des finances. Vous serez heureuses de voir tous ces services signalés aujourd'hui à la reconnaissance de l'Assemblée générale et consacrés par cette médaille d'honneur, que le Conseil prie M. Schlumberger de recevoir.

XXI

Extraits du compte rendu de l'Assemblée générale tenue, le 20 Novembre 1896, à la Sorbonne.

Nous n'aurions donc, Mesdames, qu'à nous réjouir du résultat moral et financier de tous ces efforts des Comités, si cette année, un petit point noir ne s'était montré à l'horizon, à propos des *loteries*. Plusieurs Comités se sont vu refuser l'autorisation nécessaire. Assimilant les sociétés d'assistance en temps de guerre à des sociétés de secours mutuels, ou à d'autres qui poursuivent un but artistique, économique ou religieux, l'autorité compétente croit devoir nous appliquer les restrictions de la loi de 1881 sur les loteries ; cette interprétation nous est très préjudiciable. Nous prions MM. les Députés et les Sénateurs, qui veulent bien encourager nos patriotiques efforts, de nous aider en cette circonstance et de faire faire une place à part, sur ce point comme sur plusieurs autres, aux Sociétés de la Croix-Rouge française ; elles ne thésaurisent pas pour leurs membres, mais pour l'achat du matériel des secours à l'armée ; elles ont amassé un très petit trésor de guerre, mais il faut ne pas connaître les besoins auxquels cet argent doit parer pour leur dire de commencer par le dépenser et qu'on les autorisera ensuite à faire des loteries pour le remplacer.

Nos sociétés donnent tout pour le bien public et ne sont, en réalité, propriétaires de rien ; c'est donc par une fâcheuse erreur qu'on les place sur le même pied que les propriétaires de biens de main-morte et qu'on leur en impose les charges ou les restrictions.

Nécrologie. — Avez-vous quelquefois ressenti l'impression de tristesse qu'on éprouve en voyant disparaître un chêne centenaire, aux bras vigoureux, à la large et verte tête ?

Au retour de chaque printemps, on sentait un secret plaisir à le voir renaître, il semblait que son feuillage allait encore nous protéger, et sous son ombrage on se laissait aller aux longs espoirs ; un jour, il n'a plus reverdi ; avec un serrement de cœur, nous nous sommes dit : il est mort, lui aussi !

N'est-ce pas quelque chose de semblable qui nous a étreints quand nous avons appris la mort de cet infatigable lutteur pour les idées de justice et de tolérance, de cet ami de toutes les œuvres d'humanité, et de la nôtre en particulier, M. Jules Simon ? Rappelez-vous le jour où, affaibli par la maladie, et malgré les craintes de troubles qu'inspirait l'élection d'un chef de l'Etat, M. Jules Simon voulut tenir la promesse qu'il nous avait faite, et charma nos oreilles et nos esprits par sa belle conférence à l'Hôtel Continental. Nous saluons ici sa mémoire, avec une reconnaissance égale à l'admiration que nous ressentions pour son courage, sa bonté, son talent.

Bien cruelle a été pour nos cœurs la perte de la vénérée Présidente de Marseille, Madame L. Roulet ; nom béni, qui était pour nous le symbole du dévouement à l'armée depuis la guerre de Crimée, en 1854 ; du dévouement de chaque jour aux institutions charitables de Marseille ; le symbole de la fermeté dans la foi religieuse et de la fidélité à notre chère œuvre. Ame d'élite, sur laquelle ni les persécutions mesquines, ni les flatteries dangereuses n'eurent prise ; âme héroïque pendant les épidémies de choléra qui ont fait tant de victimes à Marseille et à Toulon, se prodiguant pour assurer tous les secours possibles pendant les guerres de la Tunisie, de la Chine, de l'Annam et du Tonkin, Madame Roulet fut une des plus nobles figures de la ville de Marseille ; on le vit bien le jour de ses obsèques ! La blessure que la mort a faite à nos cœurs serait inguérissable si, de sa main déjà défaillante, Madame Roulet n'avait elle-même placé le baume salutaire, en désignant pour lui succéder l'active Présidente dont vous connaissez toutes le nom.

. . . .

. . . .

Voici encore un danger contre lequel nous devons vous prémunir. Vous allez entendre quelques personnes vous tenir ce langage : maintenant que l'alliance russe nous assure la paix, il est inutile de nous donner tant de mal, rien ne nous presse plus !

Je ne sais, Mesdames, si même parmi les hommes d'Etat les mieux renseignés, ou les plus perspicaces, il en est un seul qui pourrait répondre de la paix ; mais ce que je sais, c'est que rien ne paraissait plus assuré que la paix en 1869, alors qu'ouvrant toutes nos portes aux plus fins limiers des puissances européennes, nous leur livrions les plus intimes secrets de nos forces et de nos faiblesses, pendant que nous nous endormions sur les lauriers trompeurs d'une brillante Exposition universelle.

Ce que je sais encore, c'est que l'année suivante le réveil fut terrible ; l'imprévoyance et le désordre s'étalèrent comme une honte, dans presque toutes nos administrations, et le désastre qui s'en suivit dure encore, puisqu'au bout de 25 ans, l'Alsace et la Lorraine ne sont pas redevenues françaises !

Ce que je sais enfin, c'est que si nos caractères trop confiants et notre humeur trop légère ne nous font apercevoir que des rameaux d'olivier, se détachant sur un ciel sans nuages, on travaille de l'autre côté du Rhin, avec autant de fiévreuse activité qu'il y a 25 ans, à étendre et à enrichir toutes les Sociétés de la Croix-Rouge.

A Wiesbaden, un des points de concentration de la Croix-Rouge allemande, les préparatifs en vue d'une guerre éventuelle sont énormes ; en Prusse il y a actuellement 353 colonnes sanitaires et 146 autres dans les Etats voisins ; ces colonnes sont tout équipées, prêtes à marcher et font chaque année des exercices de transports par terre, par eau et par chemins de fer ; vous savez qu'il y a aussi 17 hôpitaux pour l'instruction des Dames. En Autriche, il s'est produit un fait que nous devons méditer : les communes se sont déclarées prêtes à servir de centres pour le matériel des Sociétés de la Croix-Rouge, et il existe aujourd'hui 3,255 dépôts de ce matériel, pendant qu'en France, nous éprouvons des difficultés inouïes à loger nos hôpitaux de campagne!

Voilà comment, à nos portes, on se prépare à des éventualités aussi redoutables maintenant qu'elles l'étaient l'an dernier.

Pourquoi donc, en France, nous arrêterions-nous ? En avons-nous le droit ? Est-ce que la préparation des secours est tellement surabondante, soit dans les services officiels, soit dans les services volontaires, qu'on puisse, à cet égard, envisager d'un œil tranquille la possibilité d'une guerre ? Est-ce que les défectuosités meurtrières qui nous ont frappés d'un douloureux étonnement, pendant les expéditions de la Tunisie, du Tonkin et de Madagascar, sont déjà oubliées ? Est-ce que ce ne sont pas toujours vos fils, Mesdames, qui pourraient se trouver au nombre des 600,000 malades ou blessés de la première guerre ?

Que Dieu nous garde donc d'une trop grande quiétude ! Nous n'avons pas la supériorité du nombre, vous le savez bien ; ayons au moins la persévérance dans nos dévouements à l'armée, et craignons toujours ces fatales surprises dont notre histoire est pleine.

Comprenons donc que le relâchement serait pour nous une faute et un péril ! A l'œuvre ! Mesdames, préparez votre vente du mois de décembre ; venez vous instruire à nos cours ; accumulez votre matériel à Auteuil et dans tous vos Comités ; mettez à profit ces précieux jours de paix qui vous permettent de vous grouper et de vous exercer avec le calme nécessaire. Réjouissons-nous de l'alliance russe ; mais rappelez-vous que si la France l'a obtenue, ce n'est qu'après la reconstitution éclatante de son armée et de son matériel de guerre ! c'est la force et la prévoyance qui seules, en politique, font les amitiés durables. Imitons donc, dans notre modeste sphère, les persévérants efforts auxquels le gouvernement de la République doit ce grand résultat ; travaillons ! avançons ! car nous n'avons encore parcouru que la moitié du chemin ; fondez des Comités, Mesdames, amenez à ceux qui existent, de nouveaux adhérents, et dans quelques années, vos filles pourront mettre la main dans la main des femmes de Saint-Pétersbourg et de Moscou et leur dire : Nous sommes prêtes, ma sœur, prêtes pour l'honneur de la France ! prêtes pour l'honneur de la Russie ! prêtes à nous dévouer avec vous pour le salut de nos deux patries !

Médailles d'honneur au dévouement.

1° A Madame Ferdinand Périer, Membre du Conseil d'administration, Vice-Présidente de la Commission du matériel, généreuse et vigilante administratrice de l'hôpital d'Auteuil. Dans ces fonctions, Madame Périer déploie un zèle et une capacité que je peindrai d'un trait : elle est l'émule et la collaboratrice dévouée de Madame Binot.

Sous sa constante impulsion, la Section d'Auteuil est devenue un centre important d'enseignement, et un précieux appoint dans nos ventes.

Nous saisissons avec empressement cette occasion de rappeler l'appui que Madame Périer trouve dans le patriotisme de son mari, chaque fois qu'il s'agit d'être utile à notre chère œuvre, et il nous est extrêmement agréable de comprendre M. Périer dans l'expression de notre reconnaissance, en décernant à sa vaillante femme la plus haute récompense dont l'Association dispose.

2º Envois au corps expéditionnaire de Madagascar, distributions de secours en argent et en vêtements aux rapatriés, à leur débarquement, à l'hôpital, à leur sortie, telle a été, pendant une année entière, l'œuvre de dévouement quotidien accomplie par la Présidente de Marseille.

Ajoutez-y une volumineuse correspondance avec tous nos Comités qui la chargeaient d'être la dispensatrice de leurs offrandes, des états de répartitions parfaitement en règle, et vous comprendrez pourquoi ces Comités nous ont si souvent manifesté leur reconnaissance envers une Présidente si active et si admirablement secondée par ses collaboratrices.

Vous pensez bien que de tels bienfaits ne pouvaient passer inaperçus ; les sentiments qu'ils ont inspirés à la population vous expliquent pourquoi le nombre des Membres du Comité de Marseille a subitement doublé.

Aussi, la médaille d'honneur que le Conseil décerne aujourd'hui à Madame Jean Moulin, n'est-elle pas seulement un témoignage de la reconnaissance de toute l'Association ; elle atteste que la Présidente de Marseille s'est placée, en quelques mois, au rang des femmes les plus actives et les plus dévouées, qui sont la force et l'honneur de l'Association.

3º En décernant la médaille d'honneur à Madame Albert Vasseur, le Conseil a voulu récompenser des services nombreux et variés, un dévouement modeste, auquel nous ne faisons jamais appel en vain, une de ces personnes auxquelles notre œuvre doit l'exécution de détails assujettissants, sans lesquels notre mission bienfaisante ne pourrait être accomplie.

Après avoir été Directrice de l'ouvroir de Paris, Madame Vasseur est devenue Conservatrice du matériel d'enseignement, puis Répétitrice des cours ; bravant les intempéries de l'hiver, elle s'est rendue soixante-quinze fois dans les Comités voisins, soit pour y organiser des secours ou des Comités, soit pour y faire des conférences d'enseignement. Son zèle va toujours grandissant; nous l'en remercions, et cette médaille lui dira le prix que nous y attachons.

4° La quatrième médaille est attribuée à un de ces hommes qui, après avoir passé de longues années dans les rangs de l'armée, lui conservent toute leur affection quand l'heure de la retraite a sonné, et veulent encore la servir en se consacrant à une œuvre dans laquelle ils retrouvent l'écho de leurs propres sentiments. C'est au capitaine Stoffel que, depuis dix ans, nous avons recours quand il s'agit de ramener à l'œuvre des personnes qui, par erreur, semblaient s'en détacher : mission difficile ; le capitaine Stoffel y réussit et nous comptons par centaines les membres dont nous lui devons le retour.

Vous le trouvez toujours parmi nos collaborateurs les plus utiles et les plus discrets ; à lui seul, il a placé, sans frais pour notre loterie de l'an dernier, 12,000 billets. Que de démarches pour obtenir un pareil résultat !

Nous serons tous heureux que le Conseil ait fait acte de justice, en attachant la médaille qui honore un tel dévouement, à côté de l'étoile des braves, sur la poitrine du capitaine Stoffel.

QUATRIÈME PARTIE

Fonctionnement du Comité central en temps de paix

DANS LA DIX-HUITIÈME ANNÉE

Composition du Comité central. — Il comprend tous les membres de l'Association, hommes ou femmes, résidant à Paris et les membres des localités dans lesquelles il n'y a pas encore de Comité des Dames françaises. Le fonctionnement a pour base les statuts de l'Association, le règlement d'administration intérieure et le décret de 1892 sur les Sociétés d'assistance en temps de guerre; mais nous ferons observer que ce décret règle surtout le fonctionnement de l'Association en temps de guerre, et que, en temps de paix, c'est seulement la préparation de ce fonctionnement que nous avons en vue.

CHAPITRE PREMIER

Conseil d'Administration.

Le rouage le plus important dans le fonctionnement du Comité central c'est le *Conseil d'Administration* : il se compose de vingt membres élus par l'Assemblée générale et renouvelables tous les cinq ans. Les membres sortants sont toujours rééligibles. Si, dans l'espace de ces cinq années, un ou plusieurs membres du Conseil venaient à manquer par décès, démission ou autre cause, ces membres pourraient être immédiatement remplacés par le choix du Conseil, mais ce choix doit être soumis à l'approbation de la plus prochaine Assemblée générale. Les pouvoirs des membres du Conseil, élus de cette façon, cessent en même temps que ceux des autres membres ; il y a donc une nouvelle élection totale tous les cinq ans.

Le Conseil comprend actuellement dix dames et dix messieurs, mais cette proportion n'est pas réglée par les statuts.

Le Conseil peut s'adjoindre des Secrétaires pris en dehors de ses membres. Ces *Secrétaires adjoints* sont chargés de la rédaction des procès-verbaux des séances et de certaines parties de la correspondance ; ils n'ont pas voix délibérative.

Le Conseil d'Administration nomme lui-même ses *fonctionnaires*, Président ou Présidente, Vice-Président ou Vice-Présidente, Trésorier ou Trésorière, etc., etc. Il n'y a d'exception que pour le Secrétaire général, dont il sera parlé plus loin.

La Présidente et la Vice-Présidente du Conseil d'Administration sont, en même temps, *la Présidente et la Vice-Présidente de l'Association*.

La Présidente de l'Association ou, en son absence, la Vice-Présidente, correspond seule avec MM. les Ministres de la Guerre et de la Marine.

Il est à remarquer que la Présidente, la Vice-Présidente et les autres membres du bureau choisis par le Conseil d'Administration ne sont élus que pour deux ans, mais ces fonctions peuvent leur être continuées pendant toute la durée des cinq ans, soit par une nouvelle élection, soit par tacite reconduction.

Séances du Conseil d'Administration. — Elles se tiennent

ordinairement au siège de l'Association. Cependant, en cas de maladie de la Présidente ou de la Vice-Présidente, elles pourraient être tenues à leur domicile. Il y a habituellement une séance par mois, mais les séances peuvent être plus fréquentes suivant le besoin. Le Conseil est convoqué par des lettres signées de la Présidente ou, en son absence, de la Vice-Présidente, et du secrétaire général.

Ce dernier présente un *ordre du jour* établi d'accord avec la présidente. Cet ordre du jour peut toujours être complété ou modifié par le Conseil lui-même.

Chaque séance du Conseil d'Administration doit être suivie d'un *procès-verbal* et ce procès-verbal doit être signé par la Présidente de la séance et par le Secrétaire général. Lorsqu'une *délibération* a été prise, elle doit être consignée sur un registre spécial et signée par la majorité des membres présents à la séance. Pour que les décisions et les délibérations du Conseil soient valables, il suffit que la moitié des membres soient présents.

Quelles sont les attributions du Conseil d'Administration ? — C'est le Conseil qui fait le *règlement d'administration intérieure* nécessaire à l'exécution des statuts et des décrets. Ce règlement et les modifications qui ont dû y être apportées ont été adoptés par les Assemblées générales, en dernier lieu par celle de 1896.

Le Conseil nomme aux emplois le *personnel administratif* qui lui est proposé par le Secrétaire général, ou demandé par les Présidentes des Commissions ; il vote les secours en argent ou en nature, les récompenses, les achats importants de matériel. Cependant, pour les secours de 500 francs et au-dessous, l'initiative peut être prise par la Présidente, la Vice-Présidente et le Secrétaire général conjointement, sauf à en rendre compte à la prochaine réunion du Conseil.

Il prononce l'*admission* des nouveaux membres, et s'il y a lieu les *radiations*. Ordinairement ces admissions ne lui sont pas soumises ; mais, dans certains cas, il peut être nécessaire qu'elles soient portées devant lui.

Le Conseil a le pouvoir d'accepter des legs, des donations entre vifs, des dons manuels et d'acquérir les immeubles nécessaires au fonctionnement de l'Association, sauf approbation du Gouvernement, comme il est dit à l'article 16 des Statuts.

Le Conseil est juge souverain de *toutes les difficultés* qui pourraient naître entre les membres de l'Association au sujet de l'œuvre, et il possède toute autorité pour ce qui concerne le fonctionnement de l'œuvre.

Tous les *engagements* pris par le Conseil envers des tiers sont obligatoires pour l'Association.

La *situation morale* de l'Association doit être exposée, au moins tous les trois mois, au Conseil par le Secrétaire général ; et la *situation financière* aux mêmes intervalles, par la présidente de la Commission des Finances.

Les membres du Conseil peuvent assister, avec voix délibérative, aux *séances des diverses Commissions* dont il sera question plus loin.

CHAPITRE II

Du Secrétaire général de l'Association.

Jusqu'ici le Secrétaire général de l'Association a été élu directement par l'Assemblée générale et non pas choisi par le Conseil d'Administration. Cette disposition, qui était nécessaire au début de l'Association, parce que le Secrétaire général était, en même temps, le fondateur de l'Association, son organisateur, et avait en esprit tous ses développements ultérieurs, pourra être changée plus tard et le

Secrétaire général pourra être choisi directement par le Conseil. Il est, cependant, à remarquer que, pour conserver les traditions et assurer l'enchaînement des actes, il sera toujours utile d'avoir un Secrétaire général qui puisse remplir ses fonctions pendant une longue suite d'années et soit toujours au courant de tout ce qui concerne l'Administration et le fonctionnement de l'Association.

Quels sont les attributions et les droits du secrétaire général? — Il assiste aux séances du Conseil d'administration et aux séances des diverses Commissions avec voix délibérative. Il fait le rapport annuel sur la situation et les actes de l'Association, rapport qui doit être lu à l'Assemblée générale, et compose l'annuaire de l'Association qui doit paraître après cette Assemblée. Il est chargé de la correspondance avec les Présidentes des Commissions, les Présidentes des Comités, les Délégués régionaux et, aussi, avec les administrations de l'Etat, lorsque la Présidente de l'Association ne peut faire, elle-même, le nécessaire pour ces dernières.

Le Secrétaire général est le lien permanent entre les différentes branches de l'œuvre ; il centralise les renseignements et en donne connaissance aux intéressés.

C'est lui qui pourvoit au bon fonctionnement de tous les services rétribués ; il désigne les personnes nécessaires à ces services.

Il a la *garde des archives* manuscrites ou imprimées ; mais il peut être aidé pour leur conservation par des archivistes adjointes.

Il doit être informé de tout acte public intéressant l'Association ; c'est pour cela qu'il reçoit les extraits des journaux, les communications des Présidentes des Comités, et celles des Présidentes des Commissions.

Aucune publication concernant l'Association ne peut avoir lieu, au Comité central, avant qu'il ne lui en ait été donné connaissance.

En l'absence des Présidentes des Commissions, c'est lui qui ordonnance les paiements à faire.

En cas d'empêchement, il délègue ses pouvoirs à l'un des membres du Conseil, mais seulement pour la durée de l'empêchement.

Le Secrétaire général peut avoir pour sa correspondance et ses rédactions des *Secrétaires particuliers*. C'est le Secrétaire général qui fait envoyer chaque année aux Délégués régionaux ou à toutes les Présidentes des Comités un état de situation que ces dernières doivent remplir et lui retourner. C'est avec ces états qu'on arrive à établir exactement les ressources de l'Association et à dresser les *rapports* que le Ministre de la Guerre demande deux fois par an.

Des archives du Comité central. — Elles se composent du bulletin, des annuaires, des archives imprimées reliées, des publications des autres Sociétés de la Croix-Rouge française et des Sociétés semblables à l'étranger.

En outre, une série de cartons contiennent tous les documents qui intéressent le fonctionnement de l'œuvre. Ces cartons portent les titres suivants :

Conseil. — Délibérations.
Ministère de la Guerre et Comité central.
Commission supérieure des Sociétés d'assistance.
Sociétés de la Croix-Rouge en général.
Société française de Secours aux blessés.
Union des Femmes de France.
Adhésions et démissions importantes.
Commissions. — Procès-verbaux.
Chancellerie.
Matériel et Mobilier. — Siège central.
Fournisseurs. — Matériel.
Hôpitaux. — Tentes. — Bâtiments. — Plans.
Enseignement. — Ecole.
Etablissement d'Auteuil. — Administration. — Contributions. — Taxes.
Hôpitaux de campagne.

Essais de mobilisation.
Brancardiers.
Finances. — Dépôts de fonds. — Legs.
Achats d'immeubles. — Actes notariés. — Baux. — Assurances. — Contributions.
Contentieux. — Procès.
Polémiques.
Lettres particulières à conserver.
Administrations diverses autres que le Ministère de la Guerre.
Fêtes. — Ventes. — Loteries. — Expositions. — Conférences.
Dons faits par l'Association. — Lettres.
Dons conditionnels.
Délégués régionaux.
Affaires militaires des départements.
Gouvernement de Paris. — Personnel de secours.
Comités départementaux par départements.
Membres des Comités départementaux.
Colonies et Etranger.
Médecins et Ambulances par départements.
Situations annuelles des Comités.

CHAPITRE III

Du Délégué régional du Gouvernement militaire de Paris.

Ce Délégué, nommé par le Ministre de la Guerre, sur la présentation du Conseil d'Administration, est en rapports avec le *Directeur du Service de Santé du Gouvernement militaire de Paris*.

Deux fois par an, il doit établir un état de situation des ressources des divers Comités dans le Gouvernement de Paris, conformément au modèle arrêté par le Ministère de la Guerre. Pour établir ces états, il compulse les feuilles envoyées par les Comités et les bulletins de l'Association.

C'est lui qui est l'intermédiaire entre les Comités de son ressort et le Ministère de la Guerre, par l'entremise du Directeur du Service de Santé du Gouvernement militaire de Paris. Il lui notifie la fondation des Comités nouveaux dans ce gouvernement, lui transmet les demandes et les réclamations concernant les locaux, le matériel et le personnel des hôpitaux auxiliaires fixes ; les demandes de faveurs, telles que musiques militaires pour les fêtes et cérémonies, autorisations pour les officiers de la réserve et de l'armée territoriale d'y assister en uniforme, prêts de matériel, décorations de certains monuments pour des solennités, etc., etc. C'est lui qui transmet les communications de l'autorité militaire aux Présidentes des Comités.

Le Délégué régional assiste chaque année à la réunion des Délégués des Comités, réunion qui a lieu la veille de l'Assemblée générale et dans laquelle le délégué de chaque région militaire se trouve facilement en rapports avec les Présidentes des Comités de sa région ; le Délégué régional a voix délibérative dans cette réunion.

CHAPITRE IV

Des Commissions instituées au Ministère de la Guerre par le décret de 1892.

De la Commission mixte. — Chacune des trois Sociétés de la Croix-Rouge est représentée auprès du Ministre par un Commissaire civil et un Commissaire militaire ; le Commissaire civil de l'Association est actuellement son Secrétaire général.

Cette Commission, chargée d'étudier toutes les questions qui intéressent le fonctionnement de la Société, au point de vue du service de guerre, se réunit, soit sur l'initiative du Ministre de la Guerre, soit sur celle de la Présidente de l'Association ; les Commissaires peuvent aussi conférer entre eux toutes les fois qu'ils le jugent utile. Une expédition du procès-verbal de leurs conférences est adressée au Ministre de la Guerre, ainsi qu'à la Présidente de l'Association. *(Voir l'article 5 du Décret de 1892.)*

Commission supérieure des Sociétés d'assistance. — Outre cette Commission mixte, il existe une Commission supérieure des Sociétés d'assistance qui se réunit au Ministère de la Guerre, deux fois par an au moins : la Présidente de l'Association et le Commissaire civil en font partie, ainsi que le Commissaire militaire.

Cette Commission supérieure donne son avis sur toutes les questions qui lui sont soumises par le Ministre de la Guerre et par les sociétés, mais elle n'est que consultative. *(Voir l'article 7 du Décret de 1892.)*

CHAPITRE V

Des Commissions de l'Association.

Note générale sur les Commissions qui administrent les différentes sections actives du Comité central. — Le nombre de ces Commissions est variable suivant les besoins du moment. Celles qui sont toujours nécessaires sont au nombre de sept : Commission d'enseignement, des finances, du matériel, du personnel, de la propagande, Commission médicale consultative et Comité d'honneur consultatif.

C'est le Conseil d'Administration qui nomme les membres des Commissions et leurs Présidentes ou Présidents ; en outre, il peut adjoindre à chaque Commission des commissaires dont la mission temporaire se borne à l'étude de questions particulières et qui ont voix délibérative.

Les Commissions nomment elles-mêmes leurs Vice-Présidentes ou Vice-Présidents et leurs Secrétaires.

Elles sont convoquées par leurs Présidentes ou Présidents, d'accord avec leurs Vice-Présidentes ou Vice-Présidents.

Les Commissions rédigent les procès-verbaux de leurs séances. Des copies de ces procès-verbaux doivent être adressées dans les cinq jours de la délibération au Secrétaire général de l'Association qui les transmet à la Présidente du Conseil d'Administration.

Les délibérations des Commissions ne deviennent exécutoires qu'après avoir reçu l'approbation du Conseil.

Toutes les fonctions dans les commissions comme au Conseil sont gratuites ; mais, en cas de mission spéciale, les frais sont remboursés.

De la Commission des Finances. — Elle se compose d'une Présidente générale de cette Commission, d'une Trésorière, d'une section des recouvrements des cotisations et des dons en argent, avec une Présidente spéciale de cette section, d'une section des dépenses, avec une Présidente spéciale qui effectue les paiements.

En vertu des statuts, la Trésorière ou le *Trésorier* représente l'Association en justice et dans tous les actes de la vie civile. C'est elle qui reçoit les fonds de la section des recouvrements et délivre le nécessaire à la caisse des paiements. C'est elle aussi qui fait faire les achats de titres de rente ou d'obligations destinés au fonds de réserve, et qui autorise les versements à la Caisse des Dépôts et Consignations ou les retraits de fonds de cette Caisse.

Note sur les opérations à faire avec la Caisse des Dépôts et Consignations. — Dépôts. — Les dépôts sont reçus à la Caisse des Dépôts et Consignations sans aucune formalité. Ils sont faits par la Présidente de la section des recouvrements.

Retraits. — Quand la Présidente de la section des paiements prévoit que, pour assurer son service, une somme de.. lui est nécessaire, elle en informe la Présidente générale de la Commission des finances. Celle-ci adresse aussitôt une demande au Directeur de la Caisse des Dépôts et Consignations, en le priant de verser à la Trésorière de l'Association la somme de... La Caisse des Dépôts et Consignations envoie à la Trésorière l'avis d'avoir à se présenter pour toucher la somme indiquée dans le délai de quatre à cinq jours. Ce même avis est transmis par la Trésorière à la Présidente de la section des paiements qui, en vertu d'une procuration déposée à la Caisse des Dépôts et Consignations, touche la somme à la date fixée.

Pour ce retrait, si la somme est importante, cette Présidente se fait accompagner par le Secrétaire-Caissier. Dans le cas où il s'agit d'un paiement à faire par le notaire de l'Association, il suffit de faire faire un virement au compte du notaire.

Note sur les opérations à faire avec la Banque de France. — Dépôts des titres. — Le dépôt des titres est fait par la Trésorière, sans autre formalité que celle de remplir les bordereaux de dépôt.

Retrait des titres. — Le retrait des titres s'opère de la manière suivante : la Trésorière est munie d'une délibération du Conseil d'Administration, délibération transcrite sur une feuille de papier timbré de 0 fr. 60 et ainsi conçue :

Le Conseil d'Administration. dans sa séance de..., a autorisé Madame X..., trésorière, dont la signature ci-dessous est certifiée, à effectuer à la Banque de France le retrait des valeurs ci-après (désigner les numéros des récépissés).

Paris, le

La Présidente de l'Association,

SIGNATURE :

Légalisation de la signature par le Maire.

La Trésorière,

SIGNATURE :

Certification de la signature par la Présidente de l'Association.

Intérêts et titres amortis. — Les récépissés des titres de l'Association sont entre les mains de M. X..., haut fonctionnaire de la Banque de France et membre de la Commission des Finances de l'Association. M. X... veut bien se charger de nos affaires avec la Banque de France. Il établit, au 31 octobre : 1° le montant des coupons encaissés ; 2° la liste et le produit des titres amortis. Il fait connaître à la Présidente des paiements le montant de la somme à toucher ; celle-ci en informe la Trésorière qui lui délivre un chèque sur la Banque de France, détaché d'un carnet qu'elle possède. Ce chèque, fait au nom de la Présidente des paiements, est touché par elle et le montant est versé au Secrétaire-Caissier de l'Association.

Les titres amortis sont immédiatement remplacés par des valeurs de même nature ou par d'autres valeurs conformes aux statuts. Cette opération est faite par la Trésorière.

Un *carnet* est déposé à la Banque de France. La Trésorière y inscrit au fur et à mesure les sommes qui sont retirées de la Banque.

La Présidente générale de la Commission des Finances. — La Présidente générale de la Commission des finances a la surveillance des divers services de cette Commission ; elle en réunit les sections au moins deux fois l'an, pour établir la situation ; elle présente cette situation au Conseil d'Administration ; elle rédige le rapport financier qui doit être soumis chaque année à l'approbation des Assemblées générales. Le Conseil peut demander à la Commission des finances la situation financière toutes les fois qu'il le juge utile.

Du Vérificateur général. — Outre les membres ci-dessus indiqués, l'Administraion des finances comprend encore un *Vérificateur général,* chargé de la vérification de la comptabilité au siège de l'Association et à l'hôpital d'Auteuil. Il y a de plus, un Secrétaire-Caissier résidant au siège social. Enfin, pour l'établissement et la vérification des comptes, la Commission des finances peut s'adjoindre le nombre de Commissaires qu'elle jugera nécessaire.

Il est à remarquer que l'existence des trois sections les plus importantes de la Commission des finances, savoir : la Trésorière, la section des recouvrements, la section des paiements, donne déjà un moyen de contrôle des finances. En effet, les fonds recueillis par la Présidente de la section des recouvrements étant déposés par les soins de la Trésorière, soit dans la caisse courante, soit à la Caisse des Dépôts et Consignations, et, d'autre part, la Présidente des paiements ne pouvant disposer que des sommes régulièrement délivrées par la Trésorière, il faut nécessairement qu'aucune différence n'existe entre les sommes qui restent dans les diverses caisses ajoutées à l'argent dépensé, et les sommes qui proviennent des recouvrements. La même Trésorière recevant d'une Présidente et délivrant à l'autre, son registre est déjà un contrôle des recettes et des dépenses.

La Présidente de la Section des recouvrements. — Elle doit s'assurer de l'inscription aux registres des recettes de toutes les entrées à quelque titre que ce soit. Chaque versement d'argent donne lieu au détachement d'un reçu ;

le talon, indiquant l'origine et la somme, reste adhérent au registre. La confrontation de ces talons avec le registre des recettes, d'une part, et avec les sommes en caisse, d'autre part, constitue un premier contrôle qui doit être fait par la Présidente de la section des recouvrements.

Lorsque les sommes en caisse excèdent les besoins prévus, cette Présidente effectue le dépôt de l'excédent à la Caisse des Dépôts et Consignations, pour qu'il produise un intérêt.

La Présidente de la Section des paiements. — Elle doit, autant que possible, effectuer elle-même les paiements importants. Elle contrôle, à l'aide des factures ou autres pièces comptables, les autres paiements faits aux créanciers de l'Association. Elle assure l'exécution des décisions du Conseil relativement aux subventions et aux secours. C'est elle qui fait effectuer le dépôt au fonds de réserve des sommes ou des valeurs que le Conseil a décidé d'y faire entrer.

Elle veille à ce que la caisse du siège social soit toujours pourvue de sommes suffisantes pour effectuer les paiements exigibles, et, à cet effet, elle opère les retraits nécessaires à la Caisse des Dépôts et Consignations ou à la Banque de France de la manière qui a été déjà indiquée.

Les Présidentes des sections des recouvrements et des paiements arrêtent de concert, le 1er de chaque mois, le compte des recettes et des dépenses du mois précédent. Elles ajoutent tous les mois les résultats de ce compte aux résultats des mois antérieurs, de manière à pouvoir établir à tout moment la situation financière de l'Association.

L'Assemblée générale ayant lieu ordinairement vers la mi-novembre, c'est au 31 octobre que le compte général des recettes et des dépenses est arrêté, ainsi que la situation de la caisse courante. Mais les Présidentes des sections des recouvrements et des paiements peuvent vérifier cette situation toutes les fois qu'elles le jugent à propos.

CHAPITRE VI

Du Secrétaire-Caissier.

Le Secrétaire-Caissier, agissant comme délégué de la Présidente de la section des recouvrements, reçoit toutes les sommes apportées au siège social à un titre quelconque; il en délivre un reçu détaché d'un livre à souches et porte sur le registre des recettes les sommes encaissées. Les totaux du livre à souches et du registre des recettes doivent concorder.

Il délivre aussi des reçus détachés d'un livre à souches pour tous les dons en nature faits à l'Association et les inscrit sur un registre spécial.

Il fait présenter à domicile par un *Receveur* les quittances des cotisations annuelles. Ce receveur prend note des changements de domicile, des observations que lui font les personnes chez lesquelles il se présente. Il rapporte ces notes avec le montant des encaissements.

Le Secrétaire-Caissier représente à la Présidente de la section des recouvrements toutes les sommes encaissées.

Comme délégué de la Présidente de la section des paiements, il paie les créanciers dont les factures ou mémoires ont été visés pour le paiement par la personne qui a ordonné la dépense, ou, à son défaut, par le Secrétaire général.

Il doit toujours vérifier les factures ou mémoires pour s'assurer qu'aucune erreur de compte n'a été faite.

Il tient la comptabilité des recettes au moyen des livres à souches et d'un registre de recettes, et la comptabilité des dépenses au moyen d'un registre des dépenses. Les opérations sont portées au jour le jour sur ces registres.

Voici, du reste, l'énumération de tous les registres, au nombre de vingt-deux, qui sont tenus par le Secrétaire-Caissier :

1 Livre journal des *Recettes*. 3 parties : *Administration centrale, Hôpital d'Auteuil, Hôpitaux de campagne.*
1 Livre journal des *Dépenses*. 3 parties : *Administration centrale, Hôpital d'Auteuil, Hôpitaux de campagne.*
1 Livre par catégories de Recettes, *Administration centrale.*
1 — de Dépenses, —
1 — de Recettes, *Hôpital d'Auteuil, Hôpitaux de campagne.*
1 — de Dépenses, *Hôpital d'Auteuil, Hôpitaux de campagne.*
1 Répertoire des Membres du Comité central pour les cotisations.
1 Répertoire des Médecins et Pharmaciens de l'Association.
1 Répertoire général de tous les Membres pour l'envoi du bulletin.
1 Répertoire spécial des Membres de la Section d'Auteuil.
1 Livre à souches pour toutes les cotisations de 15 francs et au-dessus et subventions.
1 Livre à souches pour les cotisations de 20 francs.
1 — pour les cotisations de 10 francs.
1 — pour les dons en argent.
1 — pour les dons en nature.
1 — pour les dons pour la vente.
1 Registre comprenant les noms et adresses des Présidentes des Comités départementaux, des Membres du Conseil d'administration, des Membres de la Commission d'enseignement, des Délégués régionaux, des Délégués correspondants, des Membres des Commissions de propagande et des autres Commissions, ainsi que des Comités départementaux auxquels les bulletins doivent être envoyés.
1 Registre des petites dépenses.
1 — des médailles.
1 — de la vente des livres et questionnaires des Dames Ambulancières.
1 — des annonces.
1 — des sommes remises à la Surveillante générale pour le fonctionnement de l'hôpital.

22

Le Secrétaire-Caissier a encore d'autres attributions. Il est chargé des lettres de *convocation,* de l'expédition des *Bulletins* et autres publications de l'Association, et, à cet effet, il est aidé dans la confection des adresses par un *écrivain.*

C'est lui aussi qui examine les demandes de secours faites par les militaires rapatriés et par d'autres personnes qui croient y avoir des droits ; il leur fait parvenir ces secours quand ils ont été accordés.

Il commande les emballages nécessaires pour l'envoi des secours en nature, pour les objets destinés aux expositions ; il veille à ce que le *garçon de service* porte exactement à la poste les lettres et les imprimés.

Le Secrétaire-Caissier étant fréquemment en rapport avec les soldats qui viennent demander des secours, il est très utile que lui-même ait été militaire gradé.

Il donne des renseignements aux personnes qui viennent les demander, remet les imprimés nécessaires à celles qui sont chargées de la propagande, veille à ce que tout ce qui concerne la propreté des locaux, le chauffage, l'éclairage, etc., soit bien fait par le garçon de service.

Il fait toutes écritures, lettres, états de situation, etc., qui lui sont demandées par la Présidente ou le Secrétaire général, et il rend tous les services qui peuvent contribuer à la bonne tenue du siège social. En raison de ces diverses fonctions, il est nécessaire que le Secrétaire-Caissier réside au siège de l'Association.

CHAPITRE VII

Ressources de l'Association. — Placement et classification des fonds.

Les *ressources* se composent : 1º des dons, donations entre-vifs, legs et affectations en argent et en nature ; 2º du produit des cotisations des membres ; 3º des subventions qui peuvent être accordées ; 4º du produit des conférences, concerts, représentations, bals, loteries, ventes, souscriptions, etc., organisés au profit de l'Association ; 5º des parts contributives payées par les Comités des départements ; 6º des troncs peuvent être déposés dans certains établissements publics, une personne est chargée de les surveiller et d'en retirer les produits.

Les délibérations du Conseil relatives à l'acceptation des donations entre-vifs et des legs doivent avoir été préalablement étudiées par le *Conseil judiciaire* de l'Association ; ces délibérations sont soumises à l'approbation du Gouvernement (art. 16 des statuts).

Placement des fonds. — Les fonds peuvent être déposés soit à la Caisse nationale d'épargne jusqu'à concurrence de 8,000 fr., soit à la Caisse des dépôts et consignations en vertu de la lettre du Directeur général de cet établissement, en date du 11 mai 1894 ; cette lettre est reproduite dans le *Bulletin* de l'Association du mois de mai 1894, p. 132. Les fonds peuvent être aussi, comme on le verra plus loin, employés à l'achat de rentes de l'Etat français ou d'obligations de chemins de fer, dont le minimum d'intérêt est garanti par l'Etat.

Classification des fonds de l'Association. Ils se divisent en fonds inaliénables ; en fonds de réserve ; en fonds annuellement disponibles ; et en fonds affectés d'une manière spéciale à certaines branches de l'œuvre.

Les fonds inaliénables sont ceux qui ont été affectés par le donateur à une destination qui doit durer autant que l'œuvre elle-même : exemple les sommes qu'on a données pour la fondation de lits à l'hôpital.

Le fonds de réserve est constitué, d'après les statuts, par le prélèvement, en temps de paix, du tiers au moins des ressources annuelles de l'Association. Par ressources annuelles, il faut entendre celles qui sont fixes, telles que le produit des cotisations des membres du Comité central, des contributions des Comités des départements, et non pas celles qui proviennent de circonstances accidentelles telles que ventes, etc. Le fonds de réserve doit être employé en acquisition de fonds de l'Etat français ou d'obligations de chemins de fer, dont le minimum d'intérêt est garanti par l'Etat ; ces titres sont déposés à la Banque de France qui en touche les coupons et nous en verse le produit. Le fonds de réserve peut être aussi placé en partie à la Caisse des dépôts et consignations ; ce placement a l'avantage de nous assurer le remboursement dans un délai maximum de cinq jours, ce qui, en cas de guerre, serait très précieux. Si le placement à cette Caisse des dépôts et consignations nous donne un intérêt moindre que les titres de rente ou les obligations de chemins de fer, il a, en revanche, l'avantage de ne pas subir de dépréciation au moment d'une guerre.

En cas de guerre pour la France, le versement au fonds de réserve peut être suspendu ou restreint par décision du Conseil d'Administration.

L'Assemblée générale, qui devra être convoquée au début d'une guerre, décidera dans quelle mesure on pourra toucher au fonds de réserve.

Fonds annuellement disponibles. — Les fonds annuellement disponibles pour le Comité central sont composés des sommes qui n'entrent ni dans le fonds inaliénable, ni dans le fonds de réserve, ni dans les fonds qui ont une affectation spéciale.

Les fonds annuellement disponibles sont déposés partie dans le coffre-fort du Secrétaire-Caissier, partie à la Caisse des dépôts et consignations.

Fonds avec affectation spéciale. — Ces fonds sont de deux espèces : les uns doivent être employés au paiement des objets, bâtiments, terrains, ou secours spéciaux pour lesquels ils ont été donnés ; les autres constituent une dotation à laquelle on ne peut toucher tant que l'objet ainsi doté subsistera. Les revenus seuls de ces derniers fonds peuvent être employés chaque année. Exemple : les sommes destinées à la fondation de lits à l'hôpital d'Auteuil ; ces sommes sont inaliénables, et leur revenu sert à l'entretien du lit auquel elles sont affectées.

De l'emploi des fonds. — C'est le Conseil d'Administration qui décide de l'emploi des fonds, soit sur sa propre initiative, soit à la demande des Commissions. Cependant pour les sommes de 500 fr. et au-dessous, quand il y a urgence, le Bureau peut statuer comme il a déjà été dit.

En cas de *calamités publiques en France,* on ne peut employer que les fonds annuellement disponibles, et dans des circonstances exceptionnellement graves, qui ne se sont pas encore présentées, un vingtième du fonds de réserve.

Pour les *secours aux nations étrangères,* il ne peut jamais être touché au fonds de réserve. Le Comité central peut, en cas de guerre ou de calamité publique, envoyer de l'argent ou du matériel à des *Comités départementaux* de l'Association qui lui paraissent en mesure d'en assurer le bon emploi.

CHAPITRE VIII

Commission de l'enseignement et Commission médicale consultative.

Commission de l'enseignement. — Elle est composée de *docteurs en médecine* et de *pharmaciens;* elle a pour but la préparation du personnel de secours, en lui donnant l'instruction théorique et pratique nécessaire aux différentes fonctions qu'il peut avoir à remplir. A cet effet, elle rédige les livres, organise les cours et les conférences, fait subir les épreuves pour l'obtention des diplômes d'ambulancières ou de gardes-malades, forme des moniteurs et des répétiteurs, et aide à l'organisation de l'enseignement dans les départements, tant pour le personnel que pour le matériel nécessaires à cet enseignement. La Commission est presque en totalité constituée par le personnel de l'*Ecole de gardes-malades et d'ambulancières,* fondée en 1877 et autorisée dans la même année par le ministère de l'Instruction publique. Cette école a un *Directeur* et un *Sous-Directeur,* un Conseil de l'école, des professeurs, des dames conservatrices du matériel d'enseignement, et des dames répétitrices qui ont elles-mêmes une *Directrice* déléguée à cet effet par le Conseil de l'école; ce sont ces dames qui vont faire des conférences d'enseignement dans les Comités suburbains.

L'enseignement donné par l'école doit être concis; il doit parler surtout aux yeux, n'employer ni mots grecs ni mots latins quand on peut exprimer la même chose en langage ordinaire; il ne doit pas s'écarter du programme. En un mot, il doit être fait uniquement en vue de l'instruction pratique des élèves; chaque leçon ne dure qu'une heure et est suivie d'interrogations des élèves. Pour être admis à suivre les cours, il faut savoir lire et écrire, connaître le système décimal et être vacciné. Pour être admis aux examens, il faut avoir suivi les cours soit à Paris, soit dans un autre Comité de l'Association, et présenter un certificat de bonne vie et mœurs, à moins qu'on ne soit connu d'une autre personne faisant partie de l'Association.

Actuellement, les cours pour les dames ambulancières se font au siège de l'Association, à l'établissement d'Auteuil et dans un pensionnat de Passy; il est à souhaiter que d'autres centres d'instruction s'établissent. Chaque centre doit avoir son chef de section, désigné par le Conseil de l'école, auquel il rend compte des résultats de l'enseignement dans sa section.

Les matières de l'examen pour l'obtention des diplômes sont indiquées dans un *Questionnaire*. Il y a deux espèces d'examen : ceux des gardes-malades et ceux des dames ambulancières. Ces examens se passent conformément à un règlement spécial adopté par le Conseil de l'école et dont nous donnerons plus bas les principaux articles; les élèves qui ont obtenu les notes « extrêmement satisfait » et « très satisfait » peuvent prendre part à un concours pour les *prix*.

Règlement des examens. — 1° Les candidats signent sur les feuilles du registre qui porte la date de l'examen.

2° Les juges signent au-dessous, sur la même page.

3° Quatre candidats passent ensemble, trois ou quatre juges les interrogent chacun pendant dix minutes environ. Après l'interrogation de chaque candidat, on lui fait tirer dans l'urne un billet indiquant deux ou trois épreuves pratiques, et il les exécute de suite. On commence par faire exécuter les épreuves pratiques du candidat qui doit être interrogé le dernier; c'est donc ce candidat qui tire son billet le premier avant toute interrogation. Il exécute ses épreuves pratiques pendant qu'on interroge le premier candidat; ce dernier tire son épreuve quand il a fini de répondre et l'exécute pendant qu'on interroge le second, et ainsi de suite ; un juge surveille l'épreuve pratique.

4° Chaque juge a inscrit les noms des candidats sur une feuille volante ; après qu'il a interrogé un candidat, il inscrit en face de son nom les notes qu'il lui donne ; après que l'examen est fini, chaque juge donne son appréciation au président du jury et la note du candidat est la moyenne des notes données par les juges.

5° Cette note est inscrite sur la feuille du registre d'examen ; le président signe pour certifier et fait une annotation s'il y a lieu.

6° Les candidats au *diplôme d'ambulancière* ne sont interrogés ni sur les soins à donner aux femmes en couches, aux nouveau-nés, aux vieillards, ni sur les massages et l'hydrothérapie. Les gardes-malades sont interrogées sur toutes les matières de l'enseignement.

7° Graduation des notes : *passablement satisfait, satisfait, bien satisfait, très satisfait, extrêmement satisfait.*

Un enseignement spécial est donné dans les *lycées* aux jeunes gens de seize à vingt ans, auxquels on apprend les premiers secours à donner aux blessés et les moyens de transport. Chaque année, ces leçons dans les lycées sont réglées avec M. le Vice-Recteur de l'Académie de Paris et se terminent par une répétition générale sur notre terrain d'Auteuil, avec le concours de brancardiers et de voitures de l'armée.

En outre, des *cours de brancardiers* peuvent être faits dans la bonne saison, soit dans la cour, soit sous les hangars de l'hôpital d'Auteuil ; et il peut y avoir aussi, au même endroit, des démonstrations pratiques sur le montage et le fonctionnement des *tentes* et des *baraques*.

De l'Enseignement pratique à l'hôpital de l'Association. — Il consiste dans des instructions cliniques données, soit aux visites dans les salles de malades, soit à la consultation externe, et dans des conférences spéciales faites à l'hôpital ; les élèves sont exercées dans les différents services dont l'hôpital se compose ; un règlement détermine les conditions de leur admission et de leur emploi à l'hôpital (Voir le Règlement de l'hôpital d'Auteuil). Après un service de six mois à l'hôpital, les dames déjà pourvues du diplôme d'ambulancière peuvent se présenter à l'examen pour le grade d'*infirmière-majore*, ou pour le grade de *surveillante générale*.

Commission médicale consultative. — Cette Commission composée de médecins, de chirurgiens et de pharmaciens, ayant des titres scientifiques qui leur donnent une notoriété et une compétence exceptionnelles, est recrutée parmi les membres de l'Institut, les professeurs de la Faculté de Médecine de Paris, les professeurs de l'Ecole de Pharmacie, les membres de l'Académie de Médecine, les professeurs de l'Institut Pasteur, les médecins et chirurgiens des hôpitaux de Paris.

En temps de paix, elle est plutôt un soutien moral qu'une aide effective pour l'Association, cependant elle est consultée quand il s'agit de résoudre d'importantes questions d'hygiène, de bâtiments hospitaliers, de tentes, de baraques, d'arsenal chirurgical, etc.

En temps de guerre, elle interviendrait activement dans l'organisation et le fonctionnement des hôpitaux auxiliaires et des autres moyens de secours à l'armée. C'est surtout aux membres de cette Commission que l'on fait appel pour certaines conférences d'un intérêt technique exceptionnel.

La Commission médicale consultative ne se réunit que sur l'invitation du Conseil de l'Association.

CHAPITRE IX

Commission de Propagande.

Elle s'occupe des mesures générales propres à faire connaître l'Association, à amener des adhésions, à organiser des Comités et à procurer des ressources.

Elle se divise en deux classes : les Commissions de propagande proprement dite, et les Commissions d'organisation de fêtes et autres cérémonies publiques.

En principe, tout membre de l'Association doit faire de la propagande.

Commission de propagande proprement dite. — Elle est actuellement divisée en quatre sections :

Propagande dans Paris ;
Propagande dans les départements ;
Propagande dans les Colonies et pays de Protectorat ;
Propagande à l'Etranger.

Il serait très utile qu'il y eût une Présidente générale et une Vice-Présidente générale dont le rôle consisterait à stimuler l'activité de chacune de ces sections et à faciliter leur tâche.

Les sections de Paris, de l'Etranger et des Colonies ont chacune une Présidente spéciale, une Vice-Présidente, une Secrétaire et des membres en nombre indéterminé.

La propagande dans les départements comprend aujourd'hui deux subdivisions : dans l'une, sont surtout les départements du Nord et de l'Est de la France ; dans l'autre, ceux du Centre, de l'Ouest et du Sud. Mais, à mesure que l'Association se développera, cette deuxième subdivision devra être, elle-même, scindée en deux ou trois fractions, et peut-être plus, suivant les évènements.

Outre la propagande faite directement par le Comité central, les Délégués régionaux et les Comités des départements doivent être fréquemment exhortés à faire de la propagande autour d'eux et à rattacher par quelque lien aux Comités déjà existants, toutes les communes et les personnes notables des environs.

Quels sont les moyens de la propagande ? — Ces moyens sont :

1º Les réunions des commissions de chacune des sections ; les tâches particulières confiées individuellement à leurs membres ; l'envoi de missionnaires ou de déléguées fait par chaque section ;

2º L'organisation d'une *section de conférenciers*, dont la plupart sont des jeunes avocats ou des médecins. Cette section a une Présidente et une Vice-Présidente auxquelles doivent s'adresser les personnes qui désirent une conférence de propagande. Un règlement spécial est adopté pour le fonctionnement de cette section de conférenciers.

La propagande a deux autres moyens : la *publicité* par les journaux et le *bulletin mensuel* de l'Association. Il y a une Commission spéciale avec Présidente, pour la publicité proprement dite et une Commission du bulletin, dont le Président est le Secrétaire général de l'Association.

La plus grande prudence est recommandée à la Commission de publicité. Elle ne doit avancer que des faits scrupuleusement exacts ; se tenir tout à fait en dehors des partis politiques et des discussions religieuses ; il est bien entendu qu'elle ne doit jamais se laisser aller à des critiques qui puissent atteindre l'administration de l'armée ou les sociétés similaires à la nôtre ; mais elle doit relever toutes les agressions dont l'Association des Dames Françaises pourrait être l'objet et s'entendre avec le Secrétaire général pour la réfutation. La Présidente et le Secrétaire général de l'Association apprécieront si ces agressions doivent être soumises au Conseil judiciaire de l'Association. Ce dernier dira s'il y a lieu de poursuivre, mais ces poursuites n'auront lieu que si elles sont autorisées par une délibération du Conseil d'Administration.

De l'emploi du Bulletin. — Le Bulletin est envoyé par le Comité central à tous ses membres; il est envoyé par l'imprimeur à tous les Comités dans les départements. Chacun de ces Comités en reçoit de six à quinze exemplaires, suivant son importance, et ces exemplaires doivent être distribués aux personnes qui prennent une part active à l'administration de chaque Comité. Il est bon qu'on fasse lecture du Bulletin dans les séances d'ouvroir des Comités. C'est un moyen de faire connaître la situation et les travaux de l'Association à ceux qui s'y intéressent.

Les personnes qui ne reçoivent pas, de droit, le Bulletin peuvent s'y abonner, moyennant une somme actuellement fixée à 2 fr. 50 par an.

Le Bulletin est surtout l'organe du Comité central qui en fait les frais; mais il tâche aussi de reproduire toutes les communications des Comités des départements quand elles ont un intérêt général pour l'Association, ou quand elles peuvent faire naître une utile émulation ou des initiatives que nous devons favoriser; des conférences qui présentent un intérêt spécial peuvent y être publiées; le bulletin a ordinairement vingt-quatre pages, par exception trente-deux. La Commission du bulletin est seule juge des articles qu'elle doit y insérer et de la forme qu'il convient de leur donner. Le bulletin étant distribué au commencement de chaque mois, les communications envoyées pour y être insérées doivent parvenir au Secrétaire général ou à la Vice-Présidente de la Commission du bulletin avant le 18 de chaque mois.

Au bulletin sont annexées des *annonces payantes*. Ces

annonces ont pour but de diminuer les frais du bulletin. Une personne en particulier est chargée de les recueillir, mais tous les membres de l'Association peuvent l'aider dans cette recherche ; une autre personne est chargée de la comptabilité particulière de ces annonces. Il est à noter qu'aucune annonce ne peut paraître à moins d'avoir été acceptée par la Commission du bulletin.

Des missionnaires de la Propagande. — Ce sont des Dames qui après avoir été choisies par les Présidentes des Commissions de la propagande, et agréées par la Présidente de l'Association et le Secrétaire général, sont instruites d'une manière particulière de tout ce qui concerne l'histoire et le fonctionnement de l'Association. Ces Dames ainsi préparées sont envoyées dans les villes où l'on croit possible de fonder des Comités ; elles doivent se conformer scrupuleusement aux instructions qui leur ont été données par leur Présidente, l'informer de toutes leurs démarches, de leur succès et des obstacles qu'elles rencontrent ; elles doivent défendre l'Association sans attaquer les Sociétés similaires et éviter soigneusement de s'immiscer dans les questions politiques et religieuses. Après chaque fondation de Comité elles envoient à leur Présidente, pour être insérée au bulletin s'il y a lieu, une note relatant la cérémonie d'inauguration, la nomination de la Commission administrative ; elles doivent en outre informer la nouvelle Présidente de la notification qu'elle doit faire au Préfet au sujet de cette nouvelle fondation ; le Secrétaire général de l'Association enverra à la nouvelle Présidente les pièces nécessaires pour cette notification. Le traitement qui est alloué aux dames missionnaires et les dépenses dont elles justifient par des notes détaillées sont payées par le Secrétaire-Caissier, après toutefois que la Présidente de la section de propagande à laquelle la missionnaire appartient a examiné ces dépenses et donné le bon à payer.

VENTES, LOTERIES, FÊTES, CONFÉRENCES.

Ces diverses fêtes ont l'avantage de faire connaître l'Association et d'accroître ses ressources, mais il faut, avant de songer à les organiser, que le Conseil d'Administration les ait autorisées.

Depuis plusieurs années, le Comité central a, presque exclusivement, eu recours à une vente annuelle dont le succès est dû principalement à l'activité de la *Commission des Ventes*. Cette Commission est permanente ; elle se compose d'une Présidente, d'une Vice-Présidente, d'une Secrétaire et d'un nombre indéterminé de membres. Les membres appelés à faire partie de la Commission sont les Dames qui sont titulaires d'un comptoir pour la vente prochaine, celles qui vendent à un comptoir, et les Messieurs qui ont accepté les fonctions de commissaires de la vente.

Le travail de la Commission consiste à amener à l'Association le concours de Dames titulaires de comptoirs et de vendeuses, à tâcher d'obtenir des dons d'objets pour la vente, à faire adresser des cartes d'invitation à la vente à leurs amis personnels et aux membres de l'Association, à donner à la vente toute la publicité possible, à choisir des locaux convenables, à y faire dresser les comptoirs et à assurer l'ordre et la surveillance.

Dès qu'une vente est terminée, il faut préparer celle de l'année suivante, de sorte que le travail de la Commission est, pour ainsi dire, ininterrompu ; c'est pour cela que la Commission des ventes est permanente.

Pour les loteries, concerts, conférences, etc., des Commissions spéciales sont formées chaque fois qu'il y a lieu d'en organiser. Ces Commissions sont composées des personnes les plus aptes à fournir des indications utiles ou à exécuter les mesures arrêtées. Outre la Présidente, la

Vice-Présidente et la Secrétaire, les Commissions de ces fêtes doivent avoir une Dame préposée à la comptabilité spéciale. Il faut que la Commission soit exactement renseignée sur les dépenses à faire, avant d'en venir à l'exécution, et ces dépenses doivent être convenues par écrit avec les personnes qui doivent être payées à un titre quelconque ; sans cette précaution on s'expose à des surprises fort désagréables ; pour ces raisons et d'autres encore, il est utile qu'il y ait dans ces Commissions des Messieurs sur l'expérience et le dévouement desquels on puisse compter. Dès que la loterie, le concert ou la conférence ont eu lieu et que le compte des recettes et dépenses a été arrêté, la Commission se dissout, après avoir toutefois remis au Secrétaire général le dossier de ses opérations.

Loteries. — Aucune loterie ne peut avoir lieu sans l'autorisation administrative ; la première mesure à prendre est donc de demander cette autorisation. La Commission d'organisation s'occupe ensuite de l'impression et de l'émission des billets, dans les conditions déterminées par l'arrêté préfectoral. Elle fixe la remise à accorder aux intermédiaires chargés du placement des billets ; mais elle tâche autant que possible de faire placer ces billets par les membres mêmes de l'Association, de manière à éviter les frais de ces remises. Pour obtenir gratuitement des lots, elle fait appel aux membres de l'Association, au Ministère des Beaux-Arts, aux artistes, aux commerçants et aux industriels. La commission classe et numérote ces lots en vue du tirage, fixe la date de ce tirage, veille à ce que tout se passe régulièrement, notamment pour ce qui concerne la présence du commissaire de police du quartier et pour la publicité à donner à ce tirage ; elle règle aussi la manière dont ces lots seront délivrés dans les délais indiqués sur les billets ; enfin les opérations terminées, elle contrôle les comptes, les arrête, rédige le compte rendu demandé par le commissaire de police et remet le dossier au Secrétariat général.

Concerts. — Pour organiser un concert, la Commission s'assure d'abord du local convenable ; s'il ne lui est pas possible de l'obtenir gratuitement, ainsi que le chauffage et l'éclairage, elle tâche d'obtenir les conditions les moins onéreuses. De même, elle négocie d'avance avec l'Assistance publique et avec la Société des auteurs, compositeurs et éditeurs de musique ou la Société des auteurs et compositeurs dramatiques, pour faire réduire le plus possible les perceptions, soit du droit des pauvres, soit des droits d'auteur. Après s'être assurée du concours d'artistes des plus estimés, elle arrête le programme du concert, en ayant bien soin d'en exclure tout ce qui pourrait choquer un public composé surtout de mères de famille et de jeunes filles. Le programme illustré et vendu pendant la représentation, a été souvent une source de recettes importantes. La Commission fixe le prix des places, effectue le placement des billets, soit par les soins de ses membres, soit par des intermédiaires auxquels on fait une remise. Le jour du concert, des commissaires agréés par la Présidente de la Commission accompagnent les demoiselles qui vendent le programme, d'autres commissaires indiquent les places et assurent le bon ordre, d'autres enfin restent sur la scène pour faire donner aux artistes ce dont ils peuvent avoir besoin et assurer l'exécution du programme.

Il arrive parfois que des artistes, plus ou moins connus, offrent de donner des concerts ou des représentations au profit de l'Association en demandant son patronage. Le Conseil d'Administration seul a qualité pour accorder ce patronage, et il est très rare qu'il l'accorde, car il y a lieu d'être très circonspect à l'égard de ces propositions. Si ce patronage était accordé dans des conditions bien réglées à l'avance, le Comité central n'aurait pas à s'occuper de l'organisation de la fête ; en échange de son patronage il recevrait une part dans les bénéfices du concert.

Il est prudent de n'accorder aucune autorisation écrite ou verbale à des artistes ou chanteurs ambulants qui viennent offrir de partager leurs recettes et se parent alors des insignes de l'Association. Des abus très désagréables ont eu lieu pendant l'expédition de Madagascar : des chanteurs des rues ont ainsi exploité, à leur unique profit, les patriotiques sentiments de la population ; il ne faut même pas admettre ces artistes ambulants comme membres de l'Association.

Conférences. — Il peut être utile d'en organiser de temps en temps pour recruter de nouvelles adhésions ; le plus souvent on les fait suivre d'un concert gratuit, puis on fait une quête dont le produit compense les frais d'organisation. Les sujets de ces conférences sont l'exposé du but et des actes de l'Association, l'organisation des Sociétés de la Croix-Rouge en général, les questions scientifiques qui se rattachent aux soins à donner aux victimes de la guerre, les récits patriotiques, etc., on en bannit très sévèrement toutes les questions irritantes, soit du domaine de la politique, soit du domaine des croyances religieuses, et on a soin que ces conférences conservent toujours le caractère moral élevé qui convient à une Société comme celle des *Dames Françaises*.

CHAPITRE X

Commission du personnel de secours.

Cette Commission doit solliciter le concours actif des membres de l'Association, apprécier leurs aptitudes, les classer suivant les services qu'ils peuvent rendre en cas de guerre ou de calamité ; c'est elle qui propose au Conseil la fixation des rétributions ou des indemnités dues au personnel ; elle est spécialement chargée de la surveillance et de la discipline du personnel de secours ; chaque année elle vérifie la liste des personnes sur les services desquelles l'Association peut compter et en remet une copie au Conseil d'Administration.

Cette Commission se divise en deux sections : section des hommes ; section des femmes.

SECTION DES HOMMES

Commission des médecins, pharmaciens et infirmiers. — Commission des aumôniers, des comptables, des hommes de peine. — Commission des brancardiers, tentiers, voituriers.

La Commission des médecins, des pharmaciens et des infirmiers est spécialement chargée de rechercher les personnes qui voudraient prendre un service dans nos formations sanitaires en cas de guerre, de les classer suivant leurs aptitudes médicales, chirurgicales, de voir quelles sont celles qui voudraient rester dans le lieu de leur résidence et celles qui consentiraient à s'éloigner pour suivre nos hôpitaux ; à l'aide de ces renseignements, cette Commission dresse une liste du personnel médical, chirurgical et pharmaceutique et des infirmiers pour chacune de nos formations sanitaires.

Une autre subdivision de la section des hommes s'occupe particulièrement de rechercher des comptables capables de tenir les registres de nos hôpitaux et des aumôniers qui puissent donner les secours religieux dans chacun de ces hôpitaux, sans toutefois y être exclusivement affectés. Nous lui recommandons, en particulier, de bien prendre les renseignements nécessaires sur les hommes de peine qu'elle pourrait enrôler à l'avance, parce que c'est dans cette catégorie d'employés aussi bien que dans celle des infirmiers improvisés qu'ont été les sources du désordre pour beaucoup d'ambulances volontaires en 1870.

SECTION DES DAMES

Division des Dames ambulancières. — Cette division s'occupe surtout de s'assurer de la capacité, de la santé, des dames qui, ayant passé leurs examens, voudraient prendre un rôle actif dans la formation des services sanitaires en cas de guerre, soit au bureau des entrées, soit à la lingerie, soit à la cuisine, soit à la pharmacie, soit comme infirmières volontaires, soit comme surveillantes de salles. Son choix se trouve très facilité par la création du grade d'*infirmières-majores,* grade qui se trouve conféré à la suite d'examens passés à l'hôpital, dans les conditions déterminées par une note annexée au règlement de l'hôpital. C'est aussi cette section qui s'occupe des gardes-malades payées, des cuisinières et des femmes qui peuvent faire les gros ouvrages dans nos formations sanitaires.

Chacune de ces sections a sa Présidente et sa Vice-Présidente spéciales ; pour les brancardiers et les tentiers, leur instruction et leur organisation, il y a une Commission composée de médecins, d'anciens officiers et d'ingénieurs.

Il y a, en outre, une Présidente générale et une Vice Présidente générale de la Commission du personnel de secours. Ce sont ces Présidentes générales qui réunissent toutes les sections, quand elles le jugent utile, et qui indiquent à chacune la direction qu'elle doit donner à ses travaux, suivant les circonstances.

CHAPITRE XI

Commission du matériel.

Cette Commission a une Présidente générale et une Vice-Présidente générale, qui peuvent être aussi Présidentes d'une des subdivisions dont nous allons parler tout à l'heure. Leur rôle en tant que Présidente ou Vice-Présidente générale consiste à stimuler l'activité de chacune des subdivisions et à assurer la régularité de leurs travaux.

Section I. — *Travaux d'ouvroir*.

On confectionne dans les ouvroirs des pièces de pansement, bandes, compresses, etc. ; des pièces de lingerie d'hôpital, telles que chemises de malades et de blessés, chemises et ceintures de flanelle, draps de lit, taies d'oreiller, garnitures de gouttières métalliques. On y prépare des appareils à fractures et des caisses de modèles de secours pour les Comités. Chaque ouvroir a ses *Directrices* spéciales qui achètent les étoffes nécessaires avec l'autorisation de la Présidente générale du matériel. Les *réunions* pour les travaux d'ouvroir ont habituellement lieu les lundis et les vendredis au siège de l'Association et à l'hôpital d'Auteuil. Il est expressément interdit de s'y occuper de politique, de critiques religieuses.

Section II. — *Matériel d'ambulance*.

Ce matériel se compose de caisses de chirurgie, de pharmacie, et de tout ce qui contistue l'ameublement des hôpitaux auxiliaires. A cette section sont attachés des médecins, des pharmaciens, d'anciens négociants et d'autres personnes que la Présidente générale juge capables de l'aider dans le choix, l'achat, le transport et la conservation du matériel. Cette section peut avoir un Président, un Vice-Président et un Secrétaire.

SECTION III. — *Matériel meublant et tenue des locaux occupés par le Comité central.*

C'est ordinairement la Présidente générale du matériel ou sa Vice-Présidente qui est chargée de tout ce qui concerne cette section, et qui donne les ordres nécessaires pour l'achat, l'entretien et les réparations.

SECTION IV. — *Magasins généraux de l'Association.*

La Présidente générale désigne les personnes qui doivent s'occuper du rangement et de la conservation du matériel de secours déposé dans ces magasins. Une d'elles, en particulier, est chargée de la tenue des registres sur lesquels sont consignées les entrées, les sorties et les réparations de ce matériel.

SECTION V. — *Bibliothèques.*

La section des bibliothèques rentre aussi dans la Commission du matériel. Elle se subdivise en *bibliothèque du Conseil* et *bibliothèques militaires*. Les personnes attachées à cette dernière subdivision s'occupent de rechercher les livres, journaux illustrés qui peuvent entrer dans les bibliothèques d'ambulances, ou être envoyés aux bibliothèques militaires quand la demande en est faite par les chefs militaires. Il y a une Directrice de ces bibliothèques militaires ; elle choisit elle-même les Dames qui doivent l'aider ; il est utile que, parmi ces Dames, il y en ait qui soient un peu au courant des publications contemporaines et d'autres qui connaissent des langues étrangères. Une ou deux Dames sont spécialement chargées des expéditions de livres et de bibliothèques. Cette section des bibliothèques est aussi chargée de l'achat des jeux, papier à lettres, crayons, etc., qu'elle joint souvent à ses envois de livres. C'est elle aussi qui fait faire les reliures des feuilletons et des livres quand elle le juge utile.

La *bibliothèque du Conseil* a une bibliothécaire spéciale chargée de cataloguer et de ranger les livres qui contiennent des renseignements utiles sur le fonctionnement des Sociétés semblables ou analogues à la nôtre.

SECTION VI. — *Matériel des expositions.*

Il est utile d'avoir une section de la Commission du matériel, spécialement chargée des objets qui servent ordinairement à nos *expositions*.

Elle doit pourvoir à l'entretien de ces objets, veiller à ce qu'ils soient toujours réunis dans un même endroit et toujours prêts à partir quand le Conseil a décidé que nous prendrions part à une exposition.

Ce matériel se compose de deux sortes d'objets : ceux qui se rattachent au rôle de l'Association et les tentures qui servent à les encadrer.

Cette section est tout à fait distincte de la Commission des expositions, qui est chargée d'*organiser* les expositions, tandis que la section *du matériel des expositions* a surtout pour objet la conservation du matériel ordinaire de ces expositions.

SECTION VII. — *Chancellerie.*

Cette section n'est ordinairement composée que de trois Dames qui sont chargées des médailles, des insignes et des rubans. Elle a une Directrice qui doit s'entendre pour les dépenses à faire avec la Présidente générale des Commissions du matériel; pour les inscriptions à graver sur les médailles, elle doit s'entendre avec le Secrétaire général.

N. B. A toutes ces subdivisions de la Commission du matériel, le Conseil peut adjoindre des Commissaires hommes quand il le juge utile.

Commission des hôpitaux de campagne. — Si l'Association continue à être chargée par décret d'organiser le matériel et le personnel d'hôpitaux de campagne, il sera nécessaire d'avoir une division distincte pour l'achat, la conservation et l'expédition de ce matériel. C'est la Présidente générale qui désignera ses collaborateurs pour cela : elle les choisira principalement parmi les médecins, les pharmaciens, et d'anciens officiers d'administration auxquels il sera utile d'adjoindre des chefs des grands magasins de Paris, puis un personnel secondaire pour l'entretien du matériel.

CHAPITRE XII

Conseil judiciaire. — Comité d'honneur consultatif.

Du Conseil judiciaire. — Le Conseil judiciaire de l'Association est institué pour nous éclairer sur la marche à suivre dans toutes les questions qui touchent au droit ou à l'administration gouvernementale.

Il a été réuni bien des fois pour décider si nous devions accepter certains legs et pour les formalités subséquentes; pour des modifications aux statuts; pour établir notre droit de réponse en cas d'attaques de la Presse; et, dans certains cas, pour des poursuites à exercer quand l'Association est injustement attaquée, etc.

Ce Conseil est composé de sénateurs, de conseillers à la Cour, d'avocats au Conseil d'Etat et à la Cour de Cassation, d'avocats à la Cour d'Appel, d'avoués, et, nécessairement, de l'avocat, de l'avoué et du notaire de l'Association. Nous n'avons eu qu'à nous féliciter de l'avoir consulté dans toutes les questions délicates, et à nous louer, dans plusieurs circonstances, de l'intervention personnelle de ses membres.

Lorsque l'Association croit avoir intérêt à obtenir certaines modifications aux lois ou aux règlements administratifs, elle peut ajouter à son Conseil judiciaire ordinaire des sénateurs, des députés, des membres des grandes administrations de l'Etat, pour l'aider de leurs conseils et de leur influence; elle pourra trouver les éléments de cette commission spéciale, parmi les membres du Comité d'honneur consultatif.

Comité d'honneur consultatif. — Il est composé d'anciens Ministres, en particulier de la Guerre et de la Marine, de sénateurs, de députés, de membres de l'Institut dans ses diverses sections et, en particulier, de membres de l'Académie Française qui ont pris la parole dans nos Assemblées générales, de généraux qui commandent les régions militaires, d'anciens Ministres plénipotentiaires, etc.

Ce Comité nous serait surtout utile comme appui moral dans les circonstances où le Comité central devrait faire de grands efforts pour se procurer des ressources ou pour organiser d'importants secours. Jusqu'ici, nous ne lui avons demandé son conseil et son intervention que pour tâcher d'obtenir des modifications à certaines lois qui nous intéressent particulièrement. C'est ainsi que nous avons obtenu le dépôt de nos fonds à la Caisse des Dépôts et Consignations, avec l'assurance d'être remboursés en totalité dans les cinq jours; c'est ainsi encore que nous espérons bien obtenir la gratuité pour les correspondances de l'Association, soit par l'exemption des frais de poste, soit par la création d'un timbre spécial, comme cela existe à l'étranger; la réduction au quart de place pour les voyages en chemin de fer que nécessite le fonctionnement de l'Association; la réduction du tarif pour les envois de notre matériel de secours et de nos dons, soit pour des calamités publiques, soit pour des expéditions militaires, etc.; la non-assimilation de nos hôpitaux et de nos magasins aux propriétés de main-morte, et l'exemption des impôts particuliers que ces propriétés ont à payer.

Même sans que nous ayons recours à son intervention, le Comité d'honneur consultatif est une puissance morale à laquelle l'Association doit beaucoup tenir et qu'elle doit tâcher d'accroître chaque année.

CHAPITRE XIII

Des Dons faits par l'Association.

L'importance et la nature de ces dons varient beaucoup suivant qu'il s'agit de calamités publiques, d'un corps expéditionnaire, de rapatriés des guerres des colonies, ou de secours à des armées étrangères.

Pour les *calamités publiques* telles que : incendies, naufrages, tremblements de terre, inondations, épidémies, disette, etc., quand ces évènements sont assez étendus pour mériter la qualification de calamité publique, les secours consistent ordinairement en sommes d'argent, en denrées ou en médicaments. Ces secours sont distribués, soit par des membres de l'Association, ordinairement les

Présidentes des Comités les plus voisins, soit par les autorités administratives.

Le bureau du Conseil d'Administration est juge des cas où un appel en faveur des sinistrés peut être adressé aux divers comités de l'Association. Un Comité, en particulier, ne peut adresser directement des demandes de secours à d'autres Comités : il faut que cette demande passe par le Comité central.

Les envois aux *Corps expéditionnaires,* et ce sont toujours les plus importants, consistent généralement en vêtements, médicaments, vins, lait, légumes conservés, aliments légers, livres, jeux, etc. Ces envois sont le plus souvent transportés à destination par l'entremise des Ministères de la Guerre et de la Marine, et adressés tantôt au Commandant en chef du Corps expéditionnaire, tantôt au Directeur du service de santé de ce Corps, tantôt encore aux médecins des hôpitaux et ambulances, tantôt aux religieuses qui font le service des hôpitaux ; en un mot, aux personnes qui sont en situation d'en assurer le bon emploi.

Des récépissés nous sont délivrés soit par les Ministères qui ont fait l'expédition des colis, soit par les compagnies de chemins de fer ou de transports maritimes ; en outre, nous devons tâcher d'obtenir du destinataire l'attestation de la bonne arrivée de nos colis et des états de distributions émanant du chef de l'armée, de manière à pouvoir fournir les preuves qu'on peut demander à une bonne administration.

Les *soldats rapatriés* des Corps expéditionnaires reçoivent également des secours du Comité central.

Les uns, après avoir touché une petite somme d'argent sur les fonds que l'Association confie chaque mois au Commandant de la Place de Paris, comme premiers secours aux militaires, se présentent au Comité central avec une feuille émanant de la Place de Paris et certifiant que le porteur a besoin de secours. Cette première catégorie de rapatriés reçoit, suivant ses besoins, des vêtements, du linge, des chaussures, du vin de quinquina, du bouillon concentré, et aussi une allocation en argent, variant de 5 à 20 francs.

D'autres rapatriés, n'habitant pas Paris et résidant dans des localités où il n'existe pas de Comité de l'Association, s'adressent au Comité central pour obtenir des secours. Ces secours leur sont accordés lorsqu'ils ont produit des pièces justifiant leur demande. Ils consistent le plus souvent en sommes d'argent.

La distribution des secours en nature est faite au Siège social par des Dames de l'Association. Elles sont souvent assistées d'un médecin, pour apprécier la gravité de la maladie ou des blessures; et il est nécessaire, surtout lorsque les soldats se présentent en nombre, qu'il y ait avec les Dames un ancien officier pour assurer l'ordre et pour apprécier si les demandes sont bien motivées; quand l'affluence est trop grande, il peut être nécessaire de demander un sergent de ville les jours de distribution.

Aucun Comité ne doit recommander un soldat à d'autres Comités, à cause des abus. Il y a des rapatriés ou des soldats de la Légion étrangère qui vont ainsi de Comité en Comité, avec de prétendues recommandations et vivent pendant de longs mois des secours abondants qu'ils ont reçus, sans chercher à travailler ou à retourner dans leur pays.

Lorsqu'il s'agit de demandes de secours pour des soldats revenus de l'armée et résidant dans Paris, mais qui sont hors d'état de venir au Siège social, il est utile qu'une personne de l'Association se rende au domicile du demandeur pour y faire une enquête sur la situation de la famille, afin de proportionner les secours aux besoins, et d'éviter les tromperies.

Sur un registre spécial indiquant la nature des dons et les sommes d'argent, tous les soldats qui ont reçu mettent leur signature.

Quand on envoie des dons dans les départements, il est bon de les adresser au maire, au médecin ou au curé, qui en accuse réception et les remet au malade par fractions.

Lorsque les demandes viennent de villes où l'Association n'a pas de Comité et où les autres Sociétés de la Croix-Rouge en ont, il faut répondre au demandeur qu'il s'adresse à ces Comités.

Sous-Commission des achats, envois et expéditions. — Elle se compose d'une Présidente, d'une Vice-Présidente, et d'un nombre de membres indéterminé : il peut, en effet, y avoir intérêt à demander le concours de personnes qui, ayant résidé dans un pays où des soldats français se trouvent en expédition, sont particulièrement compétentes pour indiquer les objets qui leur sont le plus utiles.

La Sous-Commission se réunit toutes les fois que sa Présidente juge nécessaire de la convoquer ; cette Présidente est informée par le Secrétaire général des dons qui ont été votés par le Conseil.

Lorsque le Conseil d'Administration a décidé qu'il y avait lieu de faire un envoi en nature et a ouvert, à cet effet, un crédit, c'est la Sous-Commission qui assure l'exécution de la décision prise. Souvent l'envoi est composé d'après les indications fournies par l'Autorité ou la personne qui a fait appel à la bienfaisance de l'Association. Lorsque, au contraire, aucune indication spéciale n'a été fournie quant à la nature des objets à envoyer, la Sous-Commission s'éclaire à ce sujet par tous les moyens en son pouvoir, de manière à rendre efficaces les secours de l'Association.

La composition d'un envoi arrêtée, la Présidente se charge elle-même, ou charge un ou plusieurs membres de la Sous-Commission de procéder aux achats dans les meilleures conditions possibles.

Il n'est pas toujours nécessaire de recourir à des achats : ainsi quand il y a lieu d'envoyer de la lingerie ou des livres, en même temps que des objets d'alimentation ou des médicaments, la Présidente de la Sous-Commission s'adresse à la Présidente générale des Commissions du matériel ou à la Présidente de la Sous-Commission des bibliothèques, qui mettent à sa disposition ce qu'elle a demandé, pour qu'il soit fait une seule expédition de l'ensemble des objets que donne l'Association.

Ces objets sont extrêmement variés. Ceux qui ont été envoyés le plus fréquemment sont : tabac, lait pasteurisé ou concentré, vin de Bordeaux, vin de Champagne, vin de quinquina, conserves de légumes, biscuits, chocolat, eaux minérales, sulfate de quinine et autres médicaments ; vêtements, chemises et ceintures de flanelle, tricots de laine ; livres et journaux illustrés, papier à lettres, crayons, plumes à écrire, jeux divers, etc., etc.

Autant que possible, le cachet ou l'étiquette de l'Association sont apposés sur les objets envoyés.

L'emballage est fait avec le plus grand soin. Les colis étant le plus souvent à destination d'outre-mer, les caisses sont doublées de fer blanc ou de zinc, pour éviter les avaries ; elles portent, imprimés sur plusieurs faces, le nom et l'adresse de l'Association.

Les expéditions sont faites soit directement à leur destinataire, soit par les soins du Ministère de la Guerre ou du Ministère des Colonies ; l'Association se conforme aux instructions de l'autorité militaire pour la remise des colis, dont le fonctionnaire qui les reçoit, délivre un récépissé. La Présidente ou sa suppléante doit s'assurer du bon emballage et de l'expédition exacte des colis ; elle doit aviser le destinataire et lui demander d'accuser réception de l'envoi, en le priant de faire connaître si les caisses et leur contenu sont arrivés en bon état. Elle tient un *carnet spécial* sur lequel sont consignés tous les achats et envois faits par sa Commission. Toutes les factures relatives à ces achats, les frais d'emballage et d'expéditions sont contrôlés par elle, et ne sont payés que sur un bon signé d'elle.

CHAPITRE XIV

Rapports du Comité central avec les Comités des départements.

Les Comités des départements n'ont d'existence légale que lorsque les Préfets des départements où ils sont situés ont reçu notification de leur création et, notamment, d'une pièce délivrée par la Présidente du Conseil d'Administration et constatant qu'ils sont rattachés à l'Association.

Voici du reste la lettre du Ministre de l'Intérieur, qui règle les formalités à remplir :

MINISTÈRE DE L'INTÉRIEUR

Paris, le 13 mai 1892.

Madame la Présidente,

Vous avez bien voulu me demander de vous fixer sur le point de savoir si, en présence des termes de l'article 21 des statuts de l'Association des Dames Françaises, il est nécessaire de recourir à l'autorisation préfectorale, chaque fois qu'il y a lieu de créer un Comité départemental.

D'accord avec mon collègue, M. le Ministre de la Guerre, j'estime, Madame la Présidente, que cette autorisation n'est pas nécessaire.

Toutefois, je pense, avec mon collègue, que, dans un but de contrôle, le Président du Comité récemment fondé devra déposer à la préfecture : 1° la liste de ses membres ; 2° les statuts de l'Association ; 3° une pièce officielle émanant du Conseil d'Administration et attestant l'existence du lien qui rattache l'œuvre locale à la Société : 4° enfin, un récépissé de l'avis de création du Comité donné au Directeur du service de santé du Corps d'armée.

Veuillez agréer, etc.

Pour le Ministre :
*Le Directeur
de l'Assistance et de l'Hygiène publiques.*
Signé :. MONOD.

La Présidente, provisoire ou définitivement élue par le Comité nouveau, doit adresser au Comité central la liste des membres du bureau provisoire ou définitif, ainsi que celle des adhérents, avec leurs adresses, et enfin, le compte rendu de la séance d'inauguration, avec le texte du règlement adopté par le Comité. Ce règlement doit être approuvé par le Conseil d'Administration de l'Association, qui doit agréer également le choix du Président ou de la Présidente nommés par le bureau du nouveau Comité. Comme le délégué régional est l'intermédiaire obligé entre les Comités et l'autorité militaire, il se trouve nécessairement avisé de la formation du nouveau Comité par la demande de récépissé qu'il transmet au Directeur du Service de santé, si déjà il n'a été personnellement informé par la Présidente du nouveau Comité.

Les rapports ainsi établis, le Comité central envoie au nouveau Comité l'annuaire et les autres publications de l'Association, dans des proportions fixées d'avance lui fournit, dans des cas exceptionnels, des moyens d'enseignement, tant en personnel qu'en matériel ; lui adresse, également à titre exceptionnel, des caisses d'objets de pansement, et, en cas de guerre ou de calamité publique, les secours qu'aura alloués le Conseil d'Administration.

Pour la réunion des délégués et pour l'Assemblée générale, le Comité central convoque les *Délégués des Comités des départements*.

Les Présidentes ou Présidents des Comités des départements doivent, de leur côté, assurer l'envoi au Comité central du dixième du montant des cotisations et souscriptions de leurs membres, ainsi que du rapport présenté à leur Assemblée annuelle sur la situation morale et financière de leur Comité. Il leur est recommandé de faire parvenir au Secrétaire général de l'Association, pour être insérés au Bulletin, s'il y a lieu, les comptes rendus des Assemblées, Conférences, Fêtes, Cérémonies, etc, et, d'une manière générale, de le tenir exactement et promptement informé de tout ce qui, dans la région où se trouve leur Comité, peut intéresser l'Association. Si le bureau d'un Comité juge utile d'organiser un concert, une conférence, une vente, etc., ou bien s'il se produit quelque embarras au sujet d'un point quelconque concernant le fonctionnement du Comité, ou si encore le Comité est l'objet d'attaques dans la presse, les Présidentes ou Présidents n'ont qu'à soumettre, par lettre ou oralement, au Secrétaire général, la question dont la solution les intéresse. Ils peuvent être assurés de recevoir, soit de lui, soit des Présidentes des Commissions du Comité central qui seraient particulièrement compétentes, une réponse qui leur permettra de mettre à exécution leurs projets, ou d'aplanir les difficultés.

Conservation des fonds des Comités. — Il peut arriver que certains Comités aient des craintes pour leurs fonds, soit qu'il y ait quelque difficulté pour leur bonne administration, soit que des divisions se soient établies au sein du Comité. Dans ces cas, le Comité central peut se charger d'effectuer le dépôt de ces fonds à la Banque de France s'ils consistent en titres, à la Caisse de Dépôts et Consignations s'ils sont en argent.

Ces dépôts donnent lieu à un échange de correspondance qui assure au Comité déposant la propriété et le retrait de ces fonds lorsque ses inquiétudes seront dissipées. Cette mesure a été appliquée avec succès aux

Comités de Nice et de Cannes, et ces négociations se sont terminées à la satisfaction de ces deux Comités.

Du matériel des Comités. — Lorsque les Comités redoutent de voir leur matériel se détériorer, soit par le manque de soins, soit par l'effet du climat, ils peuvent en faire don au Comité central, qui en trouvera l'emploi dans ses envois aux corps expéditionnaires, dans ses hôpitaux, ou à propos de calamités publiques.

Des récompenses demandées par les Comités. — Pour ce qui concerne les demandes de récompenses, voir ce chapitre, page 248.

Des droits des Comités aux Assemblées générales. — Voir le titre *Assemblées générales*, page 245.

Coordination des secours en cas de guerre. — Il ne faut jamais oublier que chaque Comité ne saurait avoir une vie isolée. L'Association ne sera vraiment puissante que par la réunion des efforts et des ressources des Comités, surtout en cas de guerre.

Nous demandons donc aux Comités de suivre les indications qui seront données, soit par le Comité central, soit par les Délégués régionaux, lorsqu'il s'agira, en cas de guerre, de concentrer les ressources sur les points où elles seront devenues nécessaires. Il est de l'intérêt de chaque Comité d'agir ainsi, puisque lui-même pourrait avoir besoin de la coopération des autres Comités. Il est bien entendu que le Comité central doit donner lui-même l'exemple de cette association des efforts et des ressources en cas de guerre ou de calamité publique, lorsque le Conseil de l'Association a jugé nécessaire d'agir ainsi en commun.

CHAPITRE XV

Des Assemblées générales et de la réunion des Délégués.

Les Assemblées générales de l'Association ont lieu, chaque année, à Paris, ordinairement en novembre. En cas d'urgence, l'Assemblée générale peut être convoquée par le Conseil d'Administration en dehors de l'époque ordinaire et en session extraordinaire. Les Assemblées générales se composent des membres du Comité central, des Délégués des Comités des départements, des Délégués régionaux, et d'un représentant de chacune des autres Sociétés de bienfaisance qui se rattachent à l'Association, pour concourir à l'œuvre commune.

Chaque Comité des départements composé d'au moins 100 membres payants peut envoyer 1 délégué ; s'il compte 200 membres payants il pourra envoyer 2 délégués ; 3 délégués s'il en compte 500 ; 5 délégués s'il en compte 1000. 10 membres tirés au sort parmi ces délégués siègent au bureau de l'Assemblée générale, et la Vice-Présidente de cette Assemblée est choisie par eux et parmi eux.

Le bureau spécial des Assemblées générales est composé de la Présidente générale de l'Association, ou, à son défaut, de la Vice-Présidente générale, d'une Vice-Présidente désignée par les dix délégués tirés au sort et prise parmi eux ; du Secrétaire général, des membres du Conseil d'Administration ; des neuf autres délégués des Comités des départements. Les *questions* sur lesquelles l'Assemblée doit être consultée sont toutes indiquées à l'avance dans l'ordre du jour. Aucune question étrangère au but spécial de l'Association ne peut être soumise à l'Assemblée. Les propositions faites en séance et qui ne concerneraient pas l'ordre du jour, seront renvoyées à des Commissions qui les étudieront.

Du droit des hommes dans les Assemblées générales. — A l'exception des hommes membres du Conseil d'Administration, ou des Commissions, et des autres fonctionnaires de l'Association, les hommes ne peuvent prendre part aux discussions dans les Assemblées.

Les *délibérations* sont prises à la majorité des voix exprimées.

Dans le cas où l'Assemblée générale serait appelée par le Conseil d'Administration à délibérer sur la *dissolution de l'Association*, la délibération prononçant cette dissolution ne serait valable que si elle était prise par une majorité comprenant au moins les deux-tiers de l'Assemblée générale. Cette délibération ne pourrait être prise que dans une Assemblée convoquée spécialement à cet effet.

L'Assemblée générale, à sa réunion de novembre, est instruite de la situation morale et financière de l'Association. La Présidente de la Commission des finances soumet les comptes à son approbation ; l'Assemblée entend les rapports de la Présidente de la Commission des envois et expéditions sur les dons faits par l'Association ; de la Commission de l'enseignement sur les résultats de l'enseignement, et tous les autres rapports jugés utiles par le Conseil ; c'est le Secrétaire général qui fait le rapport sur la situation générale de l'œuvre.

La Présidente générale de l'Association adresse une allocution, et ordinairement un discours important est prononcé à la fin de la séance par une personnalité éminente, qui est appelée à partager la présidence de la séance avec la Présidente générale. C'est à l'Assemblée générale que les récompenses sont décernées.

La séance de l'Assemblée générale est un excellent

moyen de propagande; aussi a-t-elle lieu dans une salle de vastes dimensions qui permet d'y inviter un nombreux public, et avec un certain apparat que rehausse le concours d'une musique militaire.

Depuis que la présidence d'honneur de l'œuvre a été acceptée par la femme du Président de la République, l'Assemblée a toujours été honorée de la présence de sa Présidente d'honneur. Les Ministres de la Guerre, de la Marine et plusieurs autres se font représenter. De nombreux membres du Parlement, de l'Institut, de l'Administration, de l'Armée, viennent témoigner de l'intérêt qu'ils portent à l'Association. En sorte que l'Assemblée générale, tout en conservant sa portée statutaire et réglementaire, est devenue une véritable cérémonie annuelle où chacun vient puiser le désir de se rendre utile à la Patrie en contribuant à la prospérité d'une œuvre patriotique.

Des votes aux Assemblées générales. — Ces votes ont ordinairement pour objet l'élection des membres du Conseil, ou des changements à faire aux statuts ou aux règlements.

Sont électeurs : Les membres qui paient la cotisation statutaire, les donateurs, les bienfaiteurs, les membres du Comité central, les délégués des Comités des départements, les médecins et les professeurs du Comité central.

Un bureau de vote est placé à l'entrée de la salle; il est tenu par un Commissaire nommé par le Conseil; ordinairement c'est le Secrétaire Caissier assisté de deux ou trois scrutateurs; les électeurs doivent déposer leur bulletin de vote en entrant dans la salle; ils peuvent aussi l'envoyer signé, quelques jours d'avance, au siège de l'Association, ou le faire remettre signé par un membre de l'Association. A titre de simple indication, le Conseil fait envoyer à chaque électeur un bulletin portant les noms des candidats présentés par lui; mais l'électeur peut y substituer ceux qu'il préfère.

Le dépouillement des votes est fait par les scrutateurs

pendant la lecture des rapports ; le résultat est aussitôt transmis à la Présidente, qui le fait connaître à l'Assemblée.

Pour être élu au premier tour de scrutin, il faut réunir au moins la moitié plus un des suffrages exprimés ; au deuxième tour, il suffit de la majorité absolue des membres présents ; au troisième tour, il suffit de la majorité relative des membres présents.

Réunion des Délégués. — La veille des Assemblées générales, les Délégués envoyés par les Comités se réunissent au Conseil d'Administration pour étudier en commun les questions d'intérêt général. Le commissaire militaire est invité à cette réunion et prié d'y expliquer les points nouveaux ou peu connus du fonctionnement, en cas de guerre, et de la préparation des secours en temps de paix.

Le programme de cette réunion doit être indiqué à l'avance, soit par le bulletin de l'Association, soit par lettre-circulaire.

Les Présidentes des principales commissions du Comité central assistent aussi à cette réunion ; c'est une occasion, favorable pour elles, d'entrer en relations avec les Comités départementaux, et de les éclairer sur les questions qui sont de leur compétence particulière.

Un sténographe est indispensable.

Les réunions des délégués se tiennent, soit au Siège social, soit chez la Présidente de l'Association.

CHAPITRE XVI

Des Récompenses.

Elles consistent en médailles décernées par l'Association, en trousses d'honneur et autres objets se rapportant aux services hospitaliers, et, quelquefois, en distinctions honorifiques, que le Conseil tâche d'obtenir pour certains membres de l'Association.

1° *Les Médailles.* — Il y en a de quatre espèces ; ce sont : l'Insigne de l'Association, la Médaille de reconnaissance, la Médaille de fondation de Comité, et la Médaille d'honneur au dévouement.

L'Insigne de l'Association est quelquefois offert à des personnes qui rendent un service passager à l'Association, ou qu'on désire s'attacher à titre de membre honoraire.

La Médaille de reconnaissance est décernée à des membres de l'Association qui remplissent avec dévouement des fonctions très actives ordinairement la durée de ces services doit avoir été cinq ans pour que la médaille soit accordée ; les demandes pour l'obtention de cette médaille doivent être adressées au Conseil de l'Association par les Commissions administratives des Comités, qui signent ces demandes et indiquent d'une manière précise les services rendus par les candidates. Quand il s'agit de membres du Comité central ou de sociétaires des départements dont le Comité central a pu apprécier par lui-même les services, ce sont les Présidentes des Commissions et le Secrétaire général de l'Association, qui présentent ces demandes à la *Commission des Récompenses.*

La Médaille de fondation de Comité, comme son titre l'indique, est attribuée aux personnes qui ont fondé un Comité bien constitué, bien organisé ; ces personnes sont signalées à la Commission par les Présidentes des diverses sections de la Propagande. Il est de règle que cette récompense ne soit décernée que quand le nouveau Comité a fonctionné pendant une année, de manière à être sûr de sa vitalité.

Les Médailles de reconnaissance et les Médailles de fondation de Comité sont distinctes.

La Médaille d'honneur au dévouement a été instituée par la « Dame Pariote, » pour honorer les grands dévouements envers les victimes de la guerre ou des calamités publiques, ou pour reconnaître les services exceptionnels rendus à l'Association. Parmi ces services exceptionnels, nous noterons la fondation de trois Comités proprement dits, les services rendus pendant de longues années comme Présidente d'un Comité prospère, ou d'une des grandes Commissions du Comité central. Un des caractères particuliers que doivent présenter les services que la Médaille d'honneur au dévouement doit récompenser, c'est la constance dans le dévouement personnel ; il faut aussi que ce dévouement représente un véritable sacrifice d'activité, de temps, d'argent, etc.

Les Médailles d'honneur au dévouement sont doubles : il y a un grand modèle en bronze, contenu dans un écrin, et une réduction dorée, attachée au ruban-insigne de l'Association.

Commission des Récompenses. — Pour les Médailles d'honneur au dévouement, les propositions sont faites au Conseil, soit par le Secrétaire général, soit par un membre du Conseil ; et c'est le Conseil qui juge et qui vote.

Pour les Médailles de fondation de Comité et de reconnaissance, les demandes sont examinées par une Commission composée du Secrétaire général, d'un membre du Conseil, des Présidentes des diverses sections de propagande, de deux Présidentes de Comités du Gouvernement de Paris, de la Présidente de la Chancellerie, et des autres membres que le Conseil pourrait juger à propos d'y adjoindre.

Toutes ces récompenses sont décernées en Assemblée générale.

Les distinctions académiques que le Conseil tâche d'obtenir avant l'Assemblée générale, sont surtout destinées aux professeurs qui donnent l'enseignement dans notre école ou à l'hôpital. Cependant, nous avons été quelquefois assez heureux pour pouvoir les faire décerner à des Présidentes des Commissions, à des dames qui font des Conférences de Propagande, aux dames répétitrices des cours et à celles qui s'occupent de nos bibliothèques militaires.

Nous croyons qu'on agit sagement en ne faisant pas intervenir l'influence du Conseil pour faire obtenir ces distinctions à des personnes qui les demandent pour autre chose que pour des services rendus à l'Association, et qui ne sont pas proposées par le Conseil.

CHAPITRE XVII

Hôpital de l'Association des Dames Françaises
Rue Michel-Ange, 95.

Le fonctionnement de cet hôpital d'instruction pour les Dames ambulancières est tracé dans le *Règlement* spécial qui a été imprimé en 1897 et la liste des personnes qui composent la *Commission administrative* ou qui exercent une fonction à l'hôpital, est publiée dans l'annuaire. Le Règlement a pour but de faire marcher de pair l'enseignement pratique et les soins les meilleurs qu'on puisse donner aux malades et aux blessés, dans un hôpital tenu par des Dames. Toutes les grandes lignes de l'administration y sont clairement tracées ; mais pour réglementer certaines questions de détails, on a dû attendre les résultats d'une année d'expérience ; aujourd'hui que cette expérience est bien faite, nous avons pu ajouter, d'accord avec la Commission administrative de l'hôpital, quelques articles au Règlement ; ils concernent surtout l'emploi du personnel volontaire et les nominations aux grades d'*infirmière-majore* et de *surveillante générale* d'un hôpital ; ces articles additionnels paraîtront dans le Bulletin de l'Association.

CINQUIÈME PARTIE

L'Hôpital de l'Association des Dames françaises

Le 29 juin 1895, a eu lieu la pose de la première pierre de l'hôpital de l'*Association des Dames françaises*, à Auteuil. Cette cérémonie a vivement intéressé le public, et la presse en a parlé en termes dont l'Association est très reconnaissante.

A quoi tiennent les manifestations si sympathiques de l'opinion publique en cette circonstance ? A trois causes : 1° la première pierre de cet hôpital a été posée par Madame Félix Faure, femme du Président de la République française et Présidente d'honneur de l'Association ; 2° des représentants, très autorisés, des cultes reconnus par l'Etat, ont bien voulu nous accorder l'insigne faveur d'appeler, pendant cette cérémonie, les bénédictions de Dieu sur l'hôpital, élevé par la charité patriotique ; 3° cet édifice, consacré à l'enseignement des Dames ambulancières, est le premier de ce genre en France.

Par les soins de Mesdames Binot et Périer, une tente ouverte, sous laquelle pouvaient s'asseoir environ 200 personnes, avait été dressée près des fondations du bâtiment : elle abritait les membres du Conseil d'administration, les invités, les présidentes des Commissions, les médecins qui donnent l'enseignement, les présidentes des Comités du gouvernement militaire de Paris et les principaux bienfaiteurs de l'hôpital. De l'autre côté du bâtiment en construction, et faisant face à la tente, un millier de Dames de l'Association assistaient à la cérémonie.

A 4 heures 45, la voiture qui amenait Madame Félix Faure est signalée. La musique militaire attaque une marche triomphale ; Madame Félix Faure, au bras du fondateur de l'Association, et Mademoiselle Lucie Faure, au bras de M. Ferdinand Périer, sont conduites sous la tente aux acclamations de l'assistance, puis Madame la Comtesse Foucher de Careil complimente Madame Félix Faure en ces termes :

Madame la Présidente,

Au nom de l'Association tout entière dont vous avez accepté la présidence d'honneur, je vous remercie de la nouvelle preuve de sympathie que vous et Mademoiselle Faure voulez bien donner aux Dames françaises.

En vous intéressant à notre nouvel hôpital, vous vous associez, Madame, à ces saintes femmes que les charges et les soucis de l'Etat n'ont pas empêchées de veiller sur les pauvres et les malades. Les nôtres, Madame, se souviendront de votre pieuse sollicitude et béniront votre nom.

Une vive approbation accueille ces paroles.

Madame la Présidente présente alors à Madame Félix Faure les personnes placées près d'elle : Madame Besnard, femme du Ministre de la Marine ; Madame Georges Leygues, femme du Ministre de l'Intérieur ; Madame Poubelle, femme du Préfet de la Seine ; Madame Lépine, femme du Préfet de police ; Madame l'Amirale Jaurès, Vice-Présidente de l'Association ; Madame Roy, Présidente de la Commission des finances ; Mesdames Binot, Lagorce, Périer, membres du Conseil d'administration ; M. l'Abbé Depontaillier, Curé de Notre-Dame d'Auteuil, délégué par Mgr l'Archevêque de Paris ; M. le Pasteur Lods, de la Confession d'Augsbourg ; et M. Zadoc Kahn, grand Rabbin du Consistoire central des Israélites de France.

Après s'être faite l'interprète de Madame Coralie Cahen, qui avait exprimé son vif regret de ne pouvoir, en raison de sa mauvaise santé, se rendre à la cérémonie, Madame la Comtesse Foucher de Careil donne la parole à M. le Dr Duchaussoy, qui prononce le discours suivant :

Mesdames, Messieurs,

Le Conseil d'administration de l'*Association des Dames françaises* vous prie de recevoir tous ses remerciements. En répondant en si grand nombre à son invitation, vous avez donné à notre œuvre une preuve de sympathie dont nous nous sentons fiers ; vous avez voulu encourager nos efforts en jetant un regard bienveillant sur ces modestes murs, qui abriteront bientôt des malades et des blessés.

Merci à vous, Mesdames et Messieurs ; cette bienveillance nous est d'autant plus précieuse qu'elle nous est accordée par des cœurs d'élite, dans lesquels s'épanouit la divine fleur de la charité désintéressée.

C'est certainement à votre culte pour la charité patriotique, c'est aux nobles dévouements que ce culte a fait naître parmi vous, Mesdames, que nous devons aujourd'hui le grand honneur de voir cette fête présidée par la digne compagne du premier magistrat de la République, de l'homme de bien qui a tenu à marquer ses premiers pas dans les voies du pouvoir par des bienfaits et des consolations largement répandus dans tous les hôpitaux.

Madame,

Le Conseil d'Administration et cette Assemblée tout entière déposent à vos pieds le respectueux hommage de leur reconnaissance. En daignant poser la première pierre de l'hôpital des Dames françaises, vous allez faire comprendre à toutes les mères de nos soldats présents et futurs que la pensée qui a présidé à la fondation de notre œuvre est aussi la vôtre : tous les hommes à la défense du pays ; toutes les femmes au secours de nos soldats. Vous allez sceller, plus étroitement encore, l'union des bras vaillants et des cœurs dévoués, et votre exemple, porté par la presse jusqu'au fond des villages les plus reculés, ira ranimer partout les sentiments d'affection pour notre chère armée française, et fera germer des dévouements nouveaux au jour du grand péril.

Qu'est-ce en effet que cette cérémonie qui nous réunit autour de ces murs à peine sortis de terre ? que sera ce petit hôpital ? à quel besoin répond-il ? de quelle pensée est-il donc la vivante expression, pour mériter l'insigne honneur que vous lui faites, Madame ? Permettez-moi de l'exposer en quelques mots.

Il y a dix-neuf ans, alors que nous étions encore courbés

sous le poids de nos désastres ; alors que chaque printemps renaissant nous apportait, non la joie de vivre dans la paix et la sécurité, mais, au contraire, les appréhensions d'une nouvelle invasion ; alors que les médecins qui avaient constaté, avec tant de regrets, l'insuffisance des secours pendant la guerre néfaste, comparaient avec tristesse l'inertie de notre pays sur ce point, à la fiévreuse activité des nouvelles sociétés de femmes créées partout à l'étranger, nous fondions à Paris une Ecole de gardes-malades et d'ambulancières ; bientôt son succès faisait naître d'autres centres d'enseignement semblables au sien et ainsi se trouvait réalisée la plus difficile des trois tâches que devaient s'imposer les Sociétés de la Croix-Rouge en France : préparation d'un personnel de femmes, préparation du matériel, formation d'un fonds de réserve.

Cette préparation d'un personnel suffisamment instruit pour aider efficacement les médecins en cas de guerre, devait reposer, nous le disions déjà en 1876, sur deux ordres de moyens : l'enseignement théorique dans les cours, l'application pratique à l'hôpital.

L'enseignement par les cours, nous le donnons sans interruption depuis dix-neuf ans ; les résultats sont excellents ; les Dames qui subissent chaque année les examens nous étonnent toujours par la variété des connaissances qu'elles ont acquises et par la clarté de leurs idées.

En est-il de même pour l'enseignement pratique dans les hôpitaux ? Nous avons le regret de le dire, dans les conditions actuelles, cet enseignement ne peut donner, pour nos Dames ambulancières, le résultat désiré. Les hôpitaux de Paris sont, avec juste raison, envahis par les étudiants en médecine ; les Dames ne peuvent y avoir qu'un accès discret ; ce n'est pas pour elles que les cliniques sont faites, et, à part quelques exceptions, les Dames hésitent à aller se mêler à un milieu qui ne poursuit pas le même but qu'elles, pour y recueillir, avec peine, quelques notions qu'il leur faut dégager d'une foule d'autres dont elles n'ont pas besoin.

Tout cela a été prévu chez nos voisins d'Outre-Rhin ; là on a créé des hôpitaux d'instruction pour les Dames allemandes ; c'est pour elles et à leur usage que l'enseignement s'y fait ; chaque province allemande a son hôpital de femmes ; les grandes dames et les souveraines elles-mêmes tiennent à honneur d'y avoir fait un stage et obtenu le diplôme ; des milliers de femmes de tout rang sont aujourd'hui instruites et disciplinées, sachant ce qu'elles auraient à faire en cas de guerre, toutes prêtes à rejoindre le poste qui leur est assigné d'avance ; et tout cela se prépare sans bruit, sans ostentation, comme la chose la plus naturelle, parce qu'elle est la plus indispensable.

Et en effet, en Allemagne, en Autriche, en Italie, et même en Angleterre, la logique des évènements qui ont si étrangement surpris l'Europe depuis trente ans a conduit tous les esprits sérieux à poser en principe la nécessité du concours des femmes dans les services sanitaires de l'armée, la nécessité de placer au dessus de toute autre préoccupation dans la vie sociale, la sérieuse organisation des sociétés de secours en cas de guerre ; on dépose même les germes de cette pensée dans l'esprit des enfants, et il y a là une force nationale dont l'expansion se traduit chaque année par de puissantes créations.

Ai-je besoin de vous expliquer maintenant pourquoi l'*Association des Dames françaises* élève cet hôpital ? Pourquoi, depuis six ans, elle n'a cessé de lutter patiemment pour la réalisation de son désir ; pourquoi elle ne s'est pas laissé décourager par les obstacles, ni même arrêter par les objections de quelques-uns de ses amis ? Non, il me suffira de vous dire : Voyez ce qui se passe autour des frontières de la France et vous approuverez alors la ténacité de nos efforts, et vous vous joindrez à nous pour compléter ce que le patriotisme des Dames françaises a si bien commencé.

Vous me demanderez maintenant comment doit fonctionner ce petit hôpital d'instruction, cette Ecole normale des Dames ambulancières? En quelques mots, je vais tâcher de satisfaire votre légitime curiosité.

Pendant la paix, 24 lits seulement; 12 de médecine, pas de maladies contagieuses; 12 de chirurgie; le premier étage leur est consacré en entier. Qu'une guerre survienne, ou que la santé publique soit gravement menacée, notre petit hôpital de 24 lits se trouvera transformé en un hôpital de 120 lits. Comment cela? Est-ce en augmentant le nombre des lits dans ces mêmes salles, et par conséquent en diminuant la salubrité? Nullement. Jetez un coup d'œil sur le grand espace vide que vous voyez derrière cette allée de marronniers; c'est là que s'élèveront, au besoin, cinq tentes contenant chacune 20 lits; les services généraux pour cet hôpital de 120 lits n'auront pas à changer; ces services sont prévus dans le sous-sol et le rez-de-chaussée de ce bâtiment. Le personnel et le matériel devront seuls être augmentés, et ce matériel sera toujours prêt dans le magasin, dont vous allez admirer tout à l'heure l'ingénieux aménagement.

La guerre a cessé, la santé publique est redevenue bonne; nos tentes sont démontées, désinfectées et remisées sous les hangars qui vont s'élever à gauche; nos 24 lits restent seuls pour les besoins de votre instruction.

Cette conception diffère beaucoup, vous le voyez, des constructions luxueuses qui coûtent des millions et deviennent rapidement insalubres; elle convient à nos modestes ressources, et, permettez-moi de le dire bien haut, elle réalise, à l'aide de nos excellentes tentes tout en toile et en fer, le type le plus parfait des hospitalisations temporaires bien aérées, très faciles à désinfecter, peu dispendieuses.

Possédons-nous, dès maintenant, l'argent nécessaire pour l'achèvement complet de notre hôpital?

L'*Association des Dames françaises* n'a pas de dettes, elle n'entreprend rien, qu'elle ne soit en mesure de le payer ; elle a donc à la Caisse des consignations le prix du bâtiment que nous commençons, mais c'est tout ; et il faudra trouver d'autres ressources pour l'ameublement et l'entretien. Nous ne nous dissimulons pas tout ce qui nous reste à faire pour cela ; nous reprenons néanmoins confiance, quand nous envisageons le chemin que nous avons parcouru.

Depuis le jour où M. et Madame Quévreux nous ont fait don de leur mobilier artistique qui a produit 36,000 francs, depuis le jour où leur amie, leur émule par la bonté, la Dame patriote, a commencé à verser presque chaque semaine ses offrandes pour l'hôpital, nous avons reçu bien des encouragements pour cette œuvre spéciale : des legs de M. Emile Finance et de M. Guérinot, pour ne parler que des plus importants ; des sommes qui varient depuis le modeste écu des personnes qui ont beaucoup de cœur et peu de fortune jusqu'aux billets de 1,000 francs des heureux de la terre. Ce serait une bien douce satisfaction pour nous de pouvoir proclamer aujourd'hui les noms de tous nos bienfaiteurs, mais leur nombre est tellement grand que je craindrais de vous retenir trop longtemps. Sachez seulement encore que nos principales ressources viennent de ces ventes annuelles que Madame l'Amirale Jaurès organise chaque année, avec un succès toujours croissant.

A toutes ces collaboratrices, à tous nos bienfaiteurs, à tous ceux qui ont apporté ici, soit une simple pierre, soit des murs entiers, nous exprimons notre profonde reconnaissance. Leurs noms sont inscrits dans nos publications ; ils sont gravés à tout jamais dans les cœurs de ces vaillantes femmes qui consacrent le meilleur de leur temps et de leurs forces à la prospérité de notre chère Association.

Encouragés, Mesdames, par les hautes et précieuses

sympathies que vous nous apportez aujourd'hui, nous ferons appel à tous ceux que la fortune a comblés de ses dons ; nous demanderons des Dames patronnesses de l'hôpital pour veiller constamment à ses intérêts ; nous nommerons une Commission administrative ; nous solliciterons la fondation de lits pour assurer le revenu nécessaire à chacun d'eux, et ces lits porteront les noms des personnes qui les auront dotés.

Nous vous prions, Mesdames, de nous accorder toute votre aide, et de nous obtenir celle de vos amis pour nous permettre de compléter cet édifice.

Edifice petit par ses dimensions, c'est vrai ; mais vous connaissez maintenant la grande idée qu'il évoque, et, si petit qu'il soit, il représente une forme nouvelle et nécessaire du dévouement des Dames françaises ; si petit qu'il soit, il contient, soyez en certaines, des germes féconds, et vous verrez que l'exemple que vous donnez ici aura bientôt des imitateurs ; on fera plus grand peut-être, mais à vous, Mesdames, restera l'honneur d'avoir conçu l'idée et d'avoir fait les sacrifices nécessaires pour la réaliser. Si petit qu'il soit, cet hôpital va avoir dans un instant le suprême bonheur de réunir, sur cette humble pierre, les bénédictions d'éminents représentants de toutes nos croyances religieuses, et il deviendra grand par cet hommage unanime de tous les cultes français à la sainte idée du dévouement à la Patrie française !

Et d'ailleurs, ne le sentez-vous pas ? l'édifice que nous construisons ne tient pas tout entier dans ces pierres ; c'est dans vos cœurs que vous élevez aujourd'hui un monument à l'amour de la France, et celui-là est grand, celui-là sera plus durable que le marbre et le bronze, car il est fait de générosité, de prévoyance, de tendresse maternelle ; il est fait de votre intelligence, de votre exquise bonté, de votre courage, de votre patience, de ces dévouements extraordinaires qui sont l'apanage de votre sexe et qui font des femmes les reines de la charité ; ce monument-là ne périra jamais, car vous le transmettrez toujours rajeuni, toujours enrichi, à vos enfants et à vos petits-enfants.

Aussi, avec la plus entière confiance, nous vous donnons rendez-vous, Mesdames, dans un an ; d'ici-là vous nous aurez trouvé des bienfaiteurs généreux ; l'hôpital sera meublé, et nous inaugurerons ensemble cet asile de la souffrance qui sera aussi le théâtre de vos patriotiques vertus.

Car, je ne vous l'ai pas dit, mais vous le pensez bien, c'est par les Dames françaises que les services de l'hôpital seront faits. Vous serez à Auteuil ce que vous vous êtes montrées dans notre essai de mobilisation à Neuilly ; vous apporterez la même discipline, le même désir d'apprendre, en soulageant ceux qui souffrent. Tous les services seront tenus par des Dames ; pendant quelques semaines, vous viendrez vous dévouer comme vous le feriez en temps de guerre, et, en sortant de ce noviciat patriotique, vous aurez la satisfaction de vous dire : Je suis en état de diriger un petit hôpital ; comme mon mari, comme mon fils, je vais donc pouvoir servir mon pays ! avec ma mère, avec ma fille, j'aiderai les médecins ; je prendrai la place des hommes qui seront aux combats ; je soignerai les défenseurs de la France comme s'ils étaient mes propres enfants ; je suis maintenant capable de sauver des vies humaines ; j'en ai la certitude, j'ai fait mon service à l'hôpital des Dames françaises !

Mesdames, dans un an !

A plusieurs reprises, pendant que parle M. le Dr Duchaussoy, éclatent des applaudissements chaleureux.

Lorsqu'ils ont pris fin, on procède à la signature du procès-verbal, dont l'architecte de l'hôpital, M. Degeorge, donne alors lecture et qui est ainsi conçu :

ASSOCIATION DES DAMES FRANÇAISES
SECOURS AUX MILITAIRES EN CAS DE GUERRE ET AUX CIVILS DANS LES CALAMITÉS PUBLIQUES

Fondée en 1879 et reconnue comme établissement d'utilité publique.

Le 29 juin 1895, la première pierre de cet hôpital des Dames françaises a été posée par Madame Félix Faure, femme du Président de la République française et Présidente d'honneur de l'*Association des Dames françaises*, Madame la Comtesse Foucher de Careil, chevalier de la Légion d'honneur, étant Présidente de l'Association, Madame l'Amirale Jaurès, Vice-Présidente, M. le Docteur Duchaussoy, officier de la Légion d'honneur, Fondateur et Secrétaire général, M. Degeorge, architecte du monument, en présence de Messieurs les représentants des ministres de la Guerre et de la Marine, de Messieurs les représentants des cultes catholique, protestant et israëlite, et de mille membres de l'*Association des Dames françaises*.

Cette cérémonie a été le symbole de l'union de tous les cœurs français, et de toutes les croyances religieuses dans le saint amour de la Patrie ; elle a attesté la ferme résolution de toutes les femmes françaises de se consacrer au soulagement des malades et des blessés de l'armée, le jour où la France fera appel à leur dévouement.

Ont signé : Madame Félix Faure, Madame la Comtesse Foucher de Careil ; les Membres du Conseil ; les représentants des Ministres de la Guerre et de la Marine ; les représentants des trois cultes reconnus par l'État.

Le parchemin sur lequel est écrit ce document est déposé dans une boîte en plomb, en même temps qu'une médaille de l'Association, sur laquelle sont gravés ces mots : *Pose de la première pierre de l'hôpital par* Madame Félix Faure, *juin 1895.*

Pendant que l'on soude la boîte, la musique militaire joue un morceau d'un caractère religieux.

La boîte est placée dans une cavité ménagée dans la pierre et la cavité est recouverte d'une pierre plate qui est scellée au mortier. Madame Félix Faure s'avance alors, et, prenant le marteau des mains de l'architecte, elle frappe trois coups sur la pierre ; la Présidente de l'Association, la Vice-Présidente, Mademoiselle Lucie Faure et les représentants des cultes reconnus par l'Etat font de même, pendant que le public, très attentif et très recueilli, témoigne de sa satisfaction.

Puis, la bénédiction religieuse commence : M. l'Abbé Depontaillier jette l'eau bénite sur la pierre et prononce en latin la formule de bénédiction usitée dans le culte catholique.

Après lui, Monsieur le Pasteur Lods prononce les paroles que voici :

Mesdames, Messieurs,

Je suis sûr d'être l'interprète de tous les protestants de France, en exprimant ici les sentiments de sympathie et de reconnaissance que nous inspire l'œuvre poursuivie avec tant de zèle par l'*Association des Dames françaises*, et je vous remercie en leur nom de nous avoir associés à cette œuvre excellente, en nous invitant à implorer pour elle avec vous la bénédiction d'En Haut.

Nous avons appris de l'Evangile à unir intimement dans nos cœurs la pensée de Dieu à l'amour de la patrie, et à ne jamais séparer la charité de la foi, qui en est le principe efficace.

C'est dans la même pensée qu'au lendemain de nos revers, lorsque, sous l'inspiration de vos cœurs de mères et de Françaises, vous avez fondé cette œuvre de dévouement patriotique, vous l'avez placée sous la protection de la croix, qui est devenue l'emblème de votre Association, et qui restera à jamais le symbole de la charité poussée jusqu'au sacrifice.

Nous demandons au Seigneur de vous bénir pour le bien que vous avez fait jusqu'ici, en envoyant avec tant de sollicitude les secours et le souvenir de la patrie à ceux de ses enfants qui vont au loin combattre et se dévouer pour elle jusqu'à la mort. Nous lui demandons de vous bénir aussi pour le bien que vous nous faites à nous-mêmes, en nous rappelant, par un si touchant exemple, le devoir de cette intime solidarité, qui doit unir sans distinction tous les Français dans un sentiment commun de fraternité, de dévouement et d'espérance.

Il est écrit dans la parole de Dieu : « Si l'Eternel ne bâtit la maison, ceux qui la bâtissent, travaillent en vain. »

Que l'Eternel bâtisse donc avec vous et prenne sous sa paternelle sauvegarde cette maison, où la science et la bonté vont s'associer dans une même œuvre de patriotisme et de charité.

Qu'Il bénisse tous ceux qui, par leurs dons, leur concours et leur sympathie ont rendu possible l'érection de l'édifice dont vous avez la joie de poser la première pierre, et que ce jour de fête soit pour votre œuvre le point de départ de nouveaux développements, c'est-à-dire de nouveaux bienfaits.

Que Dieu bénisse la France, notre Patrie ; qu'Il bénisse le Président de la République ainsi que tous ceux qui ont quelque autorité au milieu de nous. Que la bonté et la vérité se réunissent ; que la justice et la paix se rencontrent ; que notre peuple tout entier cherche et trouve de plus en plus, auprès de Dieu, les bénédictions de la vie présente et celles de la vie à venir. Et que pour tout le bien qu'Il vous accordera de réaliser dans cette œuvre et par elle, à Lui, l'unique auteur de toute grâce excellente et de tout don parfait, soient rendus l'honneur, la louange et la gloire qui Lui appartiennent aux siècles des siècles.

Enfin, M. le grand Rabbin Zadoc Kahn fait la prière suivante :

Seigneur, Dieu tout-puissant, toi dont le poète sacré a dit : *Si l'Eternel ne bâtit pas la maison, en vain s'y fatiguerait la main des ouvriers*, je viens, d'un cœur ému et à l'exemple des pieux Ministres de la religion qui m'ont précédé, appeler, au nom de mes frères en Israël, tes grâces célestes sur ce futur asile dont nous posons le fondement aujourd'hui.

Jamais entreprise ne fut plus digne de tes bénédictions. Conçue dans une haute pensée d'humanité et de patriotisme, elle a pour but d'assurer des soins éclairés et dévoués à des concitoyens visités par la maladie et de créer en même temps une sainte école où des femmes françaises, ayant au cœur l'amour de la patrie et une tendre pitié pour ceux qui souffrent, feront l'apprentissage de la mission de charité qu'elles ont acceptée en vue des temps d'épreuves.

Seigneur, tu es tout amour, et les hommes créés par toi devraient toujours s'aimer comme les enfants d'un même père. Mais, hélas ! trop souvent ils oublient leur origine commune et les liens fraternels qui les unissent, pour écouter les funestes inspirations de la jalousie et de la haine. De là les conflits douloureux qui arment peuples contre peuples. Qui sait si l'avenir ne nous réserve pas encore de ces rencontres meurtrières, si fécondes en ruines et en désolation ?

Cependant, ô Seigneur, jusque dans les plus tristes égarements, l'humanité ne perd jamais ses droits. A des maux affreux elle oppose le remède de la pitié, de la bonté, du dévouement, du sacrifice. S'il y a des mains qui frappent, il y a aussi des mains qui veulent guérir. Nous saluons avec reconnaissance et respect ces nobles Associations que notre pays a vues se multiplier si heureusement, et qui deviendront, dans les moments de crise, de véritables instruments de salut, en adoucissant les maux de la guerre et en disputant à la mort de chères et précieuses existences. Nous applaudissons de cœur à l'œuvre qui se fonde sous nos yeux et qui, dès à présent, apparaît comme un symbole de paix et de fraternité. Ne confond-t-elle pas dans une prière commune des hommes qui te servent sous des formes différentes mais qui s'inclinent, avec une vénération égale, devant ta grandeur et ta sainteté ?

Ah ! Seigneur, bénis donc cette œuvre si méritoire. Que cette maison hospitalière sorte bientôt du sol et se dresse dans les airs, parlant à tous d'humanité, de pitié, de solidarité et de patrie ! Accorde ta protection aux hommes de cœur et aux femmes vaillantes qui ont conçu ce projet et qui auront le mérite de l'exécuter. Bénis l'*Association des Dames Françaises*, pour qu'elle continue à se développer et à prospérer à côté de ses émules en bien et en patriotisme. Bénis ses amis et ses bienfaiteurs dont le concours généreux lui permet de remplir fidèlement son beau programme.

Mais surtout, ô notre Dieu, bénis notre France bien-aimée, afin qu'elle poursuive, dans les travaux féconds de la paix, par l'union de tous ses enfants, à l'ombre de son glorieux drapeau et sous la garde du digne magistrat qu'elle a placé à sa tête, qu'elle poursuive le cours de ses grandes destinées et accomplisse, pour son honneur et le bien de l'humanité, sa mission providentielle de justice, de droit, de progrès social et de civilisation. Seigneur, nous mettons notre confiance en toi : tu agréeras les sentiments de notre cœur et les paroles de notre bouche. *Amen !*

Les bénédictions terminées, Madame la Comtesse Foucher de Careil se lève et adresse ces paroles à Madame Félix Faure :

Au nom de l'*Association des Dames françaises*, je renouvelle mes plus vifs remerciements à vous, Madame la Présidente, qui nous avez fait l'insigne honneur de poser la première pierre. Je les renouvelle au Cardinal-Archevêque de Paris, qui, empêché par les suites d'une longue maladie, de venir lui-même, a délégué le vénérable Curé d'Auteuil pour bénir ce nouvel hôpital, et aux ministres des religions reconnues par l'Etat, qui ont concouru par leurs prières à la consécration de cet asile de la souffrance; je les renouvelle à son fondateur, le Dr Duchaussoy, aux autorités civiles et militaires qui ont bien voulu y assister, et à tous les bienfaiteurs de cette œuvre de charité et de patriotisme.

Madame l'Amirale Jaurès prend la médaille d'honneur de l'Association, sur laquelle a été gravée cette inscription : *A Madame Félix Faure, pose de la première pierre de l'hôpital, 29 juin 1895*, et prie Madame Félix Faure de l'acepter en souvenir de cette cérémonie. Très touchée de cette attention, Madame Félix Faure remercie fort gracieusement Madame l'Amirale Jaurès et l'Association tout entière.

Nous demandons encore un peu d'aide pour achever cette belle et patriotique entreprise de l'hôpital des Dames françaises.

Que de malheureux y seront bien soignés! Que de Dames dévouées y viendront puiser l'instruction qu'elles répandront autour d'elles et dont profiteront des milliers de personnes, tant parmi la population civile que dans l'armée!

Il y a plusieurs manières de concourir à la fondation de l'hôpital :

1° On peut donner une somme d'argent qui servira à achever les constructions ou à acheter du matériel.

2° On peut fonder un lit, et voici dans quelles conditions : un malade nous coûtera environ 3 francs par jour. Pour 300 jours par an, chaque lit doit avoir une rente d'un peu plus de 1,000 francs, qui, au taux actuel de l'intérêt, représente un capital de 30,000 francs. La fondation d'un lit demande donc 30,000 francs environ. Si l'on ne veut fonder ce lit que pour l'entretien pendant six mois, chaque année, c'est 15,000 francs.

3° Plusieurs personnes, plusieurs membres d'une famille peuvent se réunir pour fonder un lit ou une moitié de lit. Les noms des fondateurs seront inscrits à perpétuité à la tête de ces lits.

4° On peut encore léguer par testament une somme à l'*Association des Dames françaises*, 10, rue Gaillon, pour son hôpital d'Auteuil, sans spécifier l'emploi, et en laissant à la Commission administrative de l'hôpital le soin d'en faire le meilleur usage, suivant les besoins.

5° On peut aussi donner des objets mobiliers, tels que draps, matelas, literie, caisses de chirurgie, batterie de cuisine, etc. ; mais ces objets devant être d'un modèle particulier, il est préférable d'en verser le prix.

6° On peut verser le prix d'une tente-hôpital qui portera le nom du donateur. La tente, sans son mobilier, coûte environ 6,000 fr. Plusieurs personnes peuvent s'associer tant pour l'achat de la tente que pour le mobilier.

Quel que soit le bienfait, nos bienfaiteurs seront certains d'avoir aidé une entreprise des plus utiles au pays et aux malheureux malades ou blessés. Ils peuvent être assurés que cette œuvre sera administrée avec la plus stricte économie et le plus complet désintéressement par les femmes si dévouées qui composent l'*Association des Dames françaises.*

SIXIÈME PARTIE

Lettres et Conférences

Depuis vingt ans, le fondateur de l'Association a écrit chaque année plusieurs milliers de lettres relatives à la propagande, à l'organisation des comités, au fonctionnement des diverses branches de l'œuvre, aux fêtes et cérémonies, à la distribution des secours, etc., etc. Le plus souvent, les correspondances avec les ministres de la Guerre, de la Marine, de l'Instruction publique, et avec les autres administrations de l'État, ont été faites par lui.

Il a fait paraître un très grand nombre d'articles dans les journaux pour réfuter des attaques contre l'Association, pour faire connaître l'esprit qui l'anime et les bienfaits qu'elle répand ; il en a aussi rédigé beaucoup pour le Bulletin ; cet ensemble de lettres et d'articles formerait un volume beaucoup trop considérable pour trouver place dans ce souvenir.

Cette réflexion s'applique aux trois cent soixante-quinze conférences qu'il a faites depuis l'origine de l'Association, tant en province qu'à Paris. La plupart de ces conférences ont eu pour but la propagande, l'exposé des actes et surtout des principes de l'Association; beaucoup ont été des conférences d'enseignement didactique; quelques-unes ont traité de sujets qui avaient un intérêt plus général, mais elles tenaient encore de très près aux connaissances dont les Dames ambulancières doivent être pourvues; telles étaient les conférences sur les *travaux de Pasteur*, sur *les exercices physiques et la santé*, sur *Miss Nigthingale, la sœur Marthe*, sur *les diverses Expositions* organisées par les Dames françaises, sur *le choléra*, sur *la Convention de Genève*, sur *le devoir des femmes dans la prochaine guerre*. La plupart de ces conférences ont été analysées dans les feuilles périodiques des pays où elles ont été faites, ou répandues sous forme de brochures publiées par les comités. Nous n'en reproduirons ici qu'une seule qui est encore inédite : elle a trait à la campagne d'Italie en 1859 et a été faite au mois de décembre 1895, au siège de l'Association.

Organisation des Services médicaux pendant la campagne d'Italie de 1859. Conclusions pratiques qui en ressortent pour nos organisations actuelles.

MESDAMES ET MESSIEURS,

Jusqu'ici, pour vous faire bien comprendre quel sera le devoir des femmes dans la prochaine guerre, nous avons tâché de vous dépeindre les effets meurtriers des nouvelles armes, de vous donner un aperçu des maladies qui germeront infailliblement au milieu des masses d'hommes agglomérées, dans des proportions inconnues jusqu'à ce jour ; en un mot, c'est en fixant nos regards vers l'avenir que nous avons déduit avec vous les patriotiques obligations qui vous incombent dès maintenant.

Aujourd'hui, je voudrais tirer la leçon du passé, en vous racontant ce qu'a été l'organisation du service médical dans une de ces glorieuses campagnes où chaque bataille était pour nous une victoire ; je voudrais vous tracer un tableau fidèle de ce qu'était la guerre avant l'organisation des sociétés volontaires de secours. Et pour cela, je ne choisirai pas une guerre improvisée; vous me diriez que les nécessités pressantes n'ont pas permis de tout préparer ; ni une guerre sur des rivages lointains, comme la guerre de Crimée; on objecterait qu'à si grande distance de la mère-patrie, les prévisions les mieux combinées peuvent se trouver déjouées ; non, je choisirai une guerre faite à nos portes, entre deux nations riches, entre deux armées rompues aux fatigues et parfaitement approvisionnées, elles le croyaient du moins, et possédant toutes deux cette grande force de résistance que donnent la confiance en ses chefs et des victoires antérieures.

La campagne d'Italie, sous Napoléon III, présente ces conditions ; la terrible bataille de Solferino, qui en a été le couronnement, nous fournira, en particulier, tous les éléments nécessaires à notre étude ; vous aurez, Mesdames, une idée exacte de la manière dont les secours ont été donnés à nos héroïques soldats, dans des circonstances où l'organisation préalable de ces secours paraissait très facile ; vous jugerez si ces secours ont répondu à ce qu'on doit attendre de peuples riches, pleins d'humanité et éclairés par les hommes les plus savants ; vous reporterez ensuite vos pensées sur vos fils dans la guerre future et vous n'aurez plus qu'à laisser parler vos cœurs, pour comprendre quel doit être, dès maintenant, le devoir des Dames françaises.

Cette campagne d'Italie, aucune de vous ne l'ignore, fut entreprise pour délivrer l'Italie du joug des Autrichiens, qui depuis longtemps déjà occupaient en maîtres durs toute la Lombardie et la Vénétie. Napoléon III avait rêvé de faire l'unité italienne et de donner à la France une voisine puissante, une voisine amie. Hélas! vous savez ce qu'est devenu ce rêve! Nous allions dans un pays qui nous accueillait comme des libérateurs. Suivons pas à pas la marche de l'armée française et étudions les enseignements que cette courte et brillante campagne peut nous donner.

La première rencontre avec les Autrichiens eut lieu le 20 mai 1859, à Montebello ; ce fut le combat le moins important par le nombre ; mais on se battit corps à corps, à la baïonnette, dans les rues du village. Du côté des Français il y eut 700 hommes tués ou gravement blessés, et 1,295 du côté des Autrichiens. Les blessés furent transportés par le chemin de fer dans les hôpitaux d'Alexandrie; mais avant ce transport l'insuffisance des secours s'était déjà manifestée, car le Dr Champouillon écrivait, le 24, au baron Larrey : « Je vous informe avec regrets que, par suite de l'inexpérience de l'Intendance, 800 blessés ont été nourris, pendant quatre jours, par la commisération publique. » D'un autre côté, les médecins de Voghera se plaignaient aussi de n'être que quatre pour 180 blessés, dont 49 atteints de fractures ; il n'y a pas d'infirmiers. Les médecins n'ont pas de soldats pour leur service personnel, il faut qu'ils pourvoient eux-mêmes à leur subsistance. Les dames de Voghera ont improvisé un hôpital au collège et se sont constituées infirmières; alors, grâce à leur généreuse intervention, nos blessés n'ont plus manqué de rien.

Le 30 mai, nous arrivons à Palestro. Dans un premier combat, l'armée piémontaise, notre alliée, a 400 blessés et s'empare de la position. A cette date, le Dr Champouillon écrit à Larrey que les cantines des ambulances de régiments viennent d'arriver, *mais qu'elles sont vides!*

Un deuxième combat beaucoup plus sérieux est bientôt livré ; les Autrichiens ont voulu reprendre Palestro et ont attaqué les positions piémontaises. Le 3e régiment de zouaves prend les armes pour les secourir, traverse la Sesietta, dans l'eau jusqu'à la ceinture, culbute l'ennemi à la baïonnette, l'entoure, le jette dans la rivière la Bridda ; 500 Autrichiens sont noyés et 600 faits prisonniers. Les zouaves ont eu 46 tués, 233 blessés dont 15 officiers ; les Autrichiens ont eu 1,250 hommes hors de combat. Là s'est produit un fait qui montre bien le caractère généreux du soldat français : des Autrichiens poussés dans la rivière réussirent à la traverser ; arrivés sur l'autre rive, ils trouvèrent des zouaves qui, au lieu de les attaquer, leur tendirent la main pour les aider à sortir de l'eau.

Revenons à nos blessés ; leurs blessures étaient effroyables ; 197 soldats furent transportés dans deux églises ; plusieurs moururent avant d'avoir reçu les premiers secours ; presque tous étaient dans la stupeur ; tous ces malheureux réclamaient des soins à grands cris ; il fallut en amputer 21.

Le 5 juin, passage du Tessin et *bataille de Magenta*, terrible bataille, où l'ennemi défendit le village avec acharnement ; nos troupes s'en emparèrent maison par maison ; 15,000 Autrichiens furent tués ou blessés ; 5,000 furent faits prisonniers et, parmi eux, un régiment tout entier. Mais, de notre côté, les pertes furent aussi très grandes : 657 tués, 3,223 blessés, 655 disparus ; les généraux Espinasse, Cler, Wimpfen, de Martimprey tués ou blessés. C'est au général de Mac-Mahon que revint l'honneur de la victoire ; il fut fait duc de Magenta et maréchal de France.

Voyons comment les blessés ont été secourus.

La plupart étaient atteints par des balles, ce n'était donc plus les plaies hideuses du combat de Palestro ; il y avait surtout des blessures des doigts, des mains et des bras ; vous voyez déjà combien les blessures diffèrent suivant les conditions dans lesquelles les armées se sont attaquées.

L'évacuation des blessés a eu lieu pendant toute la journée, on les dirige sur San Martino et on les extrait des ambulances de Buffalora, Magenta, où on les avait fait porter ; on employait les prisonniers à ce transport du champ de bataille aux ambulances. A Buffalora, dans les caves, dans les recoins les plus obscurs, on trouva blottis 300 blessés autrichiens ; ces malheureux faisaient taire leurs souffrances et leur faim ; on leur avait dit que nous étions très cruels et qu'ils seraient massacrés si on les trouvait. Le premier soin de nos braves soldats fut de rechercher ces infortunés et de leur montrer, en leur faisant tout le bien possible, comment nous nous vengeons d'indignes calomnies.

La victoire de Magenta nous avait ouvert les portes de Milan ; l'armée alliée y entra le 8 juin et y trouva des vivres en abondance. Les Autrichiens n'avaient pourtant pas complètement évacué le pays ; ils s'étaient retranchés dans le village de Mélégnano, nous disons Marignan en français. En deux jours ils avaient fortifié le village, barricadé les rues, converti le pénitencier en citadelle et placé des canons dans le cimetière. C'était un danger pour nous.

Le 8 juin, à cinq heures du soir, pendant un orage violent, le 1er zouaves fut lancé contre cette forte position. La barricade est d'abord enlevée à la baïonnette ; mais alors les zouaves se trouvent dans les rues et de chaque côté on tire sur eux ; on se bat encore dans les maisons mêmes ; les zouaves font alors preuve d'un courage extraordinaire, d'une folie de bravoure ; ils déboutonnent leurs tuniques, mettent leurs poitrines à nu, enfoncent les portes, se battent corps à corps ; puis ils franchissent les fossés du pénitencier et s'en rendent maîtres ; la nuit venait et une pluie torrentielle tombait toujours. Enfin, à neuf heures du soir la victoire est complète.

Nous avons eu 940 tués ou blessés, dont 65 officiers ; remarquez ce nombre considérable ; les Autrichiens 1,200 blessés, 900 prisonniers ; nos zouaves mitraillés par les portes et les fenêtres, ont été tous blessés de très près.

Après ce combat de Mélégnano, il y eut ceci de remarquable que, chez les Autrichiens, la gangrène envahit rapidement les extrémités inférieures, frappées soit par des projectiles, soit par des armes blanches.

Les Autrichiens étaient donc chassés du Piémont; l'enthousiasme des habitants de Milan fut indescriptible; nos soldats y furent couverts de fleurs et de couronnes au milieu des rues pavoisées et tapissées des plus riches tentures.

Milan devint le point d'évacuation des deux dernières batailles et, au 13 juin, il y avait dans ses hôpitaux plus de 7,000 malades français, sardes et autrichiens.

Nous arrivons maintenant à l'action décisive, à la grande bataille de Solferino; comme c'est elle qui doit nous fournir le plus d'éléments instructifs, je vous la décrirai plus en détails que les précédentes.

Le 20 juin, les armées française et piémontaise formant un effectif de 180,000 hommes avec 500 pièces de canon, quittaient Brescia. L'empereur d'Autriche avait concentré entre l'Adige et le Mincio 198,000 hommes et 600 pièces de canon; son armée occupait toutes les hauteurs entre Pozzolengo, Cavriana, Solferino et Guidizzolo, et son artillerie était placée sur une série de mamelons, formant le centre d'une immense ligne offensive.

Les deux adversaires, quoique se cherchant depuis vingt-quatre heures, furent surpris de se heurter le 24 juin; on avait marché toute la nuit du 23 et on se rencontrait inopinément à trois heures du matin avant d'avoir eu le temps de manger. Les Français n'avaient pris qu'une tasse de café; les Autrichiens deux verres d'eau-de-vie; c'est dans ces conditions que plus de 300,000 hommes allaient se battre pendant quinze heures, par une chaleur étouffante; vous voyez déjà quel deva être l'épuisement des combattants, et surtout des blessés, à la fin de cette terrible journée.

Il ne peut entrer dans mes desseins de vous raconter l'action au point de vue militaire ; sachez seulement que la bataille de Solférino a été, comme on l'a dit, la *bataille des soldats ;* il y a eu tant d'imprévu, tant d'héroïques assauts, tant de courage individuel, si peu d'ordre apparent dans la stratégie, que ce fut vraiment l'action et la bravoure extraordinaires du soldat français qui décidèrent de la victoire, malgré la résistance opiniâtre et l'avantage des positions de l'armée autrichienne, retranchée dans les maisons et les églises de Medole, de Cavriana et de Solferino. Chaque pli de terrain fut enlevé à la baïonnette, sous une pluie de mitraille ; les villages sont arrachés à l'ennemi maison par maison, chacune d'elles subit un siège ; les portes, les fenêtres, les cours sont obstruées par les morts et les blessés.

Pour mieux vous faire comprendre dans quelles conditions physiques et morales les blessures se produisirent, permettez-moi de vous signaler encore quelques incidents de la lutte.

Dans la plaine, la cavalerie française fond sur la cavalerie autrichienne ; uhlans et hussards se transpercent ; les chevaux, excités par l'ardeur du combat, sont pris de fureur ; ils se jettent sur les chevaux ennemis et les mordent avec rage.

Il y avait dans l'armée autrichienne une peuplade presque sauvage et très féroce, les Croates ; ils égorgeaient tout ce qu'ils rencontraient et achevaient, à coups de crosse, les blessés français. De notre côté, les tirailleurs algériens, n'écoutant plus la voix de leurs chefs, rendaient férocité pour férocité.

Enfin, après des combats indescriptibles, les généraux Forey et Ladmirault se rendent maîtres des collines qui aboutissent au mamelon des Cyprès, rendu à jamais célèbre, ainsi que la tour et le cimetière de Solferino, par les tueries dont ils furent le théâtre ; puis les généraux Forey, Lebœuf, Douai, Négrier pénètrent dans le village de Solferino, défendu et fortifié par l'armée autrichienne, et le combat meurtrier recommence avec des prodiges de valeur. Il est un autre général qui, ce jour-là, se distingua parmi les plus braves, mais, depuis, il a trahi la France : couvrons son nom du voile noir des parricides.

Plus loin, les troupes de la Motterouge et de Mac-Mahon parviennent à gravir les collines de San Cassiano et de Cavriana, malgré la grêle de balles des Autrichiens ; Niel s'avance sur Guidizzolo ; mais voilà que les chevaux ne peuvent plus monter ces pentes escarpées ; alors les grenadiers de la garde s'attellent aux canons et, malgré la mitraille, parviennent à les mettre en batteries. Mais que de morts et de blessés ! des généraux, des colonels, des capitaines et des lieutenants, par centaines, tombent de tous les côtés ! Les officiers français, toujours en avant, agitant en l'air leurs épées et entraînant leurs soldats, furent décimés ; leurs décorations et leurs épaulettes les désignaient aux coups des chasseurs tyroliens. Les cantinières, elles-mêmes, s'avançaient comme des soldats, sous le feu de l'ennemi ; elles relevaient les blessés qui leur demandaient à boire, et plusieurs furent atteintes par les balles.

Les soldats atteints d'une première blessure continuaient à marcher en avant, jusqu'à ce que, frappés de nouveau, ils fussent couchés sur le sol. Dans cette bataille de Solferino chaque homme semblait se battre pour sa propre gloire ; c'était sa victoire à lui, qu'il voulait ; voilà pourquoi, je vous le répète, elle a été nommée *la bataille des soldats*.

Enfin, les troupes de l'empereur François-Joseph sont obligées d'abandonner les positions dont elles avaient fait des forteresses. Mais, alors, c'est le ciel lui-même qui prend part à la lutte en déchaînant la tempête ; le vent souffle avec fureur et brise les arbres, pendant qu'une véritable trombe d'eau s'abat sur les combattants déjà exténués de faim et de fatigues ; la grêle, les éclairs, le tonnerre, puis une obscurité profonde, arrêtent à cinq heures de l'après-midi l'acharnement des combattants. Et voyez comme le moral des troupes peut changer en peu d'heures! sur plusieurs points la panique s'empare des troupes autrichiennes, leur retraite se change en déroute, malgré les exhortations et le courage de leurs officiers qui, jusqu'au dernier moment, se sont battus comme des lions et dont plusieurs se sont tués de colère et de chagrin ; l'empereur d'Autriche, lui-même, ne peut plus contenir son désespoir, et il verse des larmes en contemplant ce théâtre de désolation.

Tels furent, Mesdames, les principaux traits de la bataille de Solferino. Je vous les ai dépeints, en me plaçant surtout au point de vue de la production des blessures et des caractères qu'elles devaient présenter ; au point de vue aussi de l'état moral des combattants, qui influe tant sur la marche de ces blessures. Voyons maintenant ce qui se passa après la bataille ; recherchons dans les statistiques du Dr Chenu le nombre des blessés, comment ils furent évacués et puis comment ils furent soignés. Rendons-nous compte aussi des pertes finales pour l'armée française, et voyons ce que l'unité italienne, que nous avons faite, nous a coûté de vies d'hommes, de larmes de mères, de larmes de veuves.

Les Autrichiens, battant en retraite, dirigèrent les premiers convois d'hommes légèrement blessés sur Villafranca, puis les soldats plus gravement atteints y arrivèrent pendant toute la nuit ; là, les médecins pansaient les plaies, réconfortaient les blessés et les expédiaient par le chemin de fer sur Vérone, où l'encombrement devint bientôt effroyable ; il n'y eut plus alors aucun ordre, aucun secours régulier et c'est presque toujours ainsi, quand une armée est en déroute ; il n'existe donc pas de statistique des blessés autrichiens ; mais, ce que je puis vous dire, c'est qu'il était resté une multitude de morts et de blessés autrichiens sur toute l'étendue du champ de bataille, qui avait cinq lieues de front. Les Piémontais, placés à notre extrême-gauche, ont eu aussi une part importante dans cette glorieuse journée; ce sont eux qui ont pris Pozzolengo ; quatre fois, le village de San Martino fut pris, abandonné, puis repris par eux ; ils eurent 49 officiers tués, 167 officiers blessés, 642 sous-officiers ou soldats tués, 3,045 blessés et 1,258 disparus ; total 5,525 hommes. Les pertes des Français à Solferino ont été de 12,500 hommes tués ou blessés, 720 officiers hors de combat, dont 150 tués.

Pour ce qui concerne le service des ambulances dans l'armée française, nous sommes très bien renseignés ; il y a six mois, alors que je réunissais les matériaux de cette conférence, j'allai trouver le baron Larrey, ancien chirurgien en chef de cette armée d'Italie, pour lui demander quelques éclaircissements sur certains points qui me paraissaient avoir été peut être exagérés par les récits contemporains. M. Larrey m'en confirma l'exactitude et m'assura que je pouvais avoir la plus entière confiance dans les statistiques du Dr Chenu, car ces statistiques avaient été faites à l'aide des documents officiels que M. Larrey lui avait confiés. En voici quelques extraits :

Pendant la bataille, des ambulances volantes avaient été installées dans les fermes, les maisons, les églises, et même à l'ombre de quelques arbres ; les chirurgiens montrèrent un grand dévouement ; pendant vingt-quatre heures, ils ne prirent pas un instant de repos ; il y en eut qui eurent tant d'amputations et de pansements à faire qu'ils s'évanouirent épuisés de fatigues. Voici quelques exemples de la manière dont les choses se passèrent. Méry, médecin en chef de la garde, s'installe à Solferino ; il y trouve du foin pour coucher ses blessés et emploie la nuit à faire les pansements les plus urgents ; il fait des distributions de thé alcoolisé, d'eau vineuse et de bouillon ; il a 1,276 blessés gravement atteints par des balles. Le docteur David écrit à Larrey : « Mes deux porte-sacs avaient été blessés au début de l'action ; seule une cantinière, Madame Zimmerman, qui avait eu le courage de me suivre, put m'être d'une grande utilité, par l'abnégation dont elle fit preuve pendant la majeure partie de la journée, jusqu'à ce qu'une balle l'atteignît à l'omoplate gauche; après avoir été pansée, elle reprit ses fonctions près de moi. »

Et aussitôt la bataille terminée, alors que la nuit s'étendait sur la campagne, les officiers et les soldats se mirent à chercher leurs camarades, s'agenouillant près d'eux, tâchant de les ranimer, étanchant leur sang avec leurs mouchoirs, mais sans pouvoir réussir à trouver une goutte d'eau pour le pauvre blessé !

Ah ! ne croyez pas, Mesdames, que les souffrances finissent avec le combat ; le soir de la bataille de Solferino, on ne put avoir d'eau pour faire la soupe ou le café ; des bataillons entiers n'avaient pas de vivres ; la soif était si intense, qu'officiers et soldats burent dans des mares boueuses remplies de sang caillé. Dans le silence de la nuit on entendait des voix qui appelaient en vain des secours et demandaient à boire. Près de Cavriana, un marécage infect abreuva pendant deux jours 20,000 chevaux d'artillerie et de cavalerie.

A Solferino, chaque médecin a eu en moyenne 500 blessés à soigner, ce qui donne un peu moins de trois minutes pour chaque blessé, en comptant la journée de vingt heures sans repos.

Le lendemain même, voici, d'après un témoin oculaire, M. Dunant, pasteur suisse, l'aspect que présentaient les environs de Solferino. Sur le vaste espace couvert de cadavres d'hommes et de chevaux, d'armes et de sacs, on relève des blessés livides, anéantis ; les uns ont le regard hébété ; les autres sont agités d'un tremblement nerveux ; les plaies sont déjà enflammées, très douloureuses; beaucoup de blessés, fous de douleur, demandent qu'on les achève ; il y a non seulement les plaies faites par les balles, les obus, les boulets, les sabres, les baïonnettes, mais des membres et des têtes brisés par les roues des pièces d'artillerie.

Comme je vous l'ai dit, les médecins avaient tant à faire que beaucoup de blessés amis et ennemis restèrent trente heures sur le terrain sans soins, et on en relevait encore le 29 et le 30 juin.

Et puis, voyez encore comme l'homme est souvent un lâche misérable! Des paysans lombards avaient volé le contenu des sacs de plusieurs bataillons, qui les avaient déposés pour monter à l'assaut de Solferino. Le lendemain, de grand matin, les hommes avaient couru à la recherche de leurs sacs; ils étaient vides; plus de linge, de vêtements, d'argent, rien!

Les paysans lombards arrachaient les chaussures des pieds enflés des cadavres!

On a passé trois jours et trois nuits à ensevelir les morts, et malgré cela, pendant trois semaines, on en retrouvait encore d'oubliés dans les fossés, dans les buissons.

Détournons un instant nos yeux de ce triste spectacle pour admirer ce qui se passait à l'ambulance de Medole : c'était l'ambulance de la 1re division; elle ne reçut de secours que de la part des cantinières; elles ont été d'un dévouement sans bornes, donnant toutes leurs provisions aux blessés, et faisant avec ardeur le service d'infirmiers. Dans l'église de Medole, les Dames s'étaient distribué nos blessés, épongeaient le sang, lavaient les plaies, étanchaient la soif et réconfortaient par de bonnes paroles. La femme du syndic, aussi belle que bonne, distribuait les objets de pansements, était la surveillante de cet immense hôpital improvisé et dirigeait tout avec une entente parfaite.

Parmi les blessés il y avait beaucoup d'Autrichiens ; ces malheureux étaient pleins de terreur; ils croyaient qu'on allait les tuer, et quand un soldat français s'approchait d'eux pour les relever, ou pour leur donner à boire, les pauvres insensés, qui ne pouvaient comprendre cette bonté, tiraient sur le soldat français. Il faut le dire à l'honneur de notre armée, bien des soldats français ont partagé fraternellement leurs vivres avec des prisonniers mourant de faim ; d'autres ont chargé sur leur dos des blessés autrichiens pour les porter à l'ambulance, et là ils leur ont rendu toutes sortes de bons offices ; le vaincu blessé était pour eux un camarade malheureux ; voilà ce qu'a vu de ses yeux le pasteur Dunant.

Recherchons maintenant comment s'est opérée l'*évacuation des blessés*. Dès le premier jour, Larrey écrit de Cavriana que l'évacuation des blessés du champ de bataille a été difficile, ou impossible, faute de moyens de transports, et il se plaint déjà du trop petit nombre d'officiers de santé. Je trouve les mêmes plaintes dans le rapport du Dr Menuau ; l'évacuation complète des blessés de son ambulance à Solferino n'a pu avoir lieu que le 26, c'est-à-dire deux jours après la bataille, faute encore de moyens de transports.

Pour que vous connaissiez bien toutes les péripéties inattendues qui peuvent survenir, même pendant ce transport des blessés, même après une victoire complète comme celle que nous venions de remporter, je vous donnerai un exemple de cette maladie morale, étrange, qu'on appelle *la panique*.

« Le 25 juin, l'ambulance de Medole était encombrée de blessés : 1,600 Français et 180 Autrichiens ; au moment même où nous allions procéder à une amputation, écrit le major Bintot, le bruit se répandit que l'ennemi avait tourné la position et marchait sur nous ; voitures et cavaliers arrivaient sur la place de Medole dans un désordre inexprimable. Les blessés voulaient aussi se sauver ; les soldats du train des équipages faisaient des préparatifs précipités de départ. Alors le médecin en chef, Gueury, prit une détermination : « Quoi qu'il arrive, dit-il, nous devons rester avec nos blessés. » Les infirmiers et les hommes du train hésitaient et allaient atteler : « Je frappe le premier qui touche à mon caisson, » dit M. Gueury, tenant à la main un couteau à amputation ; l'énergie de cette menace retint même les plus effrayés ; chacun resta à son poste et nous pûmes continuer à remplir notre devoir. Quelques instants après, nous apprîmes que la panique avait entraîné à une fuite honteuse un grand nombre de soldats blessés ; pas un médecin n'avait eu l'idée de suivre cet exemple. »

Où donc les blessés furent-ils transportés ? A Castiglione, pour la plupart, et ce transport commença le 24 juin.

Ce fut une longue procession de voitures de l'Intendance, chargées de soldats, de sous-officiers et même d'officiers de tous grades, confondus ensemble ; cavaliers, fantassins, artilleurs, tout sanglants, exténués de fatigues, les vêtements déchirés et couverts de poussière. Puis ce sont des mulets qui arrivent au trot et dont l'allure arrache à chaque instant des cris aux malheureux blessés ; la jambe de l'un est fracassée, chaque cahot lui fait éprouver de nouvelles souffrances ; un autre a le bras cassé, et, avec l'autre bras, il soutient le membre fracturé ; voici un caporal qui a eu le bras gauche traversé de part en part par la baguette d'une fusée à la Congrève ; il l'a retirée lui-même et se sert de la baguette comme d'une canne, pour s'aider à gagner Castiglione, le brave !

Le 25, à onze heures du matin, les hôpitaux de Castiglione étaient remplis ; toutes les maisons particulières envahies ; toute la ville n'est plus qu'un hôpital. Le nombre des pansements est tel qu'il faut remettre les amputations au lendemain ; à minuit, inspection générale des hôpitaux ; à six heures, le 26, les opérations commencent ; il y a 86 blessés autrichiens dont les plaies sont déjà envahies par la gangrène. Pendant deux jours et deux nuits, les médecins ont oublié leurs propres besoins, nourriture et repos, pour se consacrer aux soins des blessés.

Dans les journées des 24, 25 et 26 juin, d'après le rapport du Dr Bertherand, 3,800 blessés ont été secourus dans les hôpitaux et les maisons, c'est-à-dire qu'on les a pansés et qu'ils ont eu de la tisane et de la nourriture. En outre, 600 blessés ont été assistés au passage dans la ville et ont continué leur route; le 25, au soir, 1,400 blessés ont été évacués; il y a eu 24 décès du 24 au 26 juin. Vous ne serez pas étonnées si je vous dis qu'au bout de ces deux journées il n'y avait plus de sucre dans la ville, très peu de vivres et plus de linge. Les habitants avaient donné tout ce qu'ils avaient de couvertures, de linge, de paillasses et de matelas; dans les églises et les casernes, les blessés entassés étaient couchés seulement sur la paille; on mettait aussi de la paille dans les cours, les rues et les places, et on y abritait, en tendant des toiles, les blessés qui arrivaient de tous les côtés. Le samedi 25, le nombre des convois de blessés est si considérable que l'administration, les habitants et le détachement de troupes laissé à Castiglione, sont absolument incapables de suffire à tant de misères. Alors commencent des scènes aussi lamentables que celles de la veille, quoique d'un genre différent; on a bien de l'eau, et pourtant les blessés meurent de soif, parce qu'il n'y a pas assez de monde pour leur donner à boire. La plupart des médecins de l'armée ont dû partir pour Cavriana; les infirmiers font défaut; en un mot, les bras manquent dans ce moment si critique.

Le 26 et le 27, les ambulances sans infirmiers deviennent infectes par le manque de soins et par la chaleur, et malgré cela, tous les quarts d'heure un nouveau convoi de blessés arrive à Castiglione. « Ah! Monsieur, que je souffre! disaient à M. Dunant ces infortunés enfouis au fond d'une chapelle, on nous abandonne et pourtant nous nous sommes bien battus! » Ceux qui avaient été pansés à l'ambulance volante étaient étranglés par les bandes qu'on avait serrées pour la route, mais qui n'avaient pas été renouvelées; les figures étaient noires de mouches qui s'attachent aux plaies.

Mesdames, tout cela est affreux; mais hélas! c'est bien

la vérité; le pasteur Dunant décrit ce qu'il a vu et touché ; il n'y a pas à douter de l'exactitude de son récit. D'ailleurs, le médecin Haspel écrit lui-même au baron Larrey que le 26 juin tout semblait s'organiser, lorsqu'arrivent, presque coup sur coup, 2,700 blessés ; c'est alors, dit-il, que le désordre recommence; les hommes s'accumulent partout ; bientôt les blessés refluent dans les maisons particulières qu'ils font ouvrir de force ; il devient alors impossible d'y organiser d'une manière régulière la distribution des vivres et les soins à donner aux blessés ; vous voyez qu'au fond ce rapport confirme ce qu'a dit Dunant, et qu'on a eu tort de crier à l'exagération ; du reste, nous aurons bientôt d'autres témoignages.

Le 27 juin, Haspel, qui a succédé à Bertherand dans le service médical de Castiglione, écrit dans son rapport : « 2,000 blessés se renouvellent d'une manière continue, malgré les évacuations ; les distributions d'aliments, irrégulières dans les premiers temps, par impuissance, se régularisent. Beaucoup d'hommes, dans les premières vingt-quatre heures, n'avaient pu être pansés ; la tâche était au-dessus des forces, le nombre des médecins étant insuffisant ; nous en avions le cœur navré ; aujourd'hui les hommes peuvent être pansés régulièrement. Pour combattre les dangers de l'encombrement, j'ai fait enlever toutes les fenêtres mobiles et casser les vitres des châssis immobiles, afin d'établir des courants d'air continus, changer la paille souillée de sang, enlever le linge et les effets imprégnés de sang et de pus qui répandaient autour des malades une odeur infecte ; j'ai fait acheter chez les pharmaciens de la localité tout le chlore que j'ai pu trouver pour désinfecter les salles, et j'emploie 16 médecins autrichiens prisonniers. »

Du triste tableau que je viens de faire passer sous vos yeux, il ressort avec la dernière évidence que ce n'est pas seulement le matériel qui a manqué pendant toute cette campagne, mais que c'est surtout le personnel ; et ne croyez pas que cette pénurie n'existait qu'auprès des champs de bataille ; elle existait partout où il y avait des ambulances, même à Turin ; voici à cet égard un témoignage fort instructif du docteur Salleron, médecin en chef des hôpitaux de cette ville : « Nous n'avons pour infirmiers majors que de simples soldats infirmiers, sans autorité, et, la plupart, sans intelligence ; pour infirmiers, des Italiens sans zèle, sans énergie, sans probité. Quant aux *médecins requis*, je vous en ai déjà parlé et ne veux plus rien vous en dire, pour ne pas trop assombrir le tableau ; les quatre aides que j'ai ne peuvent me rendre service ; les opérations tournent très mal. »

Pour vous donner encore un exemple du désordre qui se produit presque inévitablement pendant une guerre, et pour vous montrer combien M. Poubelle avait raison de vous rappeler, il y a quelques jours, l'étrangeté de ce mot : *Débrouillez-vous*, je vous citerai un fait tout petit, mais très topique : Depuis le début de la campagne, le baron Larrey, médecin en chef, réclamait à Paris une boîte contenant les instruments nécessaires pour ces opérations particulières qu'on appelle des *résections*. Le 6 juillet, cette fameuse boîte tant demandée et dont on avait grand besoin à Castiglione, n'était pas encore arrivée, et je crois qu'elle n'a jamais pris le chemin de l'Italie ; elle est probablement restée dans les bureaux de l'Intendance, à Paris.

Mais revenons à ces milliers de blessés entassés à Castiglione ; nous voyons apparaître dans cette ville, comme nous l'avons déjà vu à Medole, un commencement d'intervention des femmes dans les salles d'ambulances. Le bon M. Dunant, après avoir raconté qu'on manquait de bras pour donner à boire à tous ces blessés, ajoute ces mots : « Et dire qu'il eût suffi de quelques femmes charitables pour donner à boire et à manger à ces malheureux abandonnés ! pour leur rendre les forces et le courage, pour les arracher au désespoir ! » M. Dunant put déterminer quelques femmes de la ville à remplir le rôle d'infirmières volontaires ; mais il ne put s'occuper que d'une seule église, où il y avait 500 blessés sur la paille. Ces braves femmes distribuèrent de l'eau et du bouillon fait par l'intendance, mais elles ne purent se procurer ni bandes, ni chemises. Quelques étrangers, Suisses, Anglais et Belges, se joignirent à ces femmes ; ils n'avaient aucune expérience, et, incapables de supporter l'aspect des souffrances et les odeurs méphitiques, ils ne tardèrent pas à se dérober.

Il faut dire que le spectacle de ces malheureux était bien capable de faire reculer. Les fatigues, le manque de nourriture et de repos, l'excitation morbide et la crainte de mourir développaient chez ces soldats, pourtant si braves, une sensibilité nerveuse qui se traduisait par des gémissements et des sanglots ; beaucoup disaient : « Ah ! si l'on m'avait soigné plus tôt, j'aurais pu vivre, tandis que ce soir, je serai mort. » Et il faut bien le reconnaître aujourd'hui, les malheureux avaient raison de se plaindre ainsi.

J'ai hâte de vous faire quitter ce triste spectacle de Castiglione ; sachez seulement que, du 24 au 30 juin, on y a reçu et évacué sur d'autres hôpitaux près de 10,000 blessés. « Impossible, dit le Dr Haspel, de les suivre, au milieu de ce va-et-vient continuel, ni même de les soigner. Sitôt opéré, sitôt pansé, le malade était dirigé sur un autre hôpital ; nous n'avions pas de lits pour eux, mais seulement des paillasses. » A propos de ce genre de coucher, vous savez, Mesdames, que les paillasses entrent aussi dans la composition de notre matériel d'hôpital, mais il est bien entendu que vous mettrez un matelas par dessus.

Enfin, au bout de quelques jours, Castiglione devient plus calme ; les convois emportent régulièrement les blessés évacués sur Brescia ; suivons-les jusque dans cette ville, et accompagnons-les sur la route poussiéreuse, sous un soleil brûlant. A l'arrivée dans les villages, les femmes du pays montent sur les voitures, changent les compresses, lavent les plaies, et versent des cuillerées de bouillon, de limonade ou de vin dans la bouche de ceux qui n'ont plus la force de lever la tête ni les bras. Dans les bourgades que les convois traversent, les autorités font préparer des boissons, du pain et de la viande.

Arrivés à Brescia, les blessés trouvèrent une ville bien préparée à les recevoir ; 15,000 lits ont été improvisés du jour au lendemain, il y en a dans les églises, dans les palais, les couvents, les collèges, les casernes ; le peuple se porte en foule près des glorieuses victimes de Solferino, et les femmes de toutes les classes leur offrent des oranges, des gelées, des biscuits, des friandises. Ecoutons le récit de Dunant sur l'organisation des hôpitaux improvisés dans cette ville ; ce récit vous fera voir le côté généreux de ces improvisations ; je vous montrerai ensuite le côté défectueux.

« La municipalité de Brescia s'éleva aussitôt, et sut se maintenir dignement au niveau des devoirs extraordinaires que lui imposaient des circonstances si solennelles ; elle s'était constituée en permanence et elle s'entoura des conseils et des concours des citoyens les plus notables ; elle nomma, pour la direction supérieure des hôpitaux, une *commission centrale*. Cette commission établit à la tête de chaque hôpital un *administrateur spécial* et un chirurgien en chef, aidé par quelques médecins et par des infirmiers.

« En faisant ouvrir un couvent, une école ou une église, elle créait, en peu d'heures et comme par enchantement, des hôpitaux pourvus de centaines de lits, d'une cuisine spacieuse et d'une buanderie, et approvisionnés de linge comme de tout ce qui pouvait être utile. Ces mesures furent prises avec un tel empressement et avec tant de cœur, qu'au bout de peu de jours, on s'émerveillait du bon ordre et de la marche régulière de ces hôpitaux si multipliés, et cet étonnement était bien naturel quand on réfléchit que la population de Brescia, qui est de 40,000 habitants, se trouva tout à coup à peu près doublée par plus de 30,000 blessés ou malades.

« Des *comités auxiliaires* s'étant organisés, une commission particulière fut nommée pour recevoir les dons en literie, lingerie et provisions de toute espèce, et une autre commission eut la direction du dépôt, ou *magasin central.*

« Dans les vastes salles des hôpitaux, les officiers sont ordinairement séparés des soldats, et les Autrichiens ne sont pas confondus avec les Alliés ; les séries de lits paraissent semblables, mais sur une étagère, au-dessus de chaque homme, son uniforme et son képi font distinguer l'arme à laquelle il appartient. On commence à empêcher la multitude d'entrer ; elle gêne et embarrasse le service. A côté des militaires aux figures martiales et résignées, en voilà d'autres qui murmurent ou qui se lamentent ; dans les premiers jours, toutes les blessures semblent graves ; on remarque chez les soldats français le caractère ou l'esprit gaulois, vif et facile, mais impatient et susceptible de s'emporter à la moindre contrariété ; s'inquiétant peu, ils se prêtent plus volontiers aux opérations que les Autrichiens, qui, d'humeur moins légère, redoutent beaucoup les opérations et sont plus disposés à s'attrister. Les médecins italiens, vêtus de leurs grandes robes noires, soignent les Français avec tous les égards possibles, mais le mode de traitement qu'ils suivent désole leurs malades, car ils prescrivent la diète, la saignée et l'eau de tamarins. »

Voyons maintenant la contre-partie de cet enthousiasme de M. Dunant. Celles d'entre vous, Mesdames, qui connaissent déjà bien l'hygiène d'un hôpital et les sources de contagion, ont dû être étonnées de voir les vêtements des blessés suspendus à la tête de leurs lits ; il y avait bien d'autres moyens de distinguer la nationalité, sans exposer les vêtements à devenir des causes d'infection et de propagation des maladies. Il y avait aussi, dans la multitude même de ces hôpitaux, d'autres inconvénients bien graves. Le Dr Isnard, dans ses rapports du 9 et du 10 juillet, dit à M. Larrey : « Vous ne sauriez vous faire une idée de ce qui s'est passé quand nous avons reçu les blessés ; on les a entassés partout ; on les a emportés dans les maisons particulières, dans les églises, les boutiques, les écuries ; il nous fallait courir de tous les côtés ; il y avait 38 hôpitaux ; malgré tous ces dévouements, les malades ainsi dispersés ne recevaient pas de distributions régulières. » Le Dr Isnard se plaint aussi beaucoup de l'insuffisance du nombre des médecins militaires et du peu d'instruction des médecins civils italiens ; il y a eu vingt cas de tétanos parmi ces blessés de Brescia.

M. Dunant reconnaît bientôt lui-même les inconvénients de ces improvisations du personnel et des locaux, et il arrive à une conclusion que je vous citerai tout entière, car cette conclusion, très remarquable pour l'époque, s'applique de la façon la plus juste à notre Association des Dames françaises.

« Au bout de huit ou dix jours, dit-il, l'enthousiasme charitable des habitants de Brescia, si véritable cependant, s'était beaucoup refroidi ; ils se sont fatigués et lassés, à de très honorables exceptions près. En outre, les bourgeois inexpérimentés ou peu judicieux, apportant dans les églises ou les hôpitaux une nourriture souvent malsaine, on fut obligé de leur en interdire l'entrée ; beaucoup d'entre eux qui auraient consenti à venir passer une heure ou deux auprès des malades y renonçaient dès qu'il s'agissait d'avoir une permission et de faire des démarches pour l'obtenir, et les étrangers qui auraient été disposés à rendre service, rencontraient des obstacles de nature à les décourager. Mais des infirmiers volontaires, bien choisis et capables, envoyés par des sociétés ayant l'approbation des autorités, auraient surmonté sans peine toutes les difficultés et fait incomparablement plus de bien. »

Dans une autre ville, Plaisance, trois hôpitaux étaient

administrés par des particuliers, et, notez bien ceci, c'était des dames qui faisaient l'office d'infirmières; le service était bien fait; il y avait même là une jeune demoiselle que sa famille suppliait de renoncer à y passer ses journées, à cause des fièvres pernicieuses et contagieuses qui y régnaient ; elle continuait néanmoins la tâche qu'elle s'était imposée de si bon cœur, et cela avec tant de douceur et un entrain si aimable qu'elle était vénérée par tous les soldats. « Elle met, disaient-ils, de la joie dans l'hôpital. »

En relisant le livre de Dunant, je suis très convaincu que ce sont les dames de Plaisance et de plusieurs autres villes d'Italie qui ont fait naître dans son esprit, sans même qu'il s'en soit rendu compte, les réflexions par lesquelles ce livre se termine ; réflexions qui ont entraîné d'autres cœurs généreux comme le sien, et qui ont amené un changement radical dans le sort des blessés de la guerre.

Mais n'anticipons pas et suivons maintenant nos blessés de Brescia à Milan. Les évacuations ont lieu pendant la nuit, à cause de la chaleur ; à l'arrivée des trains chargés de soldats mutilés, les populations de chaque pays se rendent à la gare éclairée par des torches de résine. A chaque station, des baraques longues et étroites ont été construites pour la réception des blessés, qui, à leur sortie des wagons, sont déposés sur des lits ou sur de simples matelas alignés les uns à la suite des autres ; sous des hangars sont dressées des tables surchargées de pain, de bouillon, de vin, et surtout d'eau, ainsi que de charpie et de bandes, dont le besoin ne cesse pas de se faire continuellement sentir. Une multitude de flambeaux, tenus par les jeunes gens de la localité où le convoi est arrêté, dissipent les ténèbres, et les citadins lombards, infirmiers improvisés, se hâtent d'apporter leur tribut d'égards et de gratitude aux vainqueurs de Solferino. Sans faire de bruit et dans un religieux silence, ils pansent les blessés ou les portent hors des wagons avec des précautions toutes paternelles, et les étendent soigneusement sur les couches qu'ils leur ont préparées ; les dames du pays leur offrent des boissons rafraîchissantes ou des comestibles de toute espèce, qu'elles distribuent dans les wagons à ceux qui, en bonne voie de convalescence, doivent poursuivre leur route et aller jusqu'à Milan.

Dans cette ville, où il arrive à la gare un millier de blessés par nuit, pendant plusieurs nuits de suite, les martyrs de Solferino sont reçus comme l'avaient été ceux de Magenta et de Marignan, c'est-à-dire avec un empressement et une affection dont la persévérance ne se lasse point.

Toutes les familles qui disposent d'une voiture viennent prendre des blessés à la gare ; les plus riches calèches comme les plus modestes carrioles arrivent tous les soirs ; chaque famille veut avoir chez elle des blessés français, on les comble d'attentions ; les plus grandes dames veillent au chevet du simple soldat comme à celui de l'officier. Mais, malgré la richesse de la ville de Milan, la fièvre typhoïde se met dans les hôpitaux et y fait des victimes. Et puis, peu à peu, on voit passer sur la route de Turin des détachements de soldats français convalescents ; de là, ils se rendront à Gênes, où ils s'embarqueront pour Marseille. Dans cette ville, il se passa un fait qui mérite d'être noté : 32 blessés autrichiens furent pris de la pourriture d'hôpital ; le point de départ de cette grave complication des plaies avait été le dépôt des prisonniers. Je ne veux pas terminer ce récit des étapes de nos glorieux soldats sans vous rappeler qu'à Marseille ils ont trouvé, au milieu de beaucoup d'autres témoignages du plus chaleureux intérêt, les soins dévoués d'une femme, qui, depuis la guerre de Crimée, n'a cessé de se prodiguer pour secourir les soldats de toutes nos expéditions ; cette femme, c'est Madame Laure Roullet, présidente de notre Comité à Marseille ; et c'est le Dr Chapplain, notre délégué régional actuel, qui a soigné les autrichiens atteints de pourriture d'hôpital.

Récapitulons maintenant nos pertes en morts et en blessés, déduisons de cette guerre les enseignements qu'elle contient, ce sera la troisième partie de cet entretien.

Les différents combats de cette guerre d'Italie, très courte puisqu'elle n'a duré que deux mois et demi, ont donné 10,000 tués et 48,000 blessés, plus, morts aux ambulances : 10,000.

40,000 blessés ou malades autrichiens ont été évacués en Autriche pendant les hostilités, et il y a eu 20,000 disparus ou prisonniers. Total : 128,000 hommes ont manqué à l'appel de leurs régiments.

Si nous recherchons les pertes de l'armée française en particulier, nous trouvons 2,538 tués, dont 196 officiers; 19,672 blessés dont 66 °/₀ ont guéri ; 18 °/₀ restèrent assez infirmes pour être retraités ou pensionnés, et 15 °/₀ succombèrent, ce qui donne en tout, avec les morts par maladie, 8,674 morts français.

Dans cette guerre, c'est la bataille de Solferino qui a été la plus meurtrière; il y a eu pour les Français seulement :

1,634 tués, dont 114 officiers, sur le champ de bataille.

11,200 blessés, dont 581 officiers.

1,768 disparus, dont la plus grande partie ont été tués.

Vous possédez maintenant, Mesdames, tous les éléments d'appréciation ; vous savez ce que c'est que la guerre, je vous l'ai montrée sous ses faces les plus glorieuses et sous ses aspects les plus lamentables ; il y a pire encore, cependant, surtout au point de vue de la mortalité des malades, car, en réalité, dans cette campagne d'Italie, on a pu souvent éviter, par de constants efforts et une lutte continuelle contre les agissements de l'intendance, l'encombrement permanent, et par suite l'intoxication animale, plus redoutable pour les armées que le feu de l'ennemi, et l'on a compté seulement 2,5 décès pour 100 malades. Plus tard, si je puis vous raconter la guerre de Crimée, vous verrez que la proportion a été pour elle de 30 °/₀.

Aujourd'hui, ce n'est plus l'Intendance qui règle l'emploi du matériel et du personnel dans les hôpitaux militaires ; le corps du service de santé est maître de tout préparer, de tout diriger ; il fera certainement mieux que ses prédécesseurs ; sera-t-il lui-même suffisant dans une grande guerre ? l'expérience n'a pas encore répondu.

Mais il est deux autres points sur lesquels l'étude que nous venons de faire ne laisse aucune incertitude ; c'est la nécessité de renoncer au système des improvisations du personnel et même du matériel, quand cela est possible ; et, d'autre part, la nécessité plus absolue encore de recourir aux dévouements volontaires, instruits et disciplinés, pour soigner les malades et les blessés des armées. C'est surtout cette campagne d'Italie qui a fait comprendre ces deux nécessités, même aux esprits les plus rebelles aux innovations, les plus attachés aux vieilles routines. Vous avez remarqué les plaintes de beaucoup de médecins d'ambulances et d'hôpitaux au sujet de l'insuffisance de leur personnel ; je ne vous les répéterai pas, mais je vais vous donner les conclusions de l'un des plus autorisés d'entre eux ; il s'exprimait ainsi un an après cette guerre :

« A la manière dont les guerres se conduisent aujourd'hui, ce que le médecin d'un hôpital a besoin de trouver immédiatement dans ses adjoints, ce n'est pas une instruction à compléter, mais l'utilisation de celle qu'ils possèdent. Il lui faut une collaboration toute prête et effective. Croire que, quand on se bat sur une terre étrangère, il soit facile d'en arriver là avec le concours des médecins du pays occupé, c'est se faire illusion. Formé à la hâte, le personnel d'hôpital d'occasion est étranger aux accidents de la guerre, à la vie du soldat, et aux maladies qui en sont la conséquence. C'est en campagne surtout que se révèle l'utilité de la véritable éducation que doivent avoir les infirmiers militaires ; il faut qu'ils aient été initiés dans les hôpitaux ordinaires à ce qui peut être exigé d'eux en campagne. Le bon infirmier ne s'improvise pas, et surtout il ne se fait pas avec le premier venu pris sur la place publique. »

Ce langage, Mesdames, ne s'applique pas seulement aux infirmiers de l'armée; vous sentez bien que la vérité qu'il exprime est la même pour les infirmiers volontaires et vous pressentez la conclusion qui en découle pour ce qui vous concerne; elle peut être formulée en deux mots : instruisez vous en temps de paix.

C'est aussi pendant cette campagne d'Italie qu'on a compris combien l'intervention des Dames peut être utile ; ce qui s'est passé à Medole, à Plaisance, à Milan et à Novare, où les Dames n'ont quitté les salles ni jour ni nuit, ont préparé les appareils à fractures et remplacé les aides pour les opérations, devait forcément appeler l'attention et faire naître des regrets de n'avoir pas songé plus tôt à utiliser le dévouement des femmes,

« Ah! s'écrie Dunant, quand il se trouve en présence de nos soldats manquant de soins, combien eussent été précieux dans toutes les villes de la Lombardie, une centaine d'infirmiers et d'infirmières volontaires, expérimentés et bien qualifiés pour une pareille œuvre! ils auraient rallié autour d'eux des secours épars, qui avaient besoin d'une direction éclairée; car, non seulement le temps manquait à ceux qui étaient capables de conseiller, mais les connaissances et la pratique faisaient défaut à ceux qui ne pouvaient apporter que leur dévouement. N'y aurait-il pas moyen, pendant une époque de paix, de constituer des sociétés de secours, pour faire donner des soins aux blessés en temps de guerre, par des volontaires zélés et dévoués ? »

Remarquez bien ces paroles, Mesdames, elles contiennent en germe tout ce qui existe aujourd'hui; Dunant les développe dans les lignes suivantes écrites en 1862 : « Peut-on penser que ces belles jeunes filles et ces bonnes femmes de Castiglione, toutes dévouées qu'elles fussent, aient préservé de la mort beaucoup de ces militaires mutilés, mais susceptibles de guérison, auxquels elles donnaient des soins ? c'est à peine si elles ont pu apporter à quelques-uns de légers soulagements ! Il fallait là, non seulement des femmes faibles et ignorantes, mais, à côté d'elles et avec elles, des hommes de cœur et d'expérience, fermes, organisés d'avance ; et, alors, on eût évité la plupart de ces accidents et de ces fièvres qui viennent compliquer les blessures et les rendre mortelles. »

« Pour une tâche de cette nature, il ne faut pas des mercenaires ; trop souvent, en effet, les infirmiers salariés deviennent durs, ou le dégoût les éloigne et la fatigue les rend paresseux. » Dans son émouvante conférence sur ce qu'elle a vu en 1870, Madame Cahen vous a raconté qu'il leur arrive parfois de piller l'ambulance.

Deux ans après que ces lignes étaient écrites, le pasteur Dunant, les docteurs Appia et Maunoir, le général Dufour et M. Moynier, cinq Suisses, prenaient l'initiative d'où est sortie la *Convention de Genève*, cette admirable étape des nations civilisées dans les voies de l'humanité et de la justice. Cette convention a rendu sacrés les malades et les blessés des armées, et fait respecter, par l'ennemi, le personnel et le matériel employés à les secourir.

La Convention de Genève n'a créé ni reconnu aucune société, je vous l'ai souvent répété à dessein ; mais c'est en se basant sur ses principes, et c'est pour pouvoir la mettre en pratique que chaque Etat signataire de la Convention autorise des sociétés, dans la mesure qu'il juge utile au bien de ses armées ; c'est en vertu de cette exécution de la Convention de Genève que l'Association des Dames françaises existe ; vous êtes donc en réalité une des conséquences, et certainement la plus heureuse de cette guerre d'Italie ! Je dis plus, après avoir médité le récit de Dunant, je suis certain que c'est la vue du dévouement des femmes, en Crimée et en Italie, qui lui a inspiré l'idée de cette Convention, de sorte qu'on peut dire sans flatterie et sans exagération, que la Convention de Genève est sortie du cœur des femmes. Voilà la vérité que je tenais à dégager de cette étude.

En esquissant à grands traits les prodiges de valeur accomplis par notre armée en 1859, j'avais encore une autre intention ; je désirais vous montrer le soldat français sous son vrai jour, c'est-à-dire le soldat de l'attaque, impétueux et irrésistible, et non le soldat de la défense résignée. Vous, Mesdames, vous, Messieurs, qui n'étiez encore que de petits enfants en 1859, vous ne connaissez pas le soldat français ; vous ne vous doutez pas de l'héroïsme qu'il peut déployer, quand il est bien entraîné et confiant dans ses chefs ; vous ne l'avez guère vu que dans la cruelle série de nos désastres, en 1870 ; il a été brave, sans doute, mais ce n'était plus lui ; vous me comprenez, n'est-ce pas, sans qu'il soit besoin d'une douloureuse explication.

Quand l'heure aura sonné, vous serez toutes, Mesdames, au chevet de nos braves enfants ; rappelez-vous alors l'intrépidité, le mépris de la mort, l'audace de leurs pères, à Magenta et à Solferino ; soignez-les tendrement, ces chers enfants, mais montrez-leur aussi combien vous estimez haut le courage militaire ; glorifiez leurs succès, et les éloges sortis de votre bouche feront d'eux des héros, comme le furent leurs pères.

Et puis, enfin, si vous voulez faire mieux que les bonnes paysannes de Castiglione, mieux que les grandes et riches dames de Milan, si vous voulez arracher à la mort des milliers de soldats et des centaines d'officiers, instruisez-vous. Dans quelques jours, nos cours d'ambulancières commenceront, quelques mois après, notre hôpital vous sera ouvert, instruisez-vous, perfectionnez vos connaissances acquises et, vous aussi, vous contribuerez par votre savoir au salut de la Patrie !

FIN

TABLE GÉNÉRALE DES MATIÈRES

	Pages.
Préface.	5

PREMIÈRE PARTIE

Guerre Franco-Allemande de 1870-71.	9

DEUXIÈME PARTIE

Fondation de l'Ecole de gardes-malades et d'ambulancières.	11

TROISIÈME PARTIE

Fondation de l'Association des Dames Françaises	59

QUATRIÈME PARTIE

Fonctionnement en temps de paix pendant la dix-huitième année.	197

CINQUIÈME PARTIE

L'Hôpital des Dames Françaises.	253

SIXIÈME PARTIE

Lettres et Conférences.	271

TABLE ANALYTIQUE DES MATIÈRES

DES TROIS PREMIÈRES PARTIES

PRÉFACE . . . . Pages. 5

PREMIÈRE PARTIE
Guerre Franco-Allemande 1870-1871.

A

Ambulances volantes du VIe arrondissement de Paris. — Leur organisation, p. 9, 10.

DEUXIÈME PARTIE
Fondation de l'Ecole des Gardes-malades et Ambulancières.

A

Actes de dévouement. — De la Sœur Marthe, p. 48.

Ambulancières. — Règles qu'elles doivent suivre, p. 27. — Leur mission en temps de guerre, p. 43.

E

Ecole de gardes-malades et d'ambulancières. — Projet de création, p. 11. — Nécessité de cette création, p. 12, 19, 42. — Moyens d'exécution, p. 13, 16. — Ouverture de l'Ecole, p. 15. — Son but, p. 15. — Fonctionnement et organisation, p. 18. — Situation de l'Ecole, p. 40.

Elèves. — Leur zèle, p. 32. — Services qu'elles peuvent rendre en temps de paix, p. 34. — Services qu'elles peuvent rendre en temps de guerre, p. 35.

Enseignement donné à l'Ecole. — Matières de l'enseignement, p. 13. — Sa portée morale, p. 20. — Ses résultats, p. 25. — Ses avantages, p. 29, 32. — L'enseignement est très suivi, p. 31, 40. — Son développement, p. 39. — Perfectionnements dont il a été l'objet, p. 41.

G

Gardes-malades. — Règles à suivre par elles, p. 27.

O

Organisation d'écoles d'ambulancières à l'étranger. — Association des Dames du Grand-Duché de Bade, p. 45.

TROISIÈME PARTIE

Fondation de l'Association des Dames Françaises.

A

Ambulancières. — Leur préparation, p. 68. — Nécessité de leur préparation, p. 80. — Leur préparation en Angleterre, p. 162.

Assemblée annuelle. — L'Empereur du Brésil préside celle du Comité de Cannes, p. 136.

Association des Dames Françaises. — Motifs de sa création, p. 59 — Sa nécessité, p. 94. — Son but, p. 92. — Son esprit, p. 74, 76, 82, 91, 98, 105. — Son caractère national et patriotique, p. 76. — Ses principes constitutifs, p. 114. — Ses bienfaits, p. 97, 100, 101, 105, 106, 115, 119, 121. — Son rôle pendant l'épidémie de choléra de 1884, p. 109. — Sa reconnaissance d'utilité publique, p. 104. — Son rôle en vertu du décret du 16 novembre 1886, p. 129. — Son rattachement au service de santé militaire, p. 167. — Objections présentées contre elle, p. 139. — Calomnies dont elle a été l'objet, p. 90. — Sa situation par rapport à la Société française de secours aux blessés militaires, p. 79, 142. — Opinion exprimée sur elle par M. le comte

Sérurier, vice-président de la Société française de secours aux blessés militaires, p. 141.

B

Brochure. — De M. le docteur Grandvilliers, p. 139.

C

Comité Central. — Sa formation pour obtenir l'unité d'action, p. 69. — Sa composition, p. 69. — Son mode de distribution de secours aux militaires rapatriés, p. 116

Comité d'action. — Sa composition, p. 70. — Ses travaux, p. 70.

Conférences. — Médicales, p. 135. — De Madame Coralie Cahen, p. 135. — De M. Jules Simon, p. 136. — Services rendus par ceux qui les font, p. 184.

Convention de Genève. — Son but, p. 139.

Croix-Rouge. — Titre et emblème appartenant aux trois sociétés d'assistance reconnues en France, p. 164.

D

Décrets. — Du 23 avril 1883, portant reconnaissance d'utilité publique de l'Association, p. 104. — Du 16 novembre 1886, rattachant les sociétés d'assistance au service de santé militaire, p. 129. — Du 19 octobre 1892, sur les sociétés d'assistance, p. 166.

Diffamation. — Procès intenté à un journal de Troyes par l'Association, p. 163.

E

Exposition. — Universelle de 1889, p. 145.

F

Femmes. — Leur rôle en temps de guerre, p. 72. — Nécessité pour elles de se préparer au rôle d'ambulancières, p. 87.

Fonds. — Leur emploi, p. 114. — Leur placement à la Caisse des Dépôts et Consignations, p. 176.

Franchise postale. — Avantage qu'il y aurait pour les sociétés d'assistance à l'obtenir, p. 177.

H

Hôpital-Ambulance. — Sa création est adoptée en principe, p. 155.
Hôpitaux auxiliaires de campagne. — Leur organisation, p. 129.
Hôpitaux auxiliaires fixes. — Leur organisation, p. 167.

L

Loteries. — Refus d'autorisation, p. 189.

M

Médailles d'Honneur au dévouement. — Distribution de 1884, p. 111. — Distribution de 1885, p. 118. — Distribution de 1886, p. 125. — Distribution de 1887, p. 131. — Distribution de 1888, p. 143. — Distribution de 1889, p. 151. — Distribution de 1890, p. 158. — Distribution de 1891, p. 164. — Distribution de 1892, p. 169. — Distribution de 1893, p. 174. — Distribution de 1894, p. 181. — Distribution de 1895, p. 186. — Distribution de 1896, p. 193.
Mobilisation. — Essai partiel, p. 153.

P

Propagande. — Sa nécessité, p. 102. — Utilité d'en faire auprès de la jeunesse, p. 161. — Activité à déployer à Paris, p. 172.

R

Règlement pour l'exécution du décret organique de 1892. — Les Comités le réclament, p. 185.
Ressources. — Il faut en réunir en vue d'une guerre continentale, p. 128.

S

Secours aux militaires. — Nécessité de les préparer pour le cas de guerre, p. 66. — L'Association est chargée de les distribuer, p. 129. — Organisation de la distribution des secours, p. 184.

Sociétés d'Assistance à l'étranger. — En Angleterre, p. 61. — En Russie, p. 62, 173. — En Allemagne, p. 63, 157, 191. — Au Siam, p. 173.

T

Tente-Ambulance. — Son installation à Neuilly-sur-Seine en janvier 1890, p. 153.

Transports par chemin de fer. — Réductions dont devraient bénéficier les sociétés d'assistance, p. 177.

TABLE ALPHABÉTIQUE

Des noms de personnes ou de Comités cités dans les trois premières parties.

A

	Pages.
Alphonse XII (Roi d'Espagne)	104
Augusta (Impératrice)	63
Avril (Mme)	158

B

Baillon (Mme)	116
Barrafort (Mme)	121
Barrallon (Abbé)	98
Barry-Rohrer (Mme)	182
Bellet	163
Bénard (Mme)	187
Bénech (D^r)	166
Berger	152
Biget (Anne, Sœur Marthe)	48, 52, 54, 55
Binot (Mme)	116, 132, 147, 153, 193
Bismarck (Prince de)	128
Blangy-sur-Bresle (Comité de)	97, 106
Borriglione (Mme)	181, 182
Bouet (Général)	106
Bozérian	59, 75, 77, 91, 131, 176
Briançon (Comité de)	119, 120, 121
Brisson	153

C

Cahen (Mme Coralie) 135, 136, 153
Cannes (Comité de) 98, 119
Carapébus (Vte et V^{tesse} de) 136
Carrey de Bellemare (Général) 98
Central (Comité) 109, 119
Chancel (Mme) 127
Charpentier (Mme Léon) 112, 116
Cordelet 174, 176, 187
Cornudet (Cte et Ctesse) 164

D

Dame patriote 111, 113, 118, 131
Degeorge (Mme) 121
Delaruelle (Mme) 151
Delport (Mme) 116
Deshayes (Mme) 187
Didiée (Mme) 116, 133
Dijon (Comité de) 119
Dom Pedro (Empereur du Brésil) 136, 137
Dubois (D^r) 11, 14
Duchaussoy (D^r) 9, 10, 11, 13, 15, 57, 59, 75, 76

E

Ehrmann (Mme) 116, 125

F

Fariau (Mme la Générale) 164, 165
Faure (Mme) 133, 169
Forest (Mme de) 133
Foucher de Careil (Ctesse) 116
Foucher de Careil (Cte) 161, 162
Freycinet (de) 152, 153, 160, 166
Furley 163

G

Grandvilliers (D^r) 133, 139
Gruby (D^r) 154
Guillaume Ier (Empereur d'Allemagne) 107

H

	Pages.
Hardon (Mme)	181
Havre (Comité du)	106
Hoche (Général)	106

J

Jacquin (D^r)	121
Jamont (Général)	128
Jaurès (Mme l'Amirale)	151
Jozon (Mme)	188
Jupain (Mme)	110

K

Kolb (Mlle)	169

L

Lagorce (Mme)	116, 121, 122, 125
Lamartine	84
Lebègue (Mme)	186, 187
Lebert	187
Lemaitre (Mme Jules)	158, 159
Lory	151
Louise (Grande Duchesse de Bade)	45, 63

M

Macherez (Mme)	175
Mahony (Mme)	108
Marseille (Comité de)	119
Marthe (Anne Biget, Sœur)	48, 49, 50, 51, 52, 53, 54, 55, 57, 73
Merson (Mme)	116
Merson	132
Meulan (Comité de)	119
Mille (Colonel)	101
Missy (Mme de)	182
Molière	91
Moltke (Feld-Maréchal de)	84, 107
Monnet (D^r)	170

	Pages.
Monod (Mme).	46
Montaigne.	31
Montesquieu.	30
Motta-Maia (D^r et Mme de).	136
Moulin (Mme Jean).	194

N

Ney (Maréchal).	54
Nice (Comité de).	109, 119
Nightingale (Miss).	20, 21, 62, 162
Nioac (Vte de).	136

O

Oudinot (Maréchal).	54

P

Pennetier (Colonel).	121
Périer (Mme).	193
Périer.	193
Pochet de Tinan (Mme).	170
Poubelle (Mme).	101, 144
Poubelle.	144
Pruvost (D^r).	144, 154

Q

Quenédey (Mme).	116, 133
Quévreux (Mme).	159

R

Rau (Mme).	116
Régulus.	52
Richtenberger.	181
Rigaud.	18
Roche.	110
Romain (Mme).	175
Roullet (Mme).	101, 108 110, 112, 190, 191

S

	Pages.
Scévola	52
Schlumberger	188
Sérurier (Cte)	59, 77, 141
Seure (D^r)	182, 183
Simon (Jules)	136, 190
Simon (Mme)	46
Stoffel (Capitaine)	195

T

Teissier (D^r)	116, 121, 169
Thérèse, Christine, Marie (Impératrice du Brésil)	136
Thierry-Ladrange	159
Thiers	49
Trarieux	176
Trotebas (Mme)	110
Troyes (Comité de)	163

V

Vasseur (Mme)	194
Vernet (Mlle)	133
Villot (Mme)	169
Voltaire	30, 91

W

Wurtemberg (Reine de)	88
Wurtz (Mme Ad.)	143, 144
Wurtz (Mme Th.)	174

TABLE ANALYTIQUE DES MATIÈRES

DES TROIS DERNIÈRES PARTIES

QUATRIÈME PARTIE

Composition du Comité central. — Son fonctionnement en temps de paix.

	Pages.
CHAPITRE PREMIER. — Le Conseil d'administration.	197
Composition du Conseil d'administration ; nomination de ses membres ; secrétaires adjoints ; bureau du Conseil d'administration ; sa nomination.	197
Séances du Conseil d'administration ; ordre du jour ; procès-verbal.	198
Attributions du Conseil d'administration : règlement d'administration intérieure ; nomination du personnel administratif ; secours ; récompenses ; achat de matériel ; admission et radiation des membres du Comité central ; acceptation des legs et donations ; difficultés entre les membres de l'Association ; engagements à l'égard des tiers.	199
Exposés de la situation morale par le Secrétaire général, et de la situation financière par la Présidente de la Commission des finances, obligatoires tous les trois mois.	199
Droits des membres du Conseil aux séances des diverses Commissions.	199

	Pages.
CHAPITRE II. — Le Secrétaire général.	199
Nomination; situation actuelle; choix; qualités que doit posséder le Secrétaire général.	200
Attributions du Secrétaire général : séances du Conseil d'administration et des Commissions; rapport annuel à l'Assemblée générale; annuaire; correspondance; relations avec les différentes branches de l'OEuvre; administration des services rétribués; choix du personnel; garde des archives; publications; ordonnancement des paiements.	201
Intérim; délégation temporaire des fonctions du Secrétaire général à un autre membre du Conseil d'administration; Secrétaires particuliers.	201
Etat de situation des Comités; rapport bi-annuel au Ministre de la Guerre.	201
Archives du Comité central; composition, division.	202
CHAPITRE III. — Le Délégué régional du Gouvernement militaire de Paris.	202
Nomination; fonctions; relations avec le Ministère de la Guerre; rapport sur la situation des Comités.	203
Réunion des délégués des Comités.	203
CHAPITRE IV. — Commissions instituées au Ministère de la Guerre par le décret de 1892.	204
Commission mixte; représentation de l'Association; but.	204
Commission supérieure des Sociétés d'assistance; but.	205
CHAPITRE V. — Des Commissions. — Commission des finances.	205
§ I. — *Note générale sur les Commissions qui administrent les différentes sections actives du Comité central.*	205
Nombre des Commissions.	205

Nomination des membres des Commissions et de leurs bureaux ; commissaires adjoints ; convocation ; procès-verbaux ; approbation du Conseil d'administration ; fonctions gratuites. 206

§ II. — *Commission des finances*. 206

Composition. Division en section des recouvrements et en section des dépenses 206

Le Trésorier ; fonctions ; représentation de l'Association en justice et dans les actes de la vie civile. . . 206

Opérations avec la Caisse des dépôts et consignations ; dépôts et retraits de fonds. 207

Opérations avec la Banque de France ; dépôt et retrait de titres. 207

Intérêts ; titres amortis ; remploi ; carnet de la Banque de France. 208

La Présidente générale de la Commission des finances ; fonctions ; rapport financier à l'Assemblée générale. 208

Le Vérificateur général ; contrôle des finances. 209

La Présidente de la section des recouvrements ; registre des recettes. 209

La Présidente de la section des paiements. Caisse du siège social. 210

CHAPITRE VI. — Le Secrétaire-Caissier. 211

Recouvrements ; registres à souche ; Receveurs des cotisations 211

Paiements ; vérification des factures. 211

Comptabilité. Registres tenus par le Secrétaire-Caissier. 213

Autres attributions du Secrétaire-Caissier : convocations ; expédition des bulletins et autres publications ; demandes de secours ; garçon de service ; renseignements ; écritures diverses. 212

	Pages.
CHAPITRE VII. — Ressources de l'Association. — Placement et classification des fonds.	214
Ressources	214
Placement des fonds	214
Classification des fonds : fonds inaliénables ; fonds de réserve ; fonds annuellement disponibles ; fonds avec affectation spéciale	215
Emploi des fonds : calamités publiques en France ; secours aux nations étrangères ; envois d'argent ou de matériel aux Comités départementaux	216
CHAPITRE VIII. — Commission de l'enseignement ; Commission médicale consultative	217
§ I. — *Commission de l'enseignement*	217
Ecole des gardes-malades et ambulancières ; composition ; méthode ; conditions d'admission aux cours et aux examens	217
Examens ; programme ; concours pour les prix	218
Cours dans les lycées et collèges	219
Cours de brancardiers	219
Enseignement pratique à l'hôpital de l'Association	220
§ II. — *Commission médicale consultative*	220
Composition ; rôle en temps de paix	220
CHAPITRE IX. — Commission de propagande	221
But ; division en sections	221
§ I. — *Commission de propagande proprement dite*.	
Division en 4 sections	221
Moyens de propagande ; missions particulières ; section des conférenciers	222
Commission de la publicité proprement dite	222

Pages.

Commission du Bulletin mensuel ; emploi du Bulletin ;
Insertions dans le Bulletin ; annonces payantes . . . 223
Missionnaires de la propagande ; nomination ; fonctions. 224

§ II. — *Ventes. Loteries. Fêtes. Conférences.* 224

Commission permanente des ventes. 225
Commissions temporaires pour les différentes fêtes. . 225
Loteries, règles à suivre ; autorisation administrative. 226
Concerts ; règles à suivre ; droits des pauvres et droits
d'auteurs ; demande de patronage par des artistes. . 227
Conférences ; choix des sujets. 228

CHAPITRE X. — COMMISSION DU PERSONNEL DE SECOURS. 228

Section des hommes : Commission des médecins, pharmaciens et infirmiers. Commission des aumôniers, des comptables, des hommes de peine. Commission des brancardiers, tentiers, voituriers. 229
Section des dames : division des dames ambulancières.
Infirmières-major. 230

CHAPITRE XI. — COMMISSIONS DU MATÉRIEL. 231

Section I. — Travaux d'ouvroir ; directrices des ouvroirs 231
Section II. — Matériel d'ambulance. 231
Section III. — Matériel meublant et tenue des locaux occupés par le Comité central. 232
Section IV. — Magasins généraux de l'Association. . 232
Section V. — Bibliothèques ; bibliothèque du Conseil et bibliothèques militaires. 232
Section VI. — Matériel des expositions. 233
Section VII. — Chancellerie. 233
Commission des hôpitaux de campagne. 234

	Pages.
CHAPITRE XII. — Conseil judiciaire. Comité d'honneur consultatif	234
§ i. — *Conseil judiciaire.*	234
Cas où il doit être consulté; composition.	234
§ II. — *Comité d'honneur consultatif.*	235
Composition; son utilité.	235
CHAPITRE XIII. — Dons faits par l'Association.	236
Calamités publiques; envois aux corps expéditionnaires; secours aux soldats rapatriés; précautions à prendre	236
Sous-Commission des achats, envois et expéditions; composition des envois; modes d'expédition.	239
CHAPITRE XIV. — Rapports du Comité central avec les Comités des départements.	241
Conditions d'existence légale des Comités des départements; formalités; communications et envois faits par le Comité central lors de la fondation.	241
Envois à titre exceptionnel.	242
Réunion des délégués et Assemblée générale.	232
Obligations des Comités des départements à l'égard du Comité central; prélèvement sur les cotisations; demandes d'avis	242
Conservation des fonds des Comités des départements; matériel des Comités; récompenses demandées par les Comités.	243
Droits des Comités aux Assemblées générales.	244
Coordination des secours en cas de guerre.	244
CHAPITRE XV. — De l'Assemblée générale et de la réunion des délégués.	245
Sessions ordinaires et extraordinaires	245

	Pages.
Composition de l'Assemblée générale; bureau; ordre du jour; renvoi à des Commissions.	245
Droits des hommes dans les Assemblées générales.	246
Majorité; majorité nécessaire pour la dissolution.	246
Rapports sur la situation financière; rapport sur la situation générale de l'Œuvre; rapports divers.	246
Discours; présidence d'honneur.	247
Votes aux assemblées générales; électeurs; bureau de vote; dépouillement.	247
Réunion des délégués; ordre du jour.	248

CHAPITRE XVI. — Récompenses. 248

Médailles; insigne de l'Association; médaille de reconnaissance; médaille de fondation de Comité; médaille d'honneur au dévouement.	249
Commission des récompenses.	250
Palmes académiques.	251

CHAPITRE XVII. — Hopital de l'Association des Dames françaises. 251

Du règlement.	251

CINQUIÈME PARTIE
L'Hôpital des Dames Françaises.

Pose de la première pierre.	253

SIXIÈME PARTIE
Lettres et Conférences.

1º Note générale.	271
2º Conférence sur l'organisation des services médicaux pendant la guerre d'Italie de 1859. Conclusions pratiques qui en ressortent pour nos organisations actuelles.	272

ERRATA

Page 29, ligne 34, au lieu de *gnérale*, lire *générale*.
Page 64, ligne 13, au lieu de *socités*, lire *sociétés*.
Page 79, ligne 31, au lieu d'hommes secours, lire *d'hommes de secours*.
Page 110, ligne 29, au lieu de on aisait, lire *on faisait*.
Page 151, lignes 27, 28 et 32, au lieu de division, lire *région*.
Page 202, ligne 19, au lieu de contiennent, lire *contient*.
Page 209, ligne 7, au lieu de l'Administraion, lire *l'Administration*.
Page 249, ligne 10, au lieu de actives ordinairement, lire *actives. Ordinairement.*

ABBEVILLE. — IMPRIMERIE C. PAILLART.

www.ingramcontent.com/pod-product-compliance
Lightning Source LLC
Chambersburg PA
CBHW072019150426
43194CB00008B/1176